编委会成员

"一带一路"
国际教育合作
访 谈 录

主　编：朱继君　张力玮
副主编：杜永军　郭　伟　孙鸿安

人民出版社

目　录

其　他

附 录

序

甘肃省人民政府外事办公室主任　张宝军

  欣闻由甘肃省民间组织国际交流促进会会长朱继君先生等人主编，由教育部教育信息管理中心《世界教育信息》杂志编辑部、甘肃省联合国教科文组织协会等组织多位专业人士合作采编而成的《"一带一路"国际教育合作访谈录》一书即将付梓出版，在此，我谨致以诚挚的祝贺。

  《"一带一路"国际教育合作访谈录》一书紧密围绕习近平总书记提出的"一带一路"倡议，直面采访了沿线部分国家的教育部官员、驻华大使、国际组织代表、高校校长以及其他在国际交流与合作方面有经验的社会团体代表，真实、全面、多视角地描摹了沿线部分国家自"一带一路"倡议提出以来，在本国（本区域）的教育制度、教育政策、教育与科技对外合作策略等方面，所作出的相关回应。总体来看，本书受访对象的权威性强，覆盖面较广，完成的访谈内容对国内高等院校、科研院所以及甘肃省有关单位面向"一带一路"沿线国家和地区开展落地有声、行之有效的国际合作项目，具有前瞻性和实用性的参考价值，值得肯定。

  2019 年是"一带一路"倡议提出六周年，也是中华人民共和国成立七十周年。七十年波澜壮阔的发展历程，为中国面向 21 世纪广泛开展全球范围内的交流合作奠定了坚实的基础。有基于此，"一带一路"倡议在六年内取得了卓有成效的成果，政策沟通、设施联通、贸易畅通、资金融通、民心相通等"五通"建设进展明显，从倡议到现实，已经成为全球规模最大、最受关注的公共产品。

  在持续推进"一带一路"全面建设的进程中，深化教育领域的开放合作依然是必不可少的内容。国之交在于民相亲，民相亲在于心相通，心相通的关键还在于教育。广泛多元的教育资源共享，将会培育能够参与"一带一路"建设的国际化人才，发掘融合新的教育资源，促进中国同世界各国间文化互学互鉴、民心相交相通，在深层次上加深理解，携手构建人类命运共同体，深入推进中国特色的大国外交，形成全方位、多层次的对外开放新格局，为我国发展营造良好的外部条件。

近年来，甘肃省民间组织国际交流促进会充分团结了省内外一批在教育领域有丰富外事经验的社会组织，积极利用教育对外交流"通""柔""惠""久"的特点，在短短的三年时间内，完成了近 30 万字、覆盖十余个国度教育高层的访谈工作，这是非常令人欣慰的。希望通过本书的出版，能为"一带一路"相关领域的建设提供更多的帮助，进一步促进中国和"一带一路"沿线国家和地区的教育交流与合作，从而为构建人类命运共同体作出更大的贡献。

2019 年 12 月 20 日于兰州

合作与交流

以文化特色吸引国际学生　以开放姿态促进教育交流

——访俄罗斯联邦教育科技部顾问和经合组织教育政策委员会委员弗鲁明·伊萨克·达伟朵伟奇

弗鲁明·伊萨克·达伟朵伟奇（Фрумин Исак Давидович）是俄罗斯国立高等经济学院（Institute of Education at National Research University "Higher School of Economics"）教授。1979 年，他毕业于克拉斯诺亚尔斯克国立大学；1987 年，担任克拉斯诺亚尔斯克国立大学实验学校的校长。在任职的 13 年里，他管理的学校成为全国最好的学校之一。1999—2011 年，他主导了世界银行教育计划的项目推广工作。2011 年起，他担任"2020 年前俄罗斯联邦国家安全战略"教育领域专家组的联合主席、新技术研发和商业化中心发展基金会（又称"斯科尔科沃基金会"）副主席；2012 年，担任俄罗斯联邦教育科技部顾问和经合组织教育政策委员会俄罗斯代表团成员。在访谈中，弗鲁明教授指出，中俄两国政府都非常重视建设世界一流大学，两国在教育改革、国际化建设方面可以加强经验交流和项目合作；博洛尼亚进程促进了俄罗斯教育国际化的发展，俄罗斯在毕业证书标准和英语教学方面的国际化程度不断提高，但是在培养模式和学位授予制度方面仍然保留自己的特色。

一、好校长应有远见和激情，深谙教育的过程和目的

尊敬的弗鲁明·伊萨克·达伟朵伟奇教授，感谢您接受我们的采访。

我们了解到，您1987年担任克拉斯诺亚尔斯克国立大学实验学校的校长。请您介绍一下学校的情况。您认为，一名好校长应当具备哪些基本条件？

弗鲁明·伊萨克·达伟朵伟奇：1987年，苏联开始改革，开启了一个新的时代。克拉斯诺亚尔斯克大学决定创建实验学校并任命我为校长。当时，我还是一名年轻的教师。一方面，学校可用的资源非常有限；另一方面，学校在决定发展方向、教学方法、组织教学的过程中有很大的自主权。我当时面临的最大问题是在教学中推广新的教学方法。为此，我决定聘用年轻的教师，开始寻找推陈出新的方法。我们以维果茨基提出的理论和一系列西方先进的教学方法为基础进行了教学实验。培养学生独立自主的精神和创新精神是我们的首要任务，因此，我们探索出独特的民主教学体系。

之前，学校已有一些成熟的教学方法；后来，我们又引进了一些对当时的俄罗斯来说比较新颖的个性化教学方案。

当然，我们想让学校成为寓教于乐的地方，让学生们在这里快乐地成长。建设学校氛围的过程十分微妙，需要考虑到成员之间的相互关系、人际交往的基本行为规范、班级的整体风貌和需要的空间。1999年，我离开学校，但直到现在该校仍享有很好的声誉。

我认为，有远见、理解教育的过程和目的是成为一名好校长的关键因素。当然，还需要有激情来实现自己的教育梦想。

中国有不少教育学者关注苏联解体前后教育领域的变化。您认为，这之后教育领域发生的最大变化是什么？近几年，教育领域取得了哪些成绩？

弗鲁明·伊萨克·达伟朵伟奇：这个问题提得非常好，我们学院有不少专家研究教育领域改革的问题。我们认为，教育领域发生重大变化有两个关键因素。首先，社会更自由、更积极地参与教育的发展。如果说以前国家实质上是教育唯一的服务对象，那么，现在教育也开始服务于其他对象，如企业、社区、家庭、学生。事实上，所有高校的变革都反映了这些重要的变化。其次，科技革命推动教育变革，尤其是数码科技。这两个推动因素确定了教育现代化的基本方向，包括高等教育学生数量迅速增加；选择人文社科专业的学生数量增加；教师薪酬体系改革，中学教师的平均收入达到该地区平均工资水平，而高校教师的收入水平高于平均水平；中学的信息化建设进程加快，现在俄罗斯所有的中学都可以上网；很多俄罗斯高校和中学具有共同的发展战略基础。一方面，教学质量国际研究的数据表明俄罗斯中学生的成绩在不断提高。例如，国际阅读素养进展研究（Progress in International Reading Literacy Study，以下简称 PIRLS）测试中，俄罗斯是世界上成绩最好的国家之一。另一方面，也明确了俄罗斯教育系统最重要的使命是为所有人提供更多高质量的教育服务，让中学生和大学生掌握现代化的知识和信息时代的工作技能。

二、世界银行教育计划推动俄罗斯教育发展和教育信息化建设

1999—2011 年，您领导了世界银行教育计划项目的推广工作。请您介绍一下世界银行教育计划是如何推动俄罗斯的教育发展的。

弗鲁明·伊萨克·达伟朵伟奇：世界银行在促进俄罗斯的教育发展方面起着重要作用。在苏联时期，这是国际经验的重要来源渠道。我想介绍几个正在俄罗斯开展的项目。一个是涉及职业教育发展的项目。该项目旨在改善中学和技校的治理结构，推动技校现代化建设，引入新的教学设备和管理方式，特别是吸引社会和企业参与学校管理。该项目在个别地区试点推行，由于效果显著，相关成果被俄罗斯教科部推广到全国。

另一个项目是教育信息化建设项目。在该项目的框架下，我们帮助中学在信息化技术推广和使用方面实现了飞跃式的进步。该项目的主要目的不是增加中学电脑数量、提高网络普及率等，而是取得新的教学成果。项目的目标主要包括三个方面：第一，研发新的教材；第二，对教师进行信息技术使用方面的技能培训；第三，建立中学联盟中心，使其成为信息

技术推广使用的新增长点。目前，有超过 6000 所学校参与该项目。该项目成为中学信息化建设国家项目的触发器，促进了信息技术在俄罗斯中学教学活动中的应用和推广。

三、俄罗斯地方政府应积极参与教育管理工作

请您介绍一下俄罗斯职业教育的概况。您认为，哪些经验可供中国发展职业教育借鉴？

弗鲁明·伊萨克·达伟朵伟奇：现在，俄罗斯正在推行针对职业教育改革和发展的政策，不仅涉及综合性大学，还包括各种专科学院。

中等职业教育系统由各个地方政府管理后出现了很多问题，很多地区关闭了技校，降低了中等职业教育的普及率。对于国家来说，另外一个重要的问题是职业教育和技工课程吸引力低。政府最近几年才开始针对这些问题出台针对性的政策。

培养学生实用职业技能的本科培养方案是加强人才储备的重要途径，我们称之为应用型本科人才培养模式。遗憾的是，大学和学院都缺乏与企业的互动，导致教育机构的教学与经济发展的要求脱节。

区域社会经济发展不平衡和教育机构地区间的巨大差异导致联邦政府的政策不能得到有效推行。国际惯例和实践表明，高等教育机构和各种学院是推动区域经济发展的重要动力。最大限度地发挥高校潜力可以促进该地区取得战略优势，缩小不同地区社会经济发展水平的巨大差异。目前，俄罗斯的高校仍然处于地方政府政策的外围。这可能是因为俄罗斯高等教育体系是世界上最中央集权的体系之一。只有 3% 的国立大学隶属于地方政府，其他的大学都隶属于联邦政府。

俄罗斯教科部和俄罗斯国立高等经济学院共同开展加强地方政府参与教育管理工作的可行性测试。最近几年，我们正在尝试在个别地区施行新的教育项目，虽然目前还不能评价这些项目的效果。

四、世界一流大学应以开放的姿态进行国际文化交流

请问，您对世界一流大学的定义是什么？中国和俄罗斯政府都非常重视建设世界一流大学，您认为两个国家分别面临着怎样的困难，有哪些经验可以互相借鉴？

弗鲁明·伊萨克·达伟朵伟奇：我认为，世界一流大学的教学和科研水平应当站在国家和国际的前沿，为社会经济发展作出重要贡献。世界一流大学积极参与全球范围的知识和技术交流，是重要的智力资源。

建设世界一流大学是一项复杂艰巨的任务，应当超越国家的框架，以开放的姿态进行国际文化交流。这是世界一流大学的发展趋势。

中国和俄罗斯交流建设世界一流大学的经验对双方都非常有益。首先，两国的教育发展有一些共同点。例如，俄罗斯和中国几乎同时把高等教育作为国家的重要资源；两国都制定了关于高等教育建设和改革的政策，其中包括建设世界一流大学；两国都不得不克服计划经济体制带来的难题，包括科研和教学脱节、专业划分体制占主导地位等。其次，两国在基础数学和科技领域教学方面有强大的传统，可以联手发展。我非常高兴看到俄罗斯国立高等经济学院与北京大学教育学院合作，交流教育领域的经验。

教育领域的合作项目，如建立中俄联合大学，证明中俄两国教育领域的联系和合作正在不断加强。我认为，这项合作非常有前景，特别是硕士研究生的联合培养可以和更多的研究项目相结合。

俄罗斯在这个项目里将发挥基础知识教学水平高、高水平专家资源丰富的优势。中俄联合大学的毕业生能更好地认识和掌握邻国的文化和科技成果，这会成为他们的优势之一。

俄罗斯实力强大的科研中心也是中俄教育合作中很有潜力的教育资源。我们和北京大学教育学院合作开展的几个项目在世界范围内都是处于领先水平的。

7

加入"博洛尼亚进程",对俄罗斯教育体系有什么根本性的影响?

弗鲁明·伊萨克·达伟朵伟奇:不久前,俄罗斯根据"博洛尼亚进程"的标准完成了五年制人才培养模式向"学士—硕士"两级培养模式的转变。这有助于提高学术流动性、增加课程灵活性,有利于求学者在硕士学习阶段选择自己的未来职业。

但是,博洛尼亚进程没有触动学位授予制度。俄罗斯暂时没有改革副博士学位和博士学位的计划,俄罗斯高等教育鉴定委员会也将会继续存在。现在,更为紧迫的任务是提高毕业论文的质量。提高毕业论文的质量需要改革研究生院的教学内容、加强学术监督、遵循高标准的学术道德规范。例如,在我们学院,研究生禁止从事研究生院以外的工作,这促使他们专注于自己的研究课题,提高研究成果的质量。

现在,世界各国都在推动教育国际化事业。请问,俄罗斯高校是如何应对教育国际化的? 中俄两国的高校怎样才能吸引更多国际学生就读?

弗鲁明·伊萨克·达伟朵伟奇:25年前,俄罗斯高等教育系统开始国际化的历程。这个过程是艰难的。加入"博洛尼亚进程"是俄罗斯教育国际化历程中的重要一步,促进了国际化教育体系的形成。例如,现在几乎所有的俄罗斯高校都提供国际标准的毕业证书。当然,学习英语、在教学和科研活动中使用英语也在俄罗斯高校的国际化方面发挥着重要作用。如今,俄罗斯在教育国际化进程中取得了很大的进步。

目前,教育国际化的标志之一是网络开放课程的推广。我认为,俄罗斯高校应当积极应对,把其当作学生和教师进行国际交流的机会。

当然,我们必须承认西方国家(主要是美国)的大学在这一领域更有竞争力。在美国的研究型大学中,国际学生数量比较多。俄罗斯和中国的高校不仅应当克服各种困难,还应当形成自己的大学文化,特别是要重视和提高本科阶段之后的人才培养水平。

对于中俄两国的高校来说,吸引国际学生就读是有一定难度的。西方国家的高校,特别是英语国家的高校,有着语言方面的绝对优势。为了和他们竞争，我们应当形成更有吸引力的国家特色，特别是文化特色。我们学院的研究显示，相当多的国际学生到俄罗斯留学是因为喜爱俄罗斯的文学著作。对这些学生来说，读懂列夫·托尔斯泰甚至比找份好工作更有吸引力。

五、高等教育应培养具有多元化能力的杰出人才

请您介绍一下俄罗斯国家统一考试的情况，并分析一下考试改革的趋势。

弗鲁明·伊萨克·达伟朵伟奇：2001 年，俄罗斯开始试行国家统一考试。从 2009 年开始，国家统一考试成为唯一的中学毕业考试和主要的大学入学考试。国家统一考试由中央政府推行，采用统一的考题和评价方法。我们研究院进行过针对国家统一考试对教育系统各方面影响的专门研究。一方面，推行国家统一考试是俄罗斯教育系统的进步，为所有中学毕业生提供了明确、统一的要求，提高了学生的学习动力。所有考试都在学生的居住地进行，学生们不用为了进入某所大学而跑到大学所在的城市参加考试。

另一方面，考试过程中的作弊行为在社会上引起广泛关注。但是，最近几年，随着国家统一考试的流程优化、组织工作的完善，违规行为大大减少，国家统一考试逐渐赢得了社会的信任。批判国家统一考试的主要论据是有时人们过于重视考试，考试培训替代了学习本身，但是，我们不认为这是大问题。

总而言之，国家统一考试有积极的作用，今后还将继续推行，继续完善。

在您看来，杰出人才培养的关键因素是什么？

弗鲁明·伊萨克·达伟朵伟奇：教育是全球性话题，在培养杰出人才的时候，要注重学生与其他国家专家的交流。如，发展国际联系、加强学

术交流、不同国家高校间的联合研究项目的合作都对人才培养具有非常重要的意义。特别是在科技人才的培养方面，国际交流占有举足轻重的地位。

现在，很难预测将来需要什么样的人才，以及二三十年后哪些专业是热门专业。因此，教育，特别是高等教育应当培养学生多元化的能力，并根据不断变化的社会需求调整自己。多元化的能力包括信息处理、辩证思维、团队协作、创造力、自制力等。

我们学院创建了专门研究未来教育的中心。不久前，该中心的一份报告称，教育是一个过程，控制这个过程的不是教师，而是学生。这是可以改变 21 世纪教育界面貌的基本趋势。

六、良好的家庭教育，有利于小学生阅读能力的培养

俄罗斯从 2000 年开始参加国际学生评估项目（PISA），2009 年的调查结果显示，与世界其他国家的同龄人相比，俄罗斯中学生的智力发展水平和文化程度远远落后。请问，您如何看待这一结果？

弗鲁明·伊萨克·达伟朵伟奇：参加国际调查为研究者和教师群体客观评估教学水平提供了条件。调查结果令人喜忧参半。40 个国家（地区）的四年级学生参加了 2006 年国际阅读素养进展研究（PIRLS）的调查，俄罗斯的学生取得了最好的成绩。这说明，俄罗斯学生们的阅读能力不错，为日后的学习打下了坚实的基础。在国际教育成就评价协会（IEA）进行的国际数学与科学教育成就趋势调查（TIMSS）中，俄罗斯学生也取得了不错的成绩。但是，在以 15 岁学生为调查对象、侧重知识实践运用的 PISA 的测试中，俄罗斯学生的表现欠佳，低于世界平均水平。这一结果引发我们的思考：为什么小学阶段掌握的知识到了中学阶段却没有增加和得到良好的运用？为什么理论知识掌握水平和实际运用水平之间的差距这么大？

为了找到答案，我们学院进行了专门研究。我们在同一个班级里进行了 PISA 和 TIMSS 的研究，通过结果对比可以看到，俄罗斯中学对于把知识运用于实际的技能培养没有给予足够的重视。

为此，在小学阶段家长和教师是如何积极提高学生掌握阅读技能的问题非常值得研究。我们的研究表明，家庭对于四年级学生在 PIRLS 测试中取得好成绩起到很大作用，甚至超过学校和班级的作用。不过，家庭教育的成效首先取决于孩子在家里能得到的教育资源，以及父母参与孩子阅读活动的积极程度。

然而，我们同时也注意到一些学校面临复杂的社会经济条件，不能有效利用家庭教育资源。那么，是什么帮助学校弥补家庭教育资源的缺失？我们发现，取得好成绩的学校对成绩的期望值高，学生的学习强度大，学生合格率高；不进行题海战术，不要求学生死记硬背，而是在实践中运用知识，这样的课程改革也起到很重要的作用。

加深中俄高校创新合作　培养经济领域复合型人才

——访俄罗斯圣彼得堡国立经济大学校长马克西姆采夫·伊戈尔·阿纳托里耶维奇

圣彼得堡国立经济大学（The St. Petersburg State University of Economics）成立于 2012 年 8 月 1 日，由圣彼得堡国立工程经济大学、圣彼得堡国立服务经济大学、圣彼得堡财经大学合并而来，将三所学校的优势学科强强联合，打造了经济学院、管理学院、旅游与服务学院。第七届中俄高级经济论坛在中国人民大学举办期间，我们对圣彼得堡国立经济大学校长马克西姆采夫·伊戈尔·阿纳托里耶维奇（I. A. Maksimtsev）进行了专访。马克西姆采夫校长在采访中表示，教育合作是俄中双边关系最重要的发展方向之一，符合两国深化全面战略协作伙伴关系的要求；俄中许多高校已经在教育领域开展了全面创新合作，包括：扩充双方知识库、扩大科学研究范围、提高教育质量。马克西姆采夫校长建议中国高校建立现代化系统，培养未来企业家，激励潜在企业家培育创新思维、提高专业水平、树立正确的道德价值观。

一、俄中高校密切合作，培养复合型高水平专业人才

俄罗斯驻华大使安德烈·杰尼索夫先生曾在发言中指出，俄罗斯与中国的伙伴关系是 20 国集团合作行动的关键，俄罗斯和中国在国际事务中发挥的重要作用，将为合理的全球经济治理框架的建立创造重要条件。

在深化俄中全面战略伙伴关系的背景下，在您看来，教育领域的合作在两国关系中发挥怎样的作用？

马克西姆采夫·伊戈尔·阿纳托里耶维奇：近年来，俄中两国在政治合作、讨论和解决最紧迫国际问题方面取得巨大进展。俄中两国作为两个大国，提供了在大国之间、核大国之间、邻国之间、东西方之间、南北之间、政治制度与文化传统不同的国家之间构建和谐关系的例证。欧亚板块没有中国和俄罗斯是不可想象的，两国的历史都发源于欧亚文明。毫无疑问，悠久的历史和共同的价值遗产像数以万计的"隐形线"将欧亚大陆各国人民紧密地联系在一起。作为世界政治舞台上的重要参与者，俄中两国在维护国际和地区安全，以及边界领土和平、繁荣与稳定方面作出了重大贡献。

目前，两国在教育、科技方面的合作是双边关系最重要的发展方向之一，这符合俄中深化全面战略协作伙伴关系的要求。俄罗斯和中国的教育合作历史悠久、经验丰富，如今，两国文化联系日益密切，其中就包括高等教育领域的交流。

俄中许多高校已经在教育领域开展了全面合作，除了常规的学术交流和学生交换之外，还开展联合科研，创建双学位培养模式。这种创新合作能够扩充双方的知识库，扩大科学研究范围，丰富教学项目，提高教育质量。同时，外国专家学者、教师、学生的交流互访也大大拓展了文化视野。互派留学生能促进国际政治和经济稳定发展，在国外的留学经历能改变一个人的自我认知，使其从跨文化角度重新审视自己的祖国，提高其跨文化交际能力，这同样有助于俄中两国人民友好互动。

圣彼得堡国立经济大学一直对俄中高校合作保持密切关注，早在20世纪90年代就制定了高校合作方面的战略方针，并按计划逐步实现。我校是俄罗斯最早开设中文课程的非语言类大学之一，多年来一直积极推动俄中高校之间学生交换、教师互访，建立了研究亚太地区国家社会经济问题的"科研教育中心"，与来自中国的同事一起从事科研。2015年6月，俄罗斯第一个"中国馆"在我校成立，这是我校与中国多年合作的一项重要成果。对于我们来说，这是我校与中国伙伴院校高度互信和浓厚友谊的象征，我们很高兴地见证了学校同仁为凝聚俄中两国人民的友情而不懈努力，并取得了丰硕成果。

在"一带一路"倡议下，俄罗斯与中国之间将进行更深入、更广泛的经济合作，同时对具有不同语言和文化知识的人才提出更高的要求。您对培养服务于两国经济、文化交流的合格人才有什么建议和期望？

马克西姆采夫·伊戈尔·阿纳托里耶维奇：在我看来，在俄中关系快速发展的今天，首先要考虑到复合型高水平专业人才的培养，他们要深知不断加深俄中合作、推进两国平等战略协作伙伴关系具有重大意义。不仅要掌握扎实的基础知识，还要具备专业素养；不仅要熟知对方国家的语言，而且应该了解对方国家的文化历史、民族特性、经济状况。要能够顺应俄中现代经济发展的需求。我们要致力于培养专业领域的研究者、领军人物，注重塑造个性、发展自我，用创新思维推进智力资本化。

同时，教育交流的定位不仅在于高技术及创新，还在于俄中一致的价值体系。教育要独立于经济状况之外，要能够支持国家的精神发展。因此，教育过程中必不可少的与其说是将理论知识与学生既有价值观相结合，不如说是直接塑造价值观。在培养能为两国经济文化交流贡献力量的高水平专业人才时，必须以现代经济形势为基准，定位劳动市场的需求，才能完整、全面地培养新型专业人才。同时，我们大学的毕业生应当成为专家，致力于推动拥有共同目标及价值观的两国之间互动合作。

二、合作伙伴关系多元发展，实现高校国际化战略任务

随着高等教育全球化的发展，全球教育合作越来越多，在众多合作领域，圣彼得堡国立经济大学有何侧重，贵校选择合作伙伴的标准是什么？

马克西姆采夫·伊戈尔·阿纳托里耶维奇：国际活动的多样性一直是

且仍将是大学的主要竞争优势之一。我校优先考虑国际合作，这样能够建立最有效的关系来完成我们的战略任务。发展国际关系的优先考量标准及合作项目的选择标准是合作方案和服务的质量。在与外国伙伴院校的合作中，我们不断扩充新知识、新专长，为促进俄罗斯和其他国家的经济发展，不断提高学生的专业能力。

与商业环境保持密切互动也很重要，这能确保现代大学的国际化。其中，至关重要的是，要促进俄罗斯大学和外国伙伴大学在最广泛的问题上开展合作：为俄罗斯和外国学生组织实践活动，合作院校共同参与教育计划的制订和实施、具体课程设计以及科研工作。

同样重要的是网络合作。区域网络中的成员，包括中国—俄罗斯经济类大学联盟（ASREU），使大学有机会巩固专家团队的地位，以解决国际层面的一系列科学、教育的问题及任务，保证科学研究的现实性，参与世界顶尖科研会议。

根据贵校官方网站的资料，学校与 23 所中国大学开展合作。请问贵校与中国大学合作的形式是怎样的？目前是否有潜在的中国合作伙伴？与中国大学合作的优先事项是什么？

马克西姆采夫·伊戈尔·阿纳托里耶维奇：其实，我校网站未能完整地反映出我们与中国大学的合作情况。我们与中国朋友的合作是十分动态的，而网站的涵盖范围总是有限。实际上，我们正积极与中国的多所大学和科研院所合作，其中包括中国人民大学、清华大学、中央财经大学、对外经贸大学、中国社会科学院等，以及中国旅游研究院、中华全国青年联合会、中国青年企业家协会等。除此之外，我们还负责领导中国—俄罗斯经济类大学联盟，该联盟包含了 17 所中国大学和 16 所俄罗斯大学。

早在俄中关系刚刚恢复之时，我校就开始与中国学校合作，友好关系已持续多年。20 世纪 90 年代初我们开始进行学术交流，现在我们与中国的合作已经发展到共同组织国际活动。比如，2016 年我们与中国人民大学一起举办了第七届俄中高级经济论坛，而中国人民大学发起成立的"俄中新闻教育高校联盟"，我校是联盟成员之一。我们有一家青年媒体——"中国商桥"，主要是由一些青年学者来分析俄罗斯和中国之间的经济商贸联系。

由中国人民大学和圣彼得堡国立经济大学联合主办的中俄高级经济论坛是两校合作的标志性项目。请您介绍一下该论坛举办的相关情况。

马克西姆采夫·伊戈尔·阿纳托里耶维奇：举办该论坛的 10 余年来，两校做了非常多的努力，也取得了丰硕的成果。这是一个民主的、开放的、前沿的机制，一旦发现俄中经济发展中存在的问题，就会及时指出并寻求解决方案。

令我感到非常荣幸和骄傲的是我们拥有一支强大的团队，聚集了俄中两国经济合作方面的经济学家，主要来自圣彼得堡国立经济大学和中国人民大学。值得一提的是，最近两年的合作集中在"一带一路"经济带的研究，在中国人民大学有"一带一路"经济研究院，在圣彼得堡国立经济大学也有专门研究该领域的专家，此次论坛我们集中了双方和哈萨克斯坦的专家学者，因此，这个团队能够更加协同创新，共同做好"一带一路"经济带这个重要的课题研究。双方通过出版书籍、刊物以及发表报告来公开研究成果。现在，我校的中国馆中收藏了这个团队里学术专家的著作，这对两国的专家和学生无论在理论还是实践方面都有非常重要的意义。在中国人民大学成立了俄罗斯研究中心，我们非常高兴能看到这个中心的成立，也希望未来我校的中国馆能够与人民大学的俄罗斯研究中心有更多的合作。

这个论坛发展越来越壮大，当前已经不只有俄罗斯圣彼得堡国立经济大学和中国人民大学的专家学者参与其中，还包括来自莫斯科国立大学、圣彼得堡国立大学以及很多顶尖的中国大学的专家学者。这个论坛就相当于一座桥梁，构建起俄中专家学者之间的沟通渠道。此外，我们还邀请了政府和企业代表，所以无论是政治、经济还是学术方面，这个论坛都是一个非常好的交流平台。

您刚刚提到贵校成立了中国馆，中国人民大学也成立了俄罗斯研究中心，请您评价一下这些综合性学术机构在加强双方教育、文化等方面的深入交流中的作用。

马克西姆采夫·伊戈尔·阿纳托里耶维奇：这些机构能够加强双方对彼此的了解，从而深化交流。在这个开放的平台上，两国学界、企业界的人士都可以通过中国馆和俄罗斯研究中心了解更多信息，惠及双方。

三、培养企业家创新思维，树立正确的道德价值观

圣彼得堡国立经济大学商学院从 1993 年开设 EMBA 课程。在您看来，贵校商学院与其他商学院相比有什么特点？

马克西姆采夫·伊戈尔·阿纳托里耶维奇：圣彼得堡国立经济大学商学院已经成立 25 周年，同时也是俄罗斯商业教育协会（PAБO）、圣彼得堡工业家企业家联盟、圣彼得堡工商局和圣彼得堡企业家联盟的成员。Eduniversal（总部位于法国巴黎）全球最佳商学院排名中，圣彼得堡国立经济大学商学院荣登全球 1000 所最佳商学院名单。

商学院的主要职责是制订和实施职业教育计划，为管理、经济和金融领域的管理人员和专家提供职业再培训和其他高级培训，使之符合公司和组织的需求。

这些课程需要特殊设置，所以创建之初，商学院就遵循某些原则，其中包括：努力确保学生获得最高质量的教育服务；教学应最大限度地适应成人的行为习惯，贯彻"行动学习法"的教学方法；经验交流及其系统化应当作为学习过程中一个必不可少的组成部分；创造一种氛围，可以让学生在培训期间建立业务联系。

圣彼得堡国立经济大学商学院开设有 10 余个再培训课程和 4 个MBA 课程，这就是被誉为"管理精英"的国际 MBA 项目，1993 年在商学院开设并投向教育服务市场。这是俄罗斯最早开设的 MBA 项目之一。

过去几年，来自各行各业的约 700 名高管已经成为 MBA 项目的毕业生。

MBA 项目的"企业稳定发展战略"面向俄罗斯高级管理人员，为"总统计划"培训学生。该项目的一个特点是，在"总统计划"培训期间获得知识和技能的基础上，逐步发展学生在制定复杂管理决策和稳定发展业务方面的能力。

自 2012 年以来，圣彼得堡国立经济大学商学院已经为我们的合作伙伴——俄罗斯天然气工业股份公司（Gazprom）以企业形式实施 MBA 计划，包括两个项目：一个是"俄罗斯天然气工业股份公司 MBA：弧面环境下管理石油天然气公司"，是为该公司高级管理人员、行政管理人员和子公司的高级管理人员开设的项目；另一个是特色 MBA 项目——"公司社会领域的稳定发展与管理 MBA"，该项目在俄罗斯是独一无二的。

我认为，我们商学院能够实施这些项目是因为能够通过积极教学法将理论与实践相结合，通过"精英班"和"圆桌会议"研究最知名实干家的经验成果，不仅包括公司的内部专家，更有国内外学术界、商业界的代表，因此，我们能做到为未来管理者的培养提供最佳方案。另一个成功的元素无疑是我们庞大的教师团队，主要由我校最优秀的教师以及圣彼得堡其他著名大学的教师组成，共有 50 多名教授和 80 多名副教授。我们尤其注意吸收经济和商业界实体部门的专家。

在您看来，成功的企业家应该拥有什么样的品质？在培养创业人才方面，您对中国大学的建议是什么？

马克西姆采夫·伊戈尔·阿纳托里耶维奇：当然，高质量培训和丰富的创业活动经验是决定企业家在市场上成功的部分因素。然而，如今市场高昂的创新积极性、激烈的竞争需要现代企业家不断激发自我创新潜力。创新能力和沟通技巧最为重要，不断创新是新型竞争的基础。在这方面，一个成功的企业家能够成为自己专业领域的研究者和领军人物，是能够自我发展的创新者，能够通过创新思维将智力资本化。只有当一个企业家能不断地产生新想法，解决非标准任务，寻找新手段新方法来实现目标和想法，才能称之为成功的企业家。

在这方面，我建议中国同事注意，目前，建立一个培养未来企业家的现代化系统能够解决两项关键任务，因而变得越来越重要。第一个任务是激励潜在企业家培养创新思维、开展创新活动。第二个任务则是创造机会，实现和发展未来企业家的创造潜力。

因此，开发新型教育活动变得尤为重要，即开发学生的创造力，增加个人创新活动的机会，发展学生的创造潜力，并指导学生将自己的想法付诸实践。有必要实施"强化教育模式"，为创新企业家提供培训。重要的是塑造未来企业家在实践活动中使用新知识的能力，将其转化为创新。创造性教育的特点是，其目的是不断寻求新事物，积累智力资本，发展创造潜力并运用于实践。

高等教育若仅仅是为了培养大学生的企业家技能，而没有注重形成正确的道德价值观，可能导致当代社会经济和政治生活中的危机现象。在大学形成的思维方式，不仅影响着企业家的专业水平，还影响其精神发展和道德价值观。当培养创业人才时，重要的是注重培养精神和道德层面的价值观，使之符合现代社会发展导向。

最后，我想再次强调，俄中关系目前正处于快速发展时期。双方的利益和相互尊重是双边伙伴关系的核心，两国强大的潜力和建设性对话机会允许我们建立一种现代的、高质量的新型双边关系，这有利于开展具有重大意义的合作项目。显然，在这方面，各国大学实施的教育和科研项目的作用是巨大的。我相信，通过我们的共同努力，能够加强双方合作并将其提高到一个新水平，这无疑将有助于俄罗斯和中国人民的互动，并将给我们国家带来宝贵的利益。

扩大"一带一路"教育合作　促进中俄师范共赢发展

——访俄罗斯莫斯科国立师范大学副校长康斯坦丁·彼得洛维奇·多岑科

创立于 1872 年的俄罗斯莫斯科国立师范大学(以下简称"莫师大"),有着悠久的历史和深厚的文化底蕴。作为俄罗斯和独联体国家师范类院校排名第一的学府,该校以优异的教育水平培养了大批杰出人才。同时,莫师大也是俄罗斯最早接收外国留学生的高校之一,并且是第一个创建了外国人员和无国籍人员教育系的高校。在教育国际化方面,莫师大与我国 30 多所高校签有合作协议,促进了双方师范类教育的创新发展。在"一带一路"倡议下,莫师大与中国高校开展了诸多活动,双方的交流与合作更加充分、取长补短。莫师大在教育与科研方面取得的优异成绩和经验亦值得我国师范教育借鉴和吸收。为此,我们专访了莫师大副校长康斯坦丁·彼得洛维奇·多岑科教授,聆听他对中俄教育的看法。

一、悠久的历史、深厚的文化底蕴

尊敬的多岑科教授,非常感谢您能够接受我们的专访。您所在的高校创立于 1872 年,距今已有近 150 年的历史,请您介绍一下贵校的发展历程和重要阶段。

多岑科:我校建于 1872 年,今年是建校的第 146 周年,我们正在积极筹办 150 周年校庆活动。19 世纪 70 年代，俄罗斯尚无女子高等学校，为了让俄罗斯的女性和男性一样拥有平等接受教育的权利，我校教授向沙皇提议建立女子高等学校，于是我们成立了俄罗斯第一所女子高等学校——第一女子大学。1918 年，学校更名为莫斯科第二国立大学。1930 年，第二国立大学分成了三所高等学院，其中的师范学院就是今天莫师大的前身——莫斯科国立师范学院。十月革命之后，列宁曾在我校的 9 号教室先后进行过三次演讲，因此从 1941 年起，我校就以列宁命名，称为莫斯科国立列宁师范大学。现在我们所称的莫师大，则是从 1990 年开始的，这一称呼一直延续至今。这是我校建校以来所经历的几个主要发展阶段。

自成立以来，莫师大始终得到国家最高领导人的关心和重视。1918—1921 年，列宁曾多次在莫师大发表演讲；2001 年，俄罗斯联邦总统普京到校考察；2007 年，梅德韦杰夫入校访问指导。因我校对俄罗斯的教育事业作出了杰出的贡献，同时也是苏联时期 50 所最重要的科研中心之一，所以在 1967 年，苏联最高苏维埃主席团法令授予我校劳动红旗勋章，1972 年又授予列宁勋章。2009 年，根据俄罗斯联邦总统令，莫师大被列入俄罗斯联邦最有价值的文化遗产项目行列。多项评价指标显示，莫师大已成为俄罗斯最主要的师范大学之一。

自建校以来，莫师大的办学规模极为庞大，教学楼和宿舍分布在莫斯科的各个区域。学校主校区位于莫斯科市中心的伏龙芝地铁站附近，新教学楼位于维尔那滋大街，学校主楼距今已有 100 余年的历史。我们的教学楼出自著名建筑师舒霍夫（弗拉基米尔·格里戈里耶维奇·舒霍夫，生于 1853 年 8 月 28 日，卒于 1939 年 2 月 2 日，苏联著名工程师、科学家、建筑师）之手，在历史上一直因其华丽的外表而著名。正是因为其悠久的历史、独特的造型和华丽的装潢，许多电影都在此取景拍摄。可以说，莫师大的教学楼是俄罗斯最美的建筑之一。

二、卓越的教育教学业绩，源于优秀的人才培养和教育教学方式

贵校在俄罗斯和独联体国家师范类学校排名第一，在师范人才的培养和教学质量保障方面，请问有哪些经验可以分享？

多岑科：莫师大之所以在俄罗斯和独联体国家师范类学校排名第一且能培养出高水平的教师，和我校紧跟国家教育政策及诸多优秀的教授、学者和良好的教育教学模式是分不开的。

俄罗斯的师范教育历史悠久，师范教育制度始于18世纪70年代。1776年，沙皇政府颁布了《1776年国民学校规程》，第一次以立法程序规定了国民师范学校的师资培养制度。十月革命胜利后，苏维埃政府在收回教育领导权的同时，大力发展师范教育，从而使师范教育进入了一个全面发展的新阶段。从20世纪80年代中后期至90年代初，俄罗斯的师范教育又进行了一些演变，主要表现在以下三个方面：第一，针对苏联时期传统的模式性、复制型师范教育体系，莫斯科教育发展所所长阿伯拉莫夫提出了连续性师范教育构想，又称作"阿伯拉莫夫构想"。阿伯拉莫夫认为，当国家的经济与政治形势迅速发生变化时，教育必须尽快对社会新的需求作出反应。教育改革必须与社会变革同步。为此，需要一种新型的连续性师范教育体系，它能紧随社会的快速发展而发展，我们又称之为"连续性师范教育体系"。第二，2001年10月，俄罗斯教育与科学部颁布了《普通教育内容现代化战略》方案，其附件四《教师培养中个性化取向教育的原则》阐明了现代教师个性化取向的基本特征，确立了个性化教师培养的下一步改革任务。第三，俄罗斯师范教育的课程设置共分为四个系列：普通人文和社会—经济课程系列、普通数学和自然科学课程系列、一般职业课程系列、专业课程系列，故称为系列课程设置。

莫师大能够根据俄罗斯教育政策及时调整学校的教育教学部署，打破原有封闭单一的师范教育体系，建立多样化招生体制和多模式培养体

制。根据《俄联邦教育法》和联邦普通教育、学前教育国家标准明确提出的教育机构长期发展目标，要求改革传统的以知识范式培养教师的方式，要求教师培养的内容、过程和结构进行持续性更新，形成从关注知识积累转向独立解决职业任务的技能，从而促进未来教师个性化职业能力的形成。按照师范教育国家标准从教师普通文化能力、一般职业能力和专业职业能力三个维度，对教师培养提出了30余种能力要求。新教师职业标准则从教师的教学、德育和发展三个方面，对教师应具备的能力作出明确规定，使教育更具有可操作性。

另外，莫师大作为历史悠久的师范类高校，具有丰富的高等教育人才资源。学校目前拥有教师1650人，11位著名的科学院院士，其中包括诺贝尔奖获得者，如物理学诺贝尔奖获得者、科学学派创始人塔姆曾在本校任职；诺贝尔物理学奖获得者列斯·伊万诺维奇·阿尔菲洛夫也是本校名誉教授之一；代表世界最高水平的荷兰物理学家克拉普维克（Klapwijk）也在莫师大开展研究。学校教授和学者著作等身，每年都会发表大量的学术性论文，进行科学研究。同时，为了更好地保障教育教学质量，莫师大要求教师自己编著教材，这一传统对提升莫师大的国际影响力和独特性尤为重要。此外，俄罗斯人民艺术家古·巴斯科夫是莫师大的实践教授，主要从事音乐教育。在他的带领下，莫师大的音乐教育成就斐然，学校建立了世界上首个且目前唯一一个联合国教科文组织"生活中的音乐艺术和教育"教研室。

良好的教育教学方式促进了莫师大的师范人才培育，保障了教学质量。现在，我们也正在努力和中国高校开展合作，运用现代信息化方式进一步提高教育教学质量，这种高校之间的跨国合作对中俄双方都是有益的。

三、俄罗斯将全纳教育引入幼儿教师培养体系之中

俄罗斯在幼儿教师培养方面有什么经验?

多岑科:在幼儿教育方面,俄罗斯提倡将"全纳教育"的理念引入师范教育,这也是俄罗斯师范教育现代化的新趋势之一。全纳教育强调保护和尊重所有学习者平等接受教育的权利,满足学习者的差异化和多样性的需求。俄罗斯的新教师职业标准要求教师在德育职能中具备建构考虑儿童文化差异、性别年龄和个性特点的德育活动的能力;在教师发展活动职能中具备掌握和应用与各种受限儿童打交道的教育心理学技术(包括全纳技术),包括天才儿童、处境不利儿童、失去劳动生活能力儿童、移民子女,以及有特殊教育需求的儿童。同时,教师要牢记职业宗旨:给予任何儿童帮助,无论其学习基础、行为特点和身心健康情况。研究和实施个性化的教育路径、适合学生个性年龄特点的个性化发展计划和个性本位的教育计划。《师范教育现代化纲要》明确提出培养未来教师的全纳教育能力,掌握与特殊儿童打交道的知识、技能和技巧,并将在新的学士、硕士培养基础教育大纲中体现全纳教育的理念和原则。

四、政府高度重视教师地位的提升

俄罗斯在中小学教师地位方面是如何规定的? 在教师政策方面,俄罗斯政府做了哪些努力?

多岑科:关于教师地位问题,2012 年,普京总统签订了"五月总统令",规定了根据区域来划分教师的工资标准。教师的作用在俄罗斯越来越重要,教师也越来越受到俄罗斯人民的尊敬,越来越多的学生愿意考入师范院校,这些都是源于教师地位在俄罗斯的提升。但是,我们和中国的教师待遇还有所区别。在俄罗斯,教师待遇支出被纳入国家预算,但教师不是国家公职人员,也无国家公职教师一说。不过,我们有许多针对教师

开展的活动（如教师年等），提升教师地位。另外，俄罗斯的领导人十分注重教育事业，引领社会形成尊师重教的氛围，促进了教师地位的进一步提升，使教师真正成为播撒知识种子、传递文明火炬的使者。

五、优化国际教育发展，共享前沿科研讯息

据我们了解，莫师大是俄罗斯最早招收外国留学生的高校之一，并且是第一个创建外国人和无国籍人员教育系的高校。在教育国际化方面想必取得了很大的成就。

多岑科：中国和俄罗斯都是世界上的大国。近年来，两国的高等教育和教育国际化进程均获得了较快的发展。随着经济全球化和俄中全面战略协作伙伴关系的建立，两国在高等教育方面的交流与合作日益密切。莫师大作为俄罗斯培养师范人才的重要教育中心，其国际化交流与合作主要是在俄罗斯境外设立教学机构、吸收外国留学生来校学习、开展校际间的交流与合作等方面。且莫师大招收的第一批外国学生就是中国学生。1951—1952年，当时中华人民共和国和苏联建交不久，少数中国学生前来学习。随着两国交往日益密切，中国留学生数量越来越多。目前，莫师大共有2000名外国留学生，其中中国留学生占50%。

为了吸引留学生，提升教育服务能力是高校教育国际化的必要手段。因此，莫师大适度扩大对外教育投入，优化办学条件，注重提高教学质量，培养数量充足的师资队伍。在发展教育国际化方面，莫师大与中国共同实践了诸多合作模式，如与华中师范大学在学生交换、教师交流、合作科研、共同开发网络课程、合唱团互访演出等领域开展务实合作；与中国共建多所艺术学院，开展联合培养画家项目；与30多所中国高校及社会组织（如甘肃省联合国教科文组织协会）签订合作协议。

大力开展国际学术交流与合作研究是高等教育国际化的又一重要内容，通过跨境学术交流与合作研究，及时获取教学科研信息，掌握相关领

域的最新研究动态，引进优质教学资源，为高校国际化发展铺平道路。上述跨境合作使莫师大与中国多所高校间能够进行有组织的共同研究，有效实现了资源共享和整合。我相信，随着中俄两国关系的不断加深，高校之间的国际化合作项目会不断增多，这将有益于中俄两国的教育发展。

六、"一带一路"倡议为跨境教育合作再创新机遇

您认为中俄高校在"一带一路"倡议下的合作有哪些机遇？

多岑科："一带一路"倡议在许多国家都得到了积极的响应，这是一种全球性的首创，它将单一的经济合作变成了一种国际艺术，这是非常重要的。"一带一路"倡议促进了各国之间的教育优势互补，加强协同发展。2014年，中俄签署《中华人民共和国教育部和俄罗斯联邦教育科学部关于支持组建中俄同类高校联盟的谅解备忘录》，开启了从政府层面引导构建高校间对口合作的新机制。2016年，中国在俄罗斯留学人员已达2.5万人，俄罗斯在华留学人员也攀升至1.8万人，且双方提出到2020年，双边留学总规模达到10万人的目标。近年来，中俄两国高校的合作积极性也不断提高，双方高校签署了近1000份合作协议，设立了100多个合作办学机构项目。可见，中俄两国在跨境高等教育领域可谓是相互依托、利益攸关。

俄罗斯"欧亚经济联盟"和中国"一带一路"倡议的高度契合性，为两国的高等院校合作提供了更为广泛的机遇。在此主题下，莫师大开展了许多活动，如和陕西师范大学、渭南师范学院、西北师范大学等高校签订关于教师培养、档案互通、图书馆建设、东方艺术中心建设等一系列合作备忘录。同时，2018年是两国元首提出的"中俄地方交流合作年"。2018年3月，甘肃省联合国教科文组织协会组织35名民间艺术家，在莫师大的美术学院建立了"东方民间艺术中心"，馆藏作品约200件。

"一带一路"倡议的落实是莫师大扩大留学生规模和提升学校国际影

响力的重要途径。因此，在各个专业的教学过程中，尤其当面向中国留学生时，莫师大相关教师注重教授"一带一路"倡议下中俄交流与合作的新空间，积极培养为实现该倡议而更好地服务于两国社会经济发展的专业化人才。我希望随着两国在切实围绕"欧亚经济联盟"和"一带一路"倡议开展合作的过程中，深化教育领域的交流与合作，真正发挥积极效果，在人才培养、科学研究、地区发展等方面开展更多有意义的合作，为实现俄中两国共同发展和共同繁荣提供强有力的人才和智力保障。

"一带一路"重大倡议下中越教育合作交流

——访越南驻华大使邓明魁

值中越建交 67 周年之际，我们对越南驻华大使邓明魁（Dang
Minh Khoi）进行了专访。在专访中，邓明魁大使表示，两国在教育合
作方面有悠久的历史传统，未来要继续加强；培养两国留学生，使其成
为中越友好关系的使者、两国经贸合作的推动者；为加强中国与东盟各
国之间的友好关系，中国—东盟中心与中国外交部和各东盟国家驻华大
使馆发挥了积极作用，作出了重要贡献。

一、继承中越传统友谊，深化两国教育合作交流

**请您谈一谈中国和越南目前的教育合作交流情况，教育领域的合作
在两国公共外交中发挥着怎样的作用。**

邓明魁：近年来，越中两国友好交流的关系已经取得良好的发展成
果，包括政治、经济、文化、科技、教育、人文交流等方面。这源于两国
政党、两国政府以及两国人民共同的努力。教育合作在两国合作当中是一
个亮点。可以说，世界上各国之间的友好关系都基于各个国家人民之间的
友好关系，尤其是各国的留学生，他们是国家友好关系的重要使者。

越南和中国的友好关系是十分特殊的关系，两国是睦邻友好国家。
从古代到现在，越中两国之间交流都非常密切，人民往来也很密切，教育
合作在其中作出了重要的贡献。

我认为越中两国在风俗习惯、哲学、教育方面有很多接近和相同之

处。在古代，已经有很多越南人到中国工作，包括到中国教学、从医、从事建筑工作；同时有很多中国人到越南传播中国的哲学，很多中国的教师到越南任教。越南的第一所大学——文庙，也是受到中国古代哲学和教育学的影响，在文庙里有一尊孔子像和 82 块进士碑，由此可见儒家思想和科举考试制度对越南文化的深刻影响。

自 1950 年 1 月 18 日两国正式建交，两国在教育方面迈进新的发展时期。为了让各位能够深入了解两国在教育合作方面悠久的历史传统，我可以举个例子。20 世纪 50 年代，越南经过艰难的抗法战争并取得胜利，胡志明主席向中国领导同志提出越方的提议，希望能够派遣一些越南干部、学生到中国学习，当时我们派了很多同志到中国南宁的越南中央学舍区（广西南宁育才学校）学习。这个学校由越方组织管理教学工作，得到中国在基础设施、师资等方面的大力支持。在办学期间，育才学校先后为越南培育了 7000 名重要干部。

在社会主义建设初期，越南得到中国的大力支持，包括为越南培训道路工程师、农业工程师等。1991 年，在两国关系正常化之后，两国在教育方面的合作步入新的发展阶段。越南赴中国留学的学生数量不断增加，截至 2017 年，已经有 1 万多名越南留学生在中国 20 个省、自治区、直辖市，包括 40 个城市的 100 多所学校学习。其中，接收越南留学生最多的省份就是广西，共有 3000 名留学生，在广东和云南大概有 500 名留学生，在北京有 300 名越南留学生。越南在各国赴华留学生数方面排第11 位，在"一带一路"沿线国家中排第 7 位。45% 的留学生享受政府提供的奖学金，其余是自费的。其中能够享受中国政府、学校提供的奖学金的越南留学生数量达到 2000 名。

越南计划在国外培训 1 万名研究生，包括硕士研究生和博士研究生，希望其中 1000 名获得越南政府奖学金的学生能够在中国得到培养。同时，大概有 3000 名中国留学生到越南外交学院、军事学院和其他的学校留学，他们的表现得到越南教师的高度评价。越南的留学生都很守规矩，有较强的学习意识。在清华大学留学的越南学生黎忠孝，被称赞为清华大学最出色的留学生之一。清华大学的领导为此向我们使馆发过一封感谢信，感谢我们将这么优秀的学生送到清华大学学习。广西艺术学院的越南留学生杜氏清花曾参加中央电视台《星光大道》节目，获得二等奖。在 2015 年习近平主席访越时，她为习近平主席和越南领导人演唱歌曲。

在培养通晓汉语的人才方面，孔子学院在越南得到高度评价，有很多越南学生参加汉语比赛，如汉语桥，并获奖，得到中国政府颁发的奖学金，到中国学习并学成归国后，得到重视和聘用。目前，对于毕业生来说，如果既懂英语又懂汉语，便有更多的就业机会，因为中国是在越投资额排名第 7 位的国家。

越中两国在教育方面密切交流，每年两国的教育部门互派约 50 个团（组）的教师进行培训、互访。可以说，两国在培训方面也取得很大成效，借此机会，我谨向中国政府、中国教师们，为给越南培育出一批优秀、出色的干部和学生所给予的帮助和支持，表示衷心的感谢。

二、越南推动教育改革，全面提高教育质量

谢谢您为我们介绍了中越学生交流，教师交流、培训等教育合作交流方面的情况，下面请您介绍一下目前越南教育发展情况，包括基础教育、高等教育。

邓明魁：千年以来，教育在越南一直备受重视。越南语中有个词语叫"师"，包括两个行业，即教师和医生。在越南，教育具有重要地位，为了实现到 2020 年越南基本成为工业化、现代化国家的目标，我们重视发展教育事业，在越南的整个发展历史过程中，我们一直把发展教育和培训视为头等国策。

目前，教育支出占越南整个 GDP 的 6%。2016 年 1 月召开的越共十二大中，提出今后教育事业目标是能够培育一批服务越南革新开放事业

的出色人才和劳动力量，同时要加强和推动教育改革，全面提高教育质量。到 2020 年，在全国范围内普及学前教育，小学入学率达到 99%，初中入学率达到 95%，高中入学率达到 80%。我们力争建设一个学习型的社会，倡导终身学习。

三、培养留学生成为两国友好关系的使者，两国经贸合作的推动者

在习近平总书记提出"一带一路"重大倡议的引领下，两国的经济合作会更加深入，对于掌握对方语言和文化的人才需求会更多。请问您对培养服务两国经济文化交流的人才有何建议和展望？

邓明魁："一带一路"倡议有助于加强世界各国的合作，实现世界各国共同目标。这个倡议的基本原则就是遵守国际法律，遵守联合国宪章，尊重各国的独立和主权；旨在能够加强沿线各国的发展战略对接，加强沿线各国的生产产能合作，加强基础设施交通对接和人文交流。

我认为，在两国这些年来的经贸合作所取得的成效的基础上，包括 2016 年越南和中国贸易额已经达到近 1000 亿美元，越南已经排在中国出口目的国的第 6 位，中国进口来源国的第 11 位，我相信两国之间在各领域的合作一定能取得更多成绩。

为了抓住这些机遇，我认为我们应该发挥人才优势，特别是培养能够了解两国的发展、两国的国情、两国的文化、两国语言的优秀人才，因此，我认为在加强"一带一路"倡议的过程中，要注重加强两国之间的培训和教育交流。

因此，我希望今后中国政府能够为越南的学生赴华学习提供更多的奖学金，除了目前中国政府、大学所给予的奖学金之外，能够有更多的奖学金给培训生、大学生、研究生。我们希望在今后几年，能够把越南的在华留学生数量翻一倍。这些学生今后一定能够成为两国友好关系的重要使者，同时是两国经贸合作的推动者。

请问在越南的中国留学生给您怎样的印象？

邓明魁：我很多次陪同中国的领导访问越南，参加中国领导人会见在越南的中国留学生，我对他们的印象就是他们很认真、能吃苦、很热爱学习。很多中国留学生的越南语水平很高，如果不知道他们是中国人的话，听他们说话还以为他们是越南人。在越南留学期间，越南的风土人情、文化、饮食都给他们留下良好的印象。我希望以后能够有更多的中国学生到越南学习。

四、多方共同努力，发展中国与东盟各国友好关系

2017 年，您作为大使会在各个领域开展很多工作，在人文交流，特别是在教育方面，您的工作重点是什么？

邓明魁：我还记得 2015 年习近平主席访问越南的时候曾说过，国之交在于民相亲。因此，两国关系中民间关系是十分重要的。越中两国的民间交流十分密切，每年两国人文交流、互访、旅游的人次达到上百万。比如说，2016 年大概有 300 万中国游客到越南，也有 100 多万越南人去中国旅游，每周都有上百次直航的航班。我认为，无论两国之间的经贸合作、政治交流达到什么密切的水平，两国之间的老百姓如果不了解、不支持、不拥护的话，那么两国友好关系也不能持续发展下去，因为人文交流是两国之间友好关系的基石。

我认为重要的任务就是我们必须培育好一批能够继承老前辈精神的领导人，培育深刻了解两党两国的友好关系的一批青年。我在任期内的一个工作方向就是能够加强与中国大学生、中国青年一代加强沟通和了解，让他们能够看清、了解越中友好关系。我们也希望中国记者朋友能够为加强两国友好关系作出贡献。

最后，请您简要评价一下与中国—东盟中心的工作。

邓明魁：我对中国—东盟中心表示高度赞赏。中国—东盟中心成立

时间虽然不长，但在推动中国—东盟友好合作方面已经作出很多的贡献，尤其是我对于中国—东盟中心的秘书长杨秀萍女士，表示高度赞赏。在2015 年年底到中国就任大使之后，我最早访问的机构之一就是中国—东盟中心。这两年来，我参加过很多由中国—东盟中心举办或者联合举办的有效、有意义的活动。比如，2016 年由中国—东盟中心举办的纪念中国—东盟合作关系 20 周年纪念活动、中国—东盟教育交流年所举办的活动等。为了加强中国与东盟各国之间的了解和友好关系，中国—东盟中心与中国外交部和各东盟国家驻华大使馆发挥了积极作用，作出了重要贡献。

教育交流深化中老全面战略合作

——访老挝驻华大使万迪·布达萨冯

      2016 年是中老建交 55 周年，首名女性老挝驻华大使万迪·布达萨冯履新，并于 2016 年 2 月 29 日在人民大会堂向习近平主席递交了国书。我们在中国—东盟中心的协调帮助下，对万迪·布达萨冯女士进行了专访。她指出，中老教育交流不断深化；作为老挝政府批准设立的第一所外资大学，同时也是中国政府批准设立的第一所境外大学，老挝苏州大学在促进老挝高等教育发展方面发挥了重要作用；作为东盟轮值主席国，老挝将积极参与中国—东盟教育交流年并贡献自己的力量。此外，万迪·布达萨冯女士对老挝实现"教育 2030"议程的挑战与应对举措提出了自己的想法，并认为"一带一路"倡议将中老友好合作关系推向了新的高度，今后会将教育领域作为工作重点之一。

一、中老教育合作交流不断深化

非常荣幸能够采访您。2016 年是中老建交 55 周年，请您简要谈谈中国和老挝目前的教育交流与合作情况。教育领域的合作在两国公共外交中发挥着怎样的作用？

万迪·布达萨冯：老中是山水相连的友好邻邦，两国人民的友谊源远流长。我们非常高兴地看到，老中的传统友谊如今得到了扩展和深化。两国建交 55 周年以来，双边关系在各个领域不断发展，两国合作取得了更多更深入的成果。其中，人力资源发展是两国合作的重要组成部分。

老中的教育交流与合作在国家政府、省级大学层面不断拓展与深化。目前,《中国教育部与老挝教育和体育部2011—2016年教育合作计划》正在实施中。中国为老挝的教育发展提供了全方位的支持,如高等教育交流、进行短期培训、成立职业学校等。在中国学习的老挝学生在2015—2016学年达到了6018人。老挝国立大学与中国大学签署了27项合作备忘录。目前,老挝教育在"质"和"量"上都得到了提升。老中教育交流与合作对于老挝教育领域的发展非常重要。

在我看来,教育合作有利于推动其他领域的交流与合作。因为教育合作为官员、研究者和学生提供了分享信息、相互学习、获取知识和经验的机会,使他们能够将这些知识和经验带回老挝,服务于国家发展。

二、老挝苏州大学在两国高等教育合作方面发挥重要作用

成立于2011年7月的老挝苏州大学是中国在海外创办的第一所高等学府。您如何评价老挝苏州大学对于当地高等教育的影响?

万迪·布达萨冯:老挝苏州大学不仅是中国在海外创办的第一所高等学府,也是老挝政府批准设立的第一所国外大学。这再一次印证了两国的传统友谊。老挝苏州大学不仅为希望赴华留学的老挝学生提供了另一个机会和选择,而且在老中两国高等教育领域合作、服务老挝教育发展方面发挥了重要作用。

三、老挝将积极参与中国—东盟教育交流年

今年是中国—东盟教育交流年,在您看来,老挝教育界会更关注其中的哪些活动? 您对于交流年的各项活动有何期待?

万迪·布达萨冯:2016东盟—中国教育交流年对于两国教育合作交流来说非常重要。据我所知,今年将举办一系列的活动,主要涉及以下四

方面：一是东盟—中国青年交流活动，包括东盟—中国青年领袖论坛、东盟—中国研讨会和东盟—中国夏令营；二是东盟学生各项活动，包括 2016 年东盟学生运动会和东盟学生新年晚会（北京）；三是东盟—中国职业教育院校交流；四是东南亚教育部长组织（SEAMEO）和中国—东盟教育交流周（CAECW）组委会秘书处合作项目，包括东南亚—中国教育研究合作、ACC（中国—东盟中心）—SEAMEO 体育创新奖、ACC—SEAMEO RIHED 东盟大学代表访华，以及东盟—中国工程技术院校教育交流合作（ACNET—Eng—Tech）、中国—东盟教育交流周等。这些活动和项目有助于老挝教育交流与发展，我们将尽最大努力积极参与。对于参与者来说，这些活动和项目是分享知识和经验、结交朋友的良机，我们希望老挝能够参与其中，并从中受益。

四、五大举措应对教育挑战，努力实现"教育 2030"的目标

2015 年 11 月，联合国教科文组织正式审议通过了《教育 2030 行动框架》，该框架旨在为各国落实"教育 2030"议程提供指导方针。请您谈一谈老挝教育目前的发展情况。为实现"教育 2030"的目标，老挝面临哪些挑战，将如何应对这些挑战？

万迪·布达萨冯：老挝教育体系包括学前教育、初等教育、中等教育以及高等教育。高等教育由老挝国立大学，4 所公立大学，以及教师培训学院和私立高等教育机构提供。可以说，老挝有一套从学前教育贯穿至高等教育的系统化教育体制。1984 年 12 月，老挝政府正式宣布开始扫除文盲。2015 年 8 月，老挝政府宣布，为 15—25 岁青年提供的初等教育培训项目获得了成功。虽然老挝教育已经取得了长足进步，但是我们仍然要尽最大努力完善教育系统。

为了实现"教育 2030"议程的目标，老挝在未来将面临的主要挑战有以下四点：第一，老挝的人力资源发展总体而言不能满足社会经济发展

的需求，目前缺少有资质的专家、熟练工人、技师等。第二，基础设施相对落后，不能满足需求。第三，高等教育工作者数量不足。第四，人力资源发展不能满足劳动力市场的需求。

为了解决这些挑战，我认为有以下五点措施：第一，人力资源应当成为国家发展的关键领域之一。第二，继续实施行之有效的教育改革，培养适应国家地区发展、符合国际标准和现代化要求的合格人才。第三，注重国民的职业技术教育，注重创新能力的培养，并将现代科学技术应用到教育中去，大力发展信息通信技术。第四，全面发展从学前教育到职业教育和高等教育的教育系统，扩大整个国家基础设施建设的规模并提高水平，增加有利于国家建设和发展的职业教育课程内容并提高质量。第五，加强与各个国家和地区的国际合作，广泛寻求交流与支持，特别是加强与中国的合作。中国是老挝重要的合作伙伴，给予了老挝很多支持。

五、"一带一路"倡议将中老关系推向新高度

在"一带一路"倡议的引领下，两国的经济合作会更加深入，对于掌握对方语言、了解对方文化的人才的需求会更大。对于培养能够服务两国经济文化交流的人才，您有何建议和展望？

万迪·布达萨冯：对于老挝来说，我们十分支持习近平主席于2013年提出的"丝绸之路经济带"和"21世纪海上丝绸之路"的重大倡议，该倡议旨在将中国和包括老挝在内的其他东盟国家紧密联系起来，实现共同发展，促进沿线各国经济繁荣与区域经济合作，加强不同文明之间的交流互鉴，促进世界和平发展，是一项造福世界各国人民的倡议。

在这一倡议的推动下，中国和老挝，以及其他东盟国家领导人同意并支持建设连接中国和东盟国家的铁路。中国与东盟多国铁路合作已经取得了重大进展。2015年12月2日，中老铁路老挝段（磨丁至万象）举行了开工奠基仪式。这一里程碑式的项目具有重大的历史性和战略性意义。

对老挝这个位于子区域中心位置的国家来说（老挝在地理上被中国、缅甸、泰国、柬埔寨和越南五个国家包围，一直饱受交通不便、招商引资不力、经济发展后继乏力等问题的困扰），铁路建设必将会帮助老挝从一个"陆锁国"（Land—Locked Country）转变为一个"陆联国"（Land—Linked Country），将内陆国家的劣势转变为地理位置上的优势，让老挝成为联结周边国家的过境枢纽，特别是成为中国与东盟地区互联互通的关键节点。

为了实现上述中老两国之间雄心勃勃的合作项目，我们需要有资质的高水平的劳动力。在"一带一路"项目引领下，那些在中国各个学术机构学习和毕业的老挝学生将能很好地胜任两国经济文化交流和合作的任务。老挝学生除了能从资深的中国教授那里学到知识和技能外，还能学习中国的语言与文化，并在中国求学期间与中国学生建立友谊。

我相信，那些在中国接受教育的老挝学生将会运用他们获得的知识和技能服务于中老两国的经济与文化交流，从而进一步深化中老两国的传统友谊，将中老友好合作关系推向新的高度。

借此机会，我想向中国人民、中国政府，以及中国共产党表达最诚挚的谢意，感谢你们长久以来对老挝人力资源建设和发展所提供的支持和帮助。

作为驻华大使，您今年的工作重点有哪些？在两国教育交流方面，您的目标是什么？

万迪·布达萨冯：作为驻华大使，教育是我今后工作的重点领域之一。我将继续关注和支持由中老两国教育部门签订的《中国教育部与老挝教育和体育部 2011—2016 年教育合作计划》的顺利实施；两国部长级官员的交流互访；促进两国在教育领域各个层面的合作，包括政府层面、省市地区层面、大学层面、机构层面等；鼓励两国教育机构、研究机构，以及各学校在教职员工、信息、研究和其他领域的合作与交流。

社会经济转型背景下的中新教育交流与合作

——访新加坡驻华大使罗家良

罗家良，新加坡驻华大使，美国斯坦福大学管理学硕士学位，在外交领域有多年的工作经历。1995年，他加入新加坡公共行政服务体系；1997—2012年，先后任新加坡驻马来西亚最高专员公署一等秘书、参赞（政务），驻美国大使馆副馆长，外交部中东司司长，新加坡驻台北商务办事处代表，外交部副常任秘书等职。2012年3月12日，出任新加坡驻华特命全权大使。2015年，他获得新加坡陈庆炎总统颁授的公共服务（金）勋章。在访谈中，罗大使表示，新加坡和中国教育领域的合作在两国公共外交中发挥了重要作用，两国人民之间的互相学习和借鉴能够帮助双方认清世界发展趋势；新加坡是东南亚的重要枢纽，可以为"一带一路"倡议的实施提供良好的平台；"教育2030"议程对于新加坡意义重大，提升教育的包容性、构建终身学习机制是新加坡教育的重要目标。

一、新中两国教育合作交流形式多样、成果丰硕

非常荣幸能够采访您。请您简要谈谈中国和新加坡目前的教育交流与合作情况。

罗家良：新加坡与中国之间的合作交流具有鲜明的特色。第一，民间交流是两国合作的重要基础，国家之间的合作必须以民为本。第二，新加坡推行双语教育制度，第二语言是母语，对新加坡的华人而言就是华语，

与中国人多交流可以提升新加坡人的汉语水平。第三，中国的国际影响力在不断提升，增进对中国的了解，无论是对于两国关系的发展，还是对于新加坡自身的发展都有益处。

新加坡与中国在教育领域的合作主要有四个层面：一是政府层面，开展了形式多样的合作，尤其是在干部培训方面，已经持续合作多年，目前有超过5万名中国干部到过新加坡参加各种类型的培训课程。这种合作是双向的，新加坡也有越来越多的官员被派到中国学习。二是教育工作者层面，包括校长、教职员工之间的交流。三是学生层面，新加坡的小学生特别喜欢到中国游学，两国每年都会组织中小学生互访。四是科研层面，中国是世界上最大的工厂，也逐渐成为世界上最大的消费市场，新加坡企业对中国的产品和市场都非常感兴趣，也想加深研发合作。在中新"深层次合作试验场"——苏州工业园内，新加坡国立大学已经设立研究所，建立孵化器。新加坡跟中国之间的第二个国家层面的合作项目——天津生态城也已建成，国家动漫园落户于此，是文化创意产业的重要载体。同时，新加坡国立大学、南洋理工大学和新加坡科技设计大学与浙江大学也开展了很多创意合作；许多中国企业在新加坡设立研发中心，在"一带一路"倡议下，他们对东南亚的市场比较感兴趣，而新加坡恰好是东南亚的重要枢纽，可以提供一个良好的平台。

二、借助教育领域的产学合作与信息化，促进公民个体潜能的发挥

根据2016年度QS世界大学学科排名，新加坡国立大学和南洋理工大学有15门学科跻身全球前十名。您认为促使这两所大学排名靠前的主要因素有哪些？

罗家良：结合新加坡大学近几年的进展，可以归功于以下几个方面：一是在教学方面"吸地气"，与企业联系密切，深入了解企业的需要，培养学生的未来技能，确保大学生为市场、企业所需。二是注重科研创新，

并向重要国际学术期刊投稿。三是注重国际交流，与世界一流大学开展教学与科研合作。

新加坡唯一的资源就是人力资源，可惜生育率不高。我们向来的政策是竭尽所能让每一个新加坡人充分发挥他们的潜能，同时，我们也采取英才制度，为所有人创造发展机会。政府和企业在聘任职员的时候，考虑的最多的因素就是个人能力。这是新加坡独立 50 年以来的特点。新加坡很多成功人士的背景都很朴素，却通过个人努力和制度的栽培改变了自己的生活。我们致力于让全国人民都抱有通过努力奋斗就有机会获取成功的希望。

近几年，新加坡致力于打造"智慧国"，请为我们介绍相关情况。

罗家良：新加坡近几年开展了"智慧国"计划，配套措施既有硬件建设也有软件建设。硬件建设包括基础设施建设，在人潮比较密集的地方创建无线网络，在居民住宅铺设高速光纤缆，这些硬件设施的成本比较高，所以由政府投资。

在软件建设方面，主要通过三个层面实施。一是政府层面，政府在行使职能、提供服务的时候要更好地利用网络科技以减少人力。比如，新加坡的警署会通过无人警岗更高效地提供服务，特别是在人口密度低的地方。二是社会层面，在金融、生产、销售等领域鼓励企业创新、电子化。比如，商场电子支付。中小企业可能面临难以创新或创新成本太高的问题，这时候政府可以提供补贴或者打造基本的平台，供中小企业使用。三是个人层面，在有了基础设施之后，要引导民众运用。学校教育可以教学生使用这些平台，甚至可以教他们创造平台。新加坡的一些学校就开设了教授学生制作 APP 的课程，学生可以通过一些指令开发 APP。由此，可以激发学生的创造热情，进而带动全民创新。此外，社区服务可以帮助年长人士学会借助信息技术设备来享用新的服务。

三、语言政策对于新加坡的发展至关重要

新加坡在双语教育方面有丰富的经验，请向我们介绍一下相关情况。

罗家良：新加坡于 1965 年独立，在独立之前，曾经是英国的殖民地。同时，因为是自由港，吸纳了许多来自中国、印度、马来半岛等地的移民。独立之后，面对各种族之间的沟通问题，政府实行双语制度。一是为了与世界接轨，所以保留了英国人留下的英语教育制度。二是促进民族融合，为了遵循文化传统，保留母语。但是，在新加坡的华裔主要来自福建、广东、海南等沿海地区，他们的母语各不相同。新加坡最终选择了对未来发展有帮助的华语，也就是普通话。

伴随着普通话而来的是选择繁体字还是简体字的问题。最初，新加坡推行简体字。李光耀先生预测，中国迟早会对外开放，而且开放之后会迅速崛起，新加坡有必要与中国接轨，因此新加坡政府选择了简体字。如今，使用简体字的新加坡人民可以看懂《人民日报》《环球时报》等。

在掌握了语言和文字之后，我们还要深入了解中西方文化。新加坡人民的英文说得不比西方人流利，普通话说得不比中国人流利，但是，掌握双语和双文化的新加坡人民可以成为连接东西方文化的桥梁，这就是新加坡在语言方面的思考与政策。

目前，新加坡还会继续鼓励双语制度，不断地创造平台促进新加坡人民进行语言学习。此外，我们不把语言学习限于以上两种，也鼓励民众学习马来语等。

新加坡的学校为语言教育搭建了很好的平台，在推行双语教育的过程中，是否有反对的声音？

罗家良：刚开始推行的时候出现过反对的声音。对于英语，很多人质疑为什么要学习其他国家的语言，但是现在民众基本上都能领悟到这是很好的政策。在双语政策下，新加坡民众能够比较方便地阅读英文书籍、学习西方先进的科技、自如地与西方人沟通与合作。同样地，当初也有反对

学习华语的声音，但现在，即使是七八十岁的国民也会说几句华语。

推行双语教育的关键是让民众了解到学习这些语言的益处，毕竟家长都希望孩子的未来发展得更好。

四、"未来技能"计划助力新加坡民众实现终身学习

2015 年 11 月，联合国教科文组织正式审议通过了《教育 2030 行动框架》，该框架旨在为各国落实"教育 2030"议程提供指导方针。"教育2030"议程对于新加坡来说意味着什么？您能否向我们分享一下新加坡在增强终身学习、建设学习型城市方面的经验？

罗家良：我认为，教育的包容性是至关重要的，我们的目标是让每一个孩子尽可能地发挥自身潜力。新加坡中小学的学费基本上是免费的，政府只是象征性地收一点。如果有家庭负担不起，政府会通过相关政策协助学生读小学、中学，甚至大学。目前，约有 99% 的年轻人获得中学教育，约 30% 的年轻人获得大专教育。

同时，新加坡既会考虑能力比较强的学生，给予他们提升、学习的机会，还会照顾学业成绩不强的学生的技能发展，行行出状元，不一定考得高分才能当状元。我们鼓励学生发挥自身特长。包容性给予了学生公平的发展机会。

促进民众终身学习也是一项重要的工作。最近，新加坡推出了"未来技能"计划，政府为 25 岁以上的国民提供约 2500 元人民币的补助金，帮助他们就读学习课程。目前，新加坡有 100 多家社区联络所（服务中心），社区联络所会开展很多课程，民众可以在此学习，还可以到大专学府、技能学府、艺术学府学习。对于想要在某些领域增加自身技能的民众，他们可以申请"未来技能进修奖"，获得约 2.5 万元人民币的奖金，更加深入地投入某项技能的学习。此外，新加坡设立了很多其他类型的奖金，还有针对雇主的退税、减税和补贴机制，鼓励雇主资助员工参加培

训。在员工接受培训的过程中，最关键的是帮助其掌握未来技能，增加自身价值。

五、积极参与中国—东盟教育交流年，不断深化两国教育交流与合作

2016 年是中国—东盟教育交流年，在您看来，新加坡教育界会更关注其中的哪些活动？您对于交流年的各项活动有何期待？

罗家良："中国—东盟教育交流周"将于 8 月在贵阳举行，新加坡非常重视此次活动，国家领导有望出席。新加坡有几所艺术学院会参加活动，与中国及东盟各国进行深入交流；还有一些交流性质的活动，新加坡中学生也非常期待参加。我们希望通过此次活动让学生深化对周边国家的认识。

作为驻华大使，您 2016 年的工作重点有哪些？在两国教育交流方面，您有哪些目标？

罗家良：促进教育交流与合作是工作重点之一。我们会继续深化两国教育合作交流，比如在干部培训合作中，在中国的转型背景之下调整合作模式与内容，逐渐将议题转向社会治理层面；扩大参与培训干部群体，不仅吸引东部沿海地区的干部群体，还要吸引中西部地区的干部群体。此外，继续加深教育工作者、学生、研发机构之间的合作。

目前，中国面临经济转型，传统产业面临产能过剩的问题，推进"去产能、去杠杆、去库存、降成本、补短板"（"三去一降一补"）五大任务，深入考虑职能转变问题。新加坡也经历过经济转型升级，目前也在不断加强这方面的职能培训工作，期待日后两国可以在这方面增加交流、互相借鉴。

全面战略合作伙伴关系下的中泰教育交流与合作

——访泰国前驻华大使醍乐堃·倪勇

2016 年是中泰建交 41 周年。2016 年 9 月，我们对泰国时任驻华大使醍乐堃·倪勇（Theerakun Niyom）进行了专访。醍乐堃·倪勇先生曾任泰国驻加拿大渥太华大使馆公使衔参赞、泰国驻韩国大使、泰国驻挪威大使、泰国驻中国大使。在专访中，倪勇大使表示中泰教育交流与合作取得丰硕成果，未来需继续通过多途径促进其持续深入发展；泰国可以作为中国通往东盟的门户，更有效地促进各领域的实质性合作；中国—东盟中心在推广东盟相关信息方面积极努力，泰国已准备好与其共同开展活动，助力中国和东盟各国交流与合作。

一、中泰两国教育交流与合作成果累累

2016 年是中国和泰国建交 41 周年，请您简要介绍中泰两国目前的教育交流与合作状况。

醍乐堃·倪勇：教育是泰中建立友好合作关系的一个重要领域，因为教育是促进两国人民紧密相连、互相信任和正确认知的重要机制。

当今教育领域的合作呈现多层次、全面合作态势。例如，泰中两国教育部经常互访交流，互换留学生、中国派遣志愿教师赴泰国教授汉语等。除此之外，泰中两国的教育机构通过各种形式进行合作，如经常举办教学、培训、学术研讨会等。

值得高兴的是，现今越来越多的泰国青年对赴华留学感兴趣，有近两万人在中国进行短期或者长期学习；中国有近 1 万人赴泰国学习。这些青年将成为发展泰中关系的重要人才和动力。

在中国学习的泰国学生数量位居东盟国家首位；对于中国学生来说，泰国也是东南亚国家中首选的留学目的国之一。在您看来，如何吸引泰国学生来华留学？

醒乐堃·倪勇：我认为可以通过以下三种途径吸引泰国学生来华留学：一是向泰国青年大力宣传中国，让他们了解中国的发展潜力；二是使泰国青年认识到汉语在当今世界舞台上的重要地位；三是指出了解中国和学习汉语将会使他们拥有更多的选择机会。

二、中泰两国需加强经济、民众、文化的互联互通

随着"一带一路"倡议的实施，中泰两国的经济合作会愈加深入，合作领域也会越来越广阔，这就对知晓不同语言和文化的人才有了非常大的需求。您对培养服务于两国经济和文化交流的合格人才有何建议和期望？

醒乐堃·倪勇：习近平主席提出的"一带一路"倡议是建立并发展区域合作的重要政策。该政策同时符合泰国及其他东盟各国所提倡的合作精神，即东盟各国之间的合作不仅限于物质，还包括经济、民众和文化的互联互通。

东盟区域发展呈现多样化态势，正是这种多样化为彼此的合作发展提供了机遇。泰国可以作为中国通往东盟的门户。同时，泰国在互联互通线路上设有多个经济特区，能够有效地促进双方在各领域的实质性合作。

在民众和文化方面，"一带一路"倡议能够促使各国相互往来和加强文化交流。越来越多的中国人对泰国感兴趣，他们选择去泰国旅游，希望今后泰中两国来往游客越来越多。旅游不仅是贸易服务，还能通过相互往

来促进两国人民的精神交流，从而使两国人民的关系越来越紧密。

三、泰国将积极助力中国和东盟各国交流与合作

今年是"中国—东盟教育交流年"。请您谈谈您对中国—东盟中心的看法。

醒乐堃·倪勇：我非常赞赏中国—东盟中心在推广东盟相关信息方面所做的积极努力。作为中国和东盟十国政府共同成立的唯一政府间国际组织，中国—东盟中心成为连接东盟各国与中国各区域的桥梁，有效促进并推动中国和东盟各国之间在贸易、投资、教育、文化、旅游等领域的交流与合作。

泰国已准备好与中国—东盟中心一起执行任务和开展活动，希望其不断发展并举办更多有意义的活动，开展有效的合作，以及合理利用资源。

四、多途径促进中泰两国教育交流与合作

在您看来，应该如何促进中泰两国的教育交流与合作呢？

醒乐堃·倪勇：现今，泰中关系非常紧密且涉及各个领域，可以说现在是推动两国关系进入全面战略合作伙伴的最佳时机。第一，两国的发展战略和目标一致且相互促进，例如，"一带一路"倡议和"互联互通"政策、"中国制造2025"和"泰国4.0"等将对提升两国合作水平发挥至关重要的作用。第二，中国正在不断地通过建立合作来扩大其在国际舞台的影响力，而泰国在帮助第三国家发展方面拥有丰富经验，泰国愿意在这个领域与中国合作。

另外，泰中两国应该根据双方共同利益，促进以下领域的合作。第一，民众之间的互联互通。民众之间的紧密联系能够有效建立相互的信

任、正确的认知观，是未来两国合作的重要基石，也是两国关系发展的重要领域。值得欣慰的是，作为建立两国民众互联互通重要机制的教育交流与合作已经取得了很大的发展，这可以从泰中两国留学生数量逐年递增的趋势窥见一斑。第二，促进教育合作。两国的教育机构可以考虑从三个方面着手发展、深化他们之间的合作：一是鼓励互派学生及开办跨校课程；二是增加教师及研究人员的交换计划；三是共同举办学术活动以及各专业的夏令营。另外，相关单位可以考虑共同设立国际学院。第三，贸易投资。贸易投资是泰国政府促进合作和进行援助的重要方面。2015 年，泰中两国贸易总额达 700 亿美元，同时，两国领导共同制定到 2020 年双边贸易总额翻两番的目标。

在"一带一路"建设下加强中国与菲律宾人文交流

——访菲律宾驻华大使乔斯·圣地亚哥·罗马纳

随着国际化进程的推进，全球化市场竞争愈演愈烈。为适应时代潮流，菲律宾在国内积极推广 K—12 教育、高等教育、职业教育改革；在国外积极与其他高校开展国际合作。随着"一带一路"倡议的落实，中菲两国在教育方面开展交流与合作。为了解两国教育交流现状与发展趋势，我们对菲律宾驻华大使乔斯·圣地亚哥·罗马纳（Jose Santiago Sta Romana）进行了专访。在采访中，乔斯·圣地亚哥·罗马纳大使分析了"一带一路"背景下中菲教育交流与合作的现状，希望通过为更多的菲律宾学生提供留华学习机会和吸引更多中国学生赴菲学习促进两国的教育交流。此外，乔斯·圣地亚哥·罗马纳大使肯定了孔子学院和中菲智库在促进两国人文交流、深化两国国际合作方面的作用。

一、在"一带一路"倡议背景下推动中菲教育合作与交流

首先请您简要谈谈中国和菲律宾目前的教育交流与合作现状。

乔斯·圣地亚哥·罗马纳：当前，菲律宾和中国正不断展开教育交流。2016 年 10 月，菲律宾总统罗德里戈·杜特尔特（Rodrigo Duterte）在访华期间发表了一份联合声明，其中谈及中菲两国如何鼓励开展更多的教育交流和校际合作。现今，一些菲律宾学生赴华留学，或攻读硕博学位，或进行语言项目学习。但从总体上来看，这些留学生的数量非常少。

近期，我在中国参加了一些访问活动：一是在前往桂林参会期间，我与东盟其他国家的大使一起访问了桂林理工大学，发现该校有许多来自东盟国家的学生，但没有菲律宾学生；二是参加由北京大学举办的关于中国—东盟关系的论坛，其中有许多来自东盟国家学生出席，但菲律宾学生仅有一两个。上述现象在一定程度上表明，中菲两国未来在教育交流方面仍有较大提升空间。

中国正积极为各类学习者（包括政府人员、学生等）提供奖学金项目，我们希望借此机会鼓励更多的菲律宾学生赴华学习。由此，关于奖学金提供的信息十分必要，只有准确及时地了解相关的奖学金信息，菲律宾的学生才能掌握留学信息，进而把握留学机会。英语作为菲律宾的官方语言之一，成为菲律宾大学的主要授课语言和科学研究领域的主要语言。正因如此，一方面，由于较高的性价比，许多邻近的亚洲国家的学生前往菲律宾学习英语，菲律宾的相关高校也为他们提供了一些专门课程；另一方面，由于语言优势，许多菲律宾学生倾向于前往西方国家留学，赴中国的学习大多限于语言学习或语言研究。然而，当前中国开始提供一些全英文授课的硕博课程，这一变化成为菲律宾学生开始更加关注中国高校的原因。但由于对中国高等教育领域的相关信息缺乏深入的了解，中菲交流的部分工作还仅停留在加强联系和开拓渠道上。

基于此，我认为，第一，就教育交流与合作而言，应积极鼓励两国在校际交流、科学研究、国际会议等方面广泛开展合作。加之当前的政治环境为更多的教育交流提供了一定动力，也应积极鼓励更多的中国学生赴菲律宾留学，尤其是那些有兴趣学习英语的学生。第二，就菲律宾学生的留学现状而言，要积极鼓励菲律宾学生赴中国接受学位教育，而非仅停留在语言学习层面。随着更多奖学金项目的设立，不难预测将有更多的菲律宾学生赴华留学。

在"一带一路"倡议的引领下，两国的经济合作更加深入。您对培养能够服务两国经济文化交流的人才有何建议和展望？

乔斯·圣地亚哥·罗马纳：在培养能够服务两国经济文化交流的人才上，需要两国学生加强互动和交流，促进教师互鉴和交流。具体来说，主要有以下三点。

第一，加强奖学金项目的宣传工作。中菲两国均设有奖学金项目，如果这些奖学金项目通过有效的宣传渠道被更多人知晓，学生将会对其有更多的了解，或许也会十分感兴趣。尽管菲律宾当前的奖学金项目数量有限，许多优秀的学生无法承担高昂的高等教育费用，但若他们拥有了解并获得奖学金的宝贵机会，进而在语言学习、科学、技术、工程、管理、社会科学等方面获得深造机会，则能做到人尽其用，充分开发人力资源，为国家建设贡献相应力量。

第二，吸引中国学生赴菲留学。中菲两国教育交流的空间广阔，我们希望中国学生、中国研究人员或有兴趣学习英语的人前往菲律宾留学深造。一方面，菲律宾将英语作为官方语言之一，并在英语作为第二外语（ESL）教学方面有一定优势；另一方面，菲律宾积极组织 ESL 之旅，为学生提供沉浸式学习体验，促进学生自然而然地学习英语，这一方式将为学生有效地学习英语奠定良好基础。

第三，促进师资力量的流动和交流。中菲两国政府正在讨论如何让更多合格的菲律宾英语教师在中国的中小学或高校从事教学工作。菲律宾有自身的英语教师考试系统，可为符合要求的教师提供相应的英语教学资格证书，同时鼓励教师不断积累教授国际学生英语的丰富经验。菲律宾的教师赴中国教学，不仅能提升自身的教学能力，也能促进两国的交流与合作。

在"一带一路"倡议的引领下，中菲两国未来会有更多的合作机会。教育领域的交流与合作不仅能扩大学生的视野，促进学生国际理解能力的提升，培养学生适应全球化的教育环境，而且对于两国的教育事业发展都有重要作用。当前，中菲两国在教育方面的交流与合作力度较为不足，应积极填补这一缺口，直面挑战，通过一系列聚焦于进一步改善教育交流的措施，迎接中菲两国教育交流的光明前景。

作为驻华大使，您对两国教育交流有何期待？

乔斯·圣地亚哥·罗马纳：我希望能有更多的菲律宾学生赴华学习。当我看到参加桂林会议的东南亚学生中没有一名菲律宾学生，当我知晓北京的论坛中只有一两个菲律宾学生出席时，我感到非常失望。不过，我认识一名曾在中国完成博士研究的菲律宾学生，他在回国后于大学任教，我认为这是对中国高等教育的一种认可。希望有越来越多的菲律宾学生在中国接受完整的硕士研究生教育、博士研究生教育。我所期待的是扩大中菲留学生规模，提高中菲留学生人数，进一步鼓励两国开展更多的教育合作。

二、菲律宾因应全球竞争趋势实施教育改革

请您谈一谈菲律宾教育目前的发展情况，以及在国际化方面的发展趋势与战略重点。

乔斯·圣地亚哥·罗马纳：当前，为顺应全球市场化和国际化的发展，有针对性地为国家培养各类人才，菲律宾正在进行教育改革。改革内容主要包括以下三个方面。

第一，推行 K—12 教育改革。我们知道，K—12 指的是从幼儿园开始直至高中的教育，其时长一般为 12 年。这是世界上很多国家正在实行的基础教育年限。由于历史原因，菲律宾曾经有 K—10 系统，而现在正试图遵循国际标准，在国内大力推行 K—12 教育改革，促进菲律宾教育与国际接轨，让菲律宾人在全球市场上更具竞争力。

第二，加强高等教育合作。这种合作体现在国内合作及国际合作两个层面。一方面，菲律宾国内的大学分为公立和私立两种类型，两者都受到菲律宾高等教育委员会（Commission on Higher Education，CHED）的监管，该机构属于菲律宾的公共机构，对菲律宾的大学进行监督以确保高

等教育的质量。当前,在世界排名名次最好的菲律宾大学是菲律宾国立大学,但第二、第三、第四均为私立大学。在菲律宾,一些公立或私立大学都很优秀,但仍然要解决如何提高其他大学教育质量的问题。这一点,可以通过CHED对各大学制定科学合理的教育标准,以更好地监管和提升其高等教育质量来实现。另一方面,CHED还积极推行国际合作项目,包括促进菲律宾学者与国外学者、教师或大学研究人员展开合作,促进菲律宾高校与他国高校展开合作。目前,CHED开展了一个合作网项目,该项目致力于加强东盟国家间的校际合作,使菲律宾的大学成为大学国际网络的一部分。这也是在菲律宾大学和中国大学之间建立合作网络的潜力所在:对两国学生来说,他们对对方国家的高校信息了解得还远远不够。例如,菲律宾在马尼拉、宿务、棉兰老岛、北方地区等均有许多大学,但中国学生知之甚少;大多数的菲律宾学生也只知道北京大学、清华大学等,他们不了解中国的其他大学。由此,合作网项目的部分作用是促进两国的大学开展更密切的合作。

第三,发展职业教育。在学生群体中,对那些渴望接受高等教育的人而言,他们可以在世界范围内进行学习;但对那些出于各种原因想要立即开始工作或获得职业技能的人而言,我们希望他们有机会进入专门的职业技术学校并获得专业的职业技术训练。因此,发展职业教育成为菲律宾教育改革的重要内容。通过培养各个领域的专业人才,丰富菲律宾的人力资源结构,为社会提供各类人才。

因此,谈及菲律宾教育的发展趋势,我认为就是继续推行K—12教育改革、积极开展国内外高等教育合作、努力发展职业教育。我们希望培养出受过良好教育、训练有素,并在全球市场上更具竞争力的菲律宾人。

三、精心做好人文交流，促进两国民心相通

菲律宾有 4 所孔子学院、3 个孔子课堂，您如何看待孔子学院在促进中菲人文交流中的作用？

乔斯·圣地亚哥·罗马纳：孔子学院的部分作用是开展教育交流，以促进人文交流及两国人民之间的理解。正如我之前所提到的，我们希望有更多的菲律宾学生赴华学习，但事实上并非所有的菲律宾人都有这样的机会，有些人会得到奖学金项目的资助，有些人出于商业活动或研究工作的需要，有些人是因为想要去中国旅游而前往中国，但还有部分人没有机会走出国门去中国进行交流。因此，孔子学院的引入是受人欢迎的，它满足了人们日益增长的汉语学习需求，促进中菲人民间的交流与互通。

孔子学院的课程设置满足不同年龄学习者的需求，如为想要达到一定汉语水平的职场人士服务，为想开展深入研究的学生和学者服务。目前，汉语被确立为菲律宾部分学校的第二外语，对汉语教师及汉语学习的需求不断增大，因此，当前菲律宾的孔子学院数量已不能满足公众的学习需求，我们希望未来会有更多孔子学院在菲设立。当然，中菲交流还存在一些具体问题，包括人们的经济能力、往来签证办理等。

根据宾夕法尼亚大学发布的《2016 年全球智库年度报告》，菲律宾智库数量为 21 个，居东盟国家第二位。请问菲律宾智库如何发挥其国际影响力，深化国际合作？

乔斯·圣地亚哥·罗马纳：事实上，菲律宾的智库不仅在政策咨询方面发挥重要作用，而且在国际外交政策方面扮演重要角色。在成为大使之前，我曾与几个智库保持密切的合作，并通过智库与中国学者保持对话，与中国智库保持联系。菲律宾最卓越的智库之一是外事服务机构（Foreign Service Institute），是外交部的直属机构。他们培训外交官，从事相关研究，与中国国际问题研究院（China Institute of International Studies）保持紧密联系。另一个智库项目是一个促进亚太地区共同利益的协会，与中国

智库保持良好联系。此外,我曾任教的菲律宾国立大学亚洲中心也与中国智库关系紧密。菲律宾智库通常与政府、国家经济发展局和菲律宾发展机构等相互联系,他们致力于经济工作、开展学者对话、积极参与中国与东盟国家的一些研讨会。因此,智库不仅是学者和研究人员与东盟各国保持联系的方式之一,而且是菲律宾与世界保持联系的重要纽带。过去,我在智库工作期间,曾多次前往意大利、布鲁塞尔等国共同探究相关问题,与新加坡、越南等国人员积极对话,媒体也通常希望从学者和智库获取相关信息和建议。因此,菲律宾的智库扮演沟通的桥梁,在外交政治、经济政策、政府决策、媒体宣传等方面具有重要作用,帮助各方更密切地交换意见。

深化中马教育合作　打造国际化理工大学

——访马来西亚彭亨大学副校长柔斯利

2016 年 5 月中旬，应甘肃省联合国教科文组织协会邀请，马来西亚彭亨大学主管学术与国际交流的副校长柔斯利（Rosli Bin Mohdyunusa）博士、国际交流处主任阿兹瑞如（Azrizulazmi Bin Bustana）先生、学术部主任阿曼（Arman Bin Arahima）先生一行三人，先后访问了兰州理工大学、兰州工业学院、河西学院三所高校和兰州五中、庆阳二中两所高中，就未来彭亨大学与中国西部地区院校之间能够开展合作的部分项目进行了友好洽谈，并就此签署了合作备忘录。甘肃省联合国教科文组织协会会长、教育部教育管理信息中心《世界教育信息》杂志社特约记者杜永军在兰州对柔斯利副校长进行了专访。在采访中，柔斯利副校长指出，彭亨大学是一所年轻的"老大学"；彭亨大学致力于理工科人才的培养；问鼎世界顶尖大学是彭亨大学未来的发展目标；教育信息化是彭亨大学的重要发展目标；彭亨大学致力于深化国际合作以提升国际影响力；中国的"一带一路"重大倡议必将惠及中马，使两国共享发展成果。柔斯利副校长最后表示，希望在甘肃省联合国教科文组织协会的努力下，更多国外高校的优势项目能够在中国西部地区的有关院校得以成功落地，使中国西部地区的院校和学生们有机会参与国际化项目，为"一带一路"重大倡议的落实培养更多高精尖的通用型人才。

一、彭亨大学是一所年轻的"老大学"

尊敬的柔斯利副校长，非常欢迎您能够来到中国西部地区考察访问。首先，请您详细介绍一下彭亨大学的发展历程及马来西亚公立高等教育的发展现状。

柔斯利：感谢甘肃省联合国教科文组织协会对我们一行三人的邀请，本次的中国西部之行使我有幸看到了皑皑雪山与漫漫戈壁，终生难忘。在这几天的活动中，我发现我所到访的每一所学校的建校历史都比彭亨大学要长。当然，如果追溯源头的话，彭亨大学也差不多有 44 年的历史，因为它原来是马来西亚理工大学的工程和工艺学院，而马来西亚理工大学是1972 年建校的。2002 年，因马来西亚理工大学工程和工艺学院发展迅速，师资优良且设施不断完善，政府决定将其分离出来升级为专注于理工科人才培养的公立大学，并于当年 2 月 26 日正式更名为马来西亚彭亨大学（University Malaysia Pahang）。所以，我们大学跟这几天到访的院校相比，只能算是一所年轻的"老大学"。

作为马来西亚 20 所公立大学的一员，彭亨大学的办学规模并不是最大的，但特色最为鲜明。我们的办学特色是为马来西亚培养各类高精尖的工程技术及理科类人才，如电气与电子工程、机械工程、土木工程、化学与自然资源工程、计算机系统与软件工程、制造工程等。彭亨大学具有本科、硕士、博士三级学位的授予权。目前，彭亨大学有在校生 1.6 万人，专职教师 700 余人，教师均具有硕士以上的学历水平或海外留学经历。

在马来西亚，公立大学原本主要是为优先保障和扩大原居民受教育的机会及缩小族群间的收入差距而开办的。在建国之初，马来亚大学是当时马来西亚唯一的综合性国立大学。1969—1972 年，为配合和保障当时"固打制"（照顾马来人的制度）的招生政策，另外 4 所"全国性"大学得以陆续创建。到了 20 世纪 80 年代，随着中等教育的普及，5 所公立大学已经远远不能满足社会对高等教育日益上升的需求。因此，马来西亚政府又加大了对公立高等教育的投入，成立另外两所大学——马来西亚国际伊斯兰大学（International Islamic University Malaysia）和北方大学（Northern University）。就这样，直到今天，马来西亚最终形成了公私立教育并存、私立教育机构占绝对数量优势的局面。

面对私立高等教育蓬勃发展的局面，马来西亚的公立教育也加大了改革创新力度，以进一步凸显特色。自 2007 年颁布《马来西亚高等教育战略规划（2020 年）》以来，政府开始从国家战略的高度出发，规划和推动公立大学进行自治改革，赋予公立大学办学自主权，关注教育质量提高，增强公立大学的整体实力和竞争力。目前，成功的自治改革使马来西亚公立大学焕发出新的生命力，提高了大学的主动性和积极性，重新调整和平衡了大学、政府、市场三者之间的关系，推动大学形成了自身的优势与特色，提升了整体质量，初步具备了进军世界一流大学的实力。

二、彭亨大学致力于理工科人才的培养

彭亨大学在理工科人才培养方面有何独到之处？

柔斯利：截至 2016 年，彭亨大学除了项目管理这个专业为非纯理工科以外，其余均为工程类和理科类专业。我们的发展目标不是追求"大而全"，而是"专而精"，专注于培养高精尖的工程技术类人才。在班级建制上，我们实行的是 15—20 人的小班化授课制，保证每个学生都能获得教师关注和与教师交流的机会；在课程安排上，理论学习与工厂、实验室实践各占 50% 的学时，保证了学生能将所学习的理论知识及时地与生产实践融合起来；在考核方式上，我们要求学生每周都要进行集体学习和独立实验，并向教师和其他同学定时汇报和分享学习研究的结果，旨在督导学生培养独立学习的意识和能力。

此外，彭亨大学还致力于打造国际化课程，如汽车工程专业就是与德国卡尔斯鲁厄大学联合开办的。为保障该项目的顺利进行，彭亨大学建

立了专门的德国学术和职业发展中心（GACC），协调该项目的所有活动的开展。目前，由彭亨大学和德国卡尔斯鲁厄大学联办的汽车工程专业和机械电子工程专业，不仅招录马来西亚公民，而且向国际学生开放申请，国际学生不仅可以取得两所大学的双学位，还可以学习德语并到德国深造和就业，一举多得。

三、问鼎世界顶尖大学是彭亨大学未来的发展目标

彭亨大学是如何自我定位的？有没有相关的远景规划？

柔斯利：2009年，马来西亚教育部制定了"顶尖大学计划"（Accelerated Programme for Excellence，APEX），目的在于建设若干所处于"金字塔尖"的院校，使马来西亚的高等教育进入世界一流院校的行列。在这个计划的推动下，彭亨大学也要从多个方面进行努力，争取在2020年冲刺入围"顶尖大学"行列。

为达到这个目标，彭亨大学将陆续增加外国讲师讲席数，提升外国学生比例（尤其是在硕士和博士阶段），适当会向中国等亚洲国家增加招录比例；在学术研究上，大部分的教授要有自己专门的研究课题和方向，并定期发表论文。只有这样，才能切实推动彭亨大学向"顶尖大学"迈进的步伐。在择优增加国际学生数量方面，马来西亚公立大学具备得天独厚的优势。因为有政府定期的资金投入，马来西亚公立大学面向国际学生收取的学费相当低，仅为每学年1万马币左右，这是其他国家难以做到的。

四、教育信息化是彭亨大学的重要发展目标

彭亨大学在教育信息化方面有何建树？

柔斯利：教育信息化是全球高校都在关注的前沿话题。彭亨大学在教育信息化方面的规划是，到2020年，30%的核心课程要通过互联网来完成，

打破面对面教授方式。开展混合型学习是未来教育发展不可避免的模式。当前，彭亨大学开展的"全球教师计划"就在为未来开展线上教育打基础。

五、深化国际合作，提升国际影响力

彭亨大学与世界上哪些国家的大学有合作交流？在中国主要开展了哪些合作项目？

柔斯利：截至 2016 年，彭亨大学与世界上 26 个国家的大学建立了合作关系，这些国家包括中国、美国、德国、爱尔兰、韩国、波黑、埃及、印度尼西亚等。合作的项目包括与爱尔兰塔拉理工学院合作的制药人才培养项目，与美国北伊利诺伊州大学合作的领导力创新、工程研发培养项目，与德国合作的汽车工程和机械电子工程双学位项目等。

彭亨大学也有与中国院校在未来开展合作的项目，如免学费交换生项目（可接受本科生和研究生申请）、硕士研究生双录项目、访问学者及客座教授交流项目（马方教授可担任中方有关院校的客座教授并开授专业课程，为中方教师提供访问学者机会）、建设联合实验室项目、联合申报国际课题等。当然，如中方大学有意向，还可以开展学生联合培养计划，即以中方为主体的联合办学项目。在到访中国西部地区之前，彭亨大学已与河北省两所大学建立了合作关系，即河北大学、河北科技大学。河北大学将协助和支持彭亨大学开办孔子学院，以加强彭亨大学汉语教学中心建设及教师培养工作。此次访问了中国西部地区的三所高校和两所高中以后，我认为，中国西部地区院校与彭亨大学在未来可以合作的领域将会更广，让我们拭目以待。

马来西亚曾希望有一所中国大学到马来西亚办分校，和中国教育部商榷后，马来西亚高教部经过研究后选定厦门大学。您对厦门大学马来西亚分校有何期许，您认为中国高校到马来西亚办学有哪些方面的困难？应该注意什么事项？

柔斯利：厦门大学是中国知名的高等学府，是一所与东南亚接触较广、国际化倾向比较明显的中国重点高校。中国大学到马来西亚办分校，中国政府选定厦门大学，应该是中国首次同意公立大学在海外设立分校。厦门大学马来西亚分校地处雪兰莪州沙叻丁宜，坐落在马来西亚联邦行政中心布特拉贾亚城和吉隆坡国际机场之间，交通便利，环境优美。其实，国外名校在马来西亚开办分校已早有先例，如英国诺丁汉大学马来西亚分校、澳大利亚莫纳什大学马来西亚分校、科廷大学马来西亚分校等。马来西亚开放、包容的多元文化氛围适合国际名校前来"安家落户"，为马来西亚培养人才。厦门大学马来西亚分校的成功开办，也彰显了厦门大学强大的综合实力。厦门大学的前沿学科，如东南亚研究、海洋科学、工科、经济、观礼、法学、商科、会计、化学、中西医药，有很强的学术品牌。我们期望厦门大学马来西亚分校在将来继续发挥这些学科的优势，与马来西亚各个大学之间产生良性竞争，相互合作，提升教学质量，让马来西亚高等教育发展更趋多元，并吸引更多国际学生来马学习，同时为马来西亚学子提供更多选择。

至于困难或注意事项，我认为唯一的困难可能是来自于师资方面的暂时性制约。厦门大学马来西亚分校选用教师时除了在当地招聘以外，还将向全世界延聘优秀教师到马来西亚分校任教，以彰显其国际化办学水平。我想，要实现或达到这一目标，应该需要一个比较长的储备过程，还有很长的路要走。在此进程中，如果需要彭亨大学施以援手的话，彭亨大学会尽力而为。

六、走好"一带一路"，共享发展成果

中国提出的"一带一路"重大倡议，您认为会给中马交流带来什么影响？

柔斯利：无论是郑和下西洋时期的"海上丝绸之路"，还是"21 世纪

海上丝绸之路",马来西亚都是其黄金地段上不可缺少的必经之地。当前,由中国政府提出的"一带一路"重大倡议,是惠及沿线国家广大民众的伟大战略规划。在彭亨州,中马关丹工业园区与中马钦州产业园一起,成为世界上首个互相在对方建设产业园区的姊妹区。值得一提的是,中马关丹工业园区就在彭亨大学的隔壁,工业园区的多家跨国公司都与彭亨大学签署了战略合作协议,这将为彭亨大学学生的实践和就业提供丰富的机遇,这是马来西亚其他公立大学所不具备的资源优势。中马关丹工业园区将依托独特的港口优势,服务马来西亚东海岸经济特区,面向中国沿海,辐射东南亚,最终建设成为马来西亚对外开放的重要门户,成为高水平的现代制造业集群和物流基地,成为面向中国、东盟及世界的区域性商贸、物流及加工配送中心,进而构筑马中经贸合作战略发展的新平台,打造亚太地区投资创业的新高地,建设中国—东盟经济合作的示范区。

总体而言,中国的"一带一路"重大倡议将会促使整个亚洲更加繁荣富强,人民更加安居乐业,中马伙伴关系更加紧密团结。

书写中吉高等教育合作的新篇章

——访吉尔吉斯斯坦科学和教育部原部长、比什凯克人文大学校长穆萨耶夫·阿布杜拉达·依纳亚托维奇

穆萨耶夫·阿布杜拉达·依纳亚托维奇(Musaev Abdylda Inayatovich)现任比什凯克人文大学校长，吉尔吉斯共和国功勋教育工作者，吉尔吉斯高校联盟主席，吉尔吉斯共和国汉学协会主席，吉尔吉斯共和国政府科学委员会委员，吉尔吉斯共和国国家资格委员会委员，中国出版的国际性杂志《大陆桥》执行理事，"图格尔拜"国际协会主席；日本创价大学名誉教授，中国中央民族大学、新疆大学和兰州政法大学名誉教授。

穆萨耶夫·阿布杜拉达·依纳亚托维奇先生非常熟悉国内和世界教育体系，在这一领域拥有丰富的经验，为吉尔吉斯斯坦教育发展作出了巨大贡献。除高教领域外，他亲自参与了吉尔吉斯共和国《学前教育法》以及一系列促进教育高效发展的吉尔吉斯共和国法律法规的编著工作。他不仅是科学和教育领域著名的组织家，也是杰出的科学家和方法学家，曾发表过130多篇科学和教育著作。为图格尔拜学文学研究方向作出了巨大贡献。他的专著《图格尔拜·瑟德克别科夫——人类的命运和创造的命运》《创新戏剧》《现代小说中的诗体》等作品广为读者所熟知。并且，他也为高校撰写了一系列的学生教材和教师教学方法著作，吉尔吉斯斯坦俄语学校5—8年级的学生使用的吉尔吉斯文学教材正是他编写的。我们就其职业历程中建设比什凯克人文大学的相关话题进行了专访。

一、比什凯克人文大学 40 年步入国家优秀大学之列

尊敬的穆萨耶夫·阿布杜拉达·依纳亚托维奇先生，您好！您曾在2005 年任比什凯克人文大学校长，在卸任部长之后于 2011 年至今继续担任该校校长，可谓是该校历史发展的见证者。请您先介绍一下贵校的发展情况。

穆萨耶夫·阿布杜拉达·依纳亚托维奇：2019 年 5 月，比什凯克人文大学将迎来建校 40 周年。对于历史而言，40 年是很短的一段时间，而对于一所大学来说，却是一个重要的成长时期。如今，比什凯克人文大学已成为吉尔吉斯共和国高等人文教育的一面旗帜。该大学始建于 1979 年，当时被命名为伏龙芝俄语和文学师范学院。1992 年改为国立语言和人文学院，随后在 1994 年成为比什凯克人文大学。

大学的每一次更名都成为其进一步发展的新阶段。比什凯克人文大学具有较高的教学水平，历年来一直处于国家优秀大学之列。如今，比什凯克人文大学拥有很强的科研教学实力、传统和成熟的人才队伍。今天，该大学已成为一所多学科的教学机构，成为一个统一的教学—科研—教育的综合体，在国际关系、经济、政治、哲学及其他社会人文领域，为社会机构培养高水平专家和业务干部。

40 年来，大学不断地拓展教学和科研范围，立足于现有的业务人才培养经验，同时引进新的科研和教学人才。大学已成为落实国家政策和实施国家人才培养战略的教育中心。大学针对 40 项高等职业教学大纲、16种语言（英语、阿拉伯语、白俄罗斯语、意大利语、汉语、朝鲜语、吉尔吉斯语、德语、波斯语、波兰语、俄语、土耳其语、乌克兰语、法语、日语等）、培养学士的 34 个方向和专业、培养硕士的 10 个方向和 20 项教学大纲、研究生班的 10 个方向和 20 个学科，来实施综合性培养。这种多样化教学适应了发展需要，满足了国家对于新型高水平人才的需求。

国际活动在该大学发展中占有重要位置。来自世界上 16 个国家的

280 名外国学生在比什凯克人文大学学习。在上海合作组织大学框架内，大学与 50 所外国大学紧密合作，实施联合培养专业人才计划。比什凯克人文大学还与世界上 70 多所主要大学开展合作，每年派出学生前往各所大学学习和实习，其中包括：英国、德国、埃及、印度、伊朗、卡塔尔、中国、科威特、沙特阿拉伯、马来西亚、波兰、俄罗斯、美国、土耳其、法国、韩国、日本等。

二、比什凯克人文大学是人文科学发展和人才培养的阵地

贵校以"人文"命名，在发展人文科学上取得了哪些成就？在人文知识领域是如何选拔和任用优秀教师的？

穆萨耶夫·阿布杜拉达·依纳亚托维奇：首先，我想指出一个事实，大学应该培养专业人才，并让其接受新的思维模式，能够快速学习和交流经验，以能够在现实世界中对上述知识加以运用。正是通过人文领域，专业人员可以获取相关知识，了解多元社会运行和发展的矛盾规律、社会体系的多元表现、兴衰发展的特别动力、结果的高度不确定性和不可预见性、危机和风险的周期性发作。

因此，在我看来，诸如哲学这样的教学课程应在其中发挥特殊作用。问题在于，如果说单个社会人文科学是在自身的对象领域范围内研究社会共同性，那么只有哲学能够随后将上述知识整合起来，并为学生形成一个统一的全球性构图，其中所有分系统都存在着特殊性的相互联系。在我们大学，吉尔吉斯斯坦—中国学院哲学教研室正在培养上述具有全球意识和世界眼光的专业人才。除哲学以外，我认为，历史学在公民职业教育中也发挥着重要作用；心理学也能让未来的毕业生更加适应工作环境；逻辑学在教学过程中占有特殊地位。我想将中国经验作为一个积极的榜样。在中国，如果想要担任国家公务人员，必须通过一系列的考试，而其中一门正是逻辑学方面的考试。

关于人文学教师，我想说的是，与大学或者教学大纲的评价方式不同，很难按照统一的标准对其进行评价，或者将其进行统一分类。任何一名好的教育工作者，应具有鲜明的、与众不同的个性。然而，当代教育工作者也应具备某些共同的特性，是针对性、积极性、自我调节能力，具有成熟的教育思想、特定的心理特性，能够在规定的标准范围内高效地开展教学活动。同时，职业资质也是一项重要因素，用于对教师的工作质量进行评定。此外，我还要补充的是教师的个人形象气质，如幽默感和个人魅力。

贵校是如何培养人文科学专家的？您认为贵校培养出来的人文人才在哪些领域可以大展宏图？

穆萨耶夫·阿布杜拉达·依纳亚托维奇：我在高校部门多年的实践证明，人文学专家应是蓬勃发展、博学多识的人，随时准备接受新知识，能够意识到全面发展的必要性，应该能够快速适应新环境，能够确立并达成目标。他能够自然而然地成功运用人文思想。得益于此，他们能够更加轻松而快速地学习。在进行谈判时，人文学者毫无争议地具有优势。这是因为人文学者能够利用自身的思维模式、创新思想，寻找机会将所需信息传达给全体相关方，并与其就复杂问题达成协议。

人文学者可以在各种科学领域成功运用自己的知识和技能，有些甚至是意想不到的领域——IT 公司或者经济领域，这可能是得益于其分析能力和对当代现实的广阔视角。如果对 IT 公司的顶层管理人员进行分析，那么我们能够发现，其中大多数正是人文学者，这是因为其具备倾听、感受和劝说能力特点。

适合人文学者的工作还有国家机关的职务。例如，教育部部长古利米拉·库代别尔季耶娃就是我们大学的毕业生。另外，前教育部部长埃利维拉·萨里耶娃也是我们大学的毕业生。此外，还包括一些议员、总统和政府办公机构的领导、外交工作人员。

三、教育国际化和教育信息化是大学面对新时代的发展利器

当今时代正在快速发展，贵校面对时代发展做了哪些改革？

穆萨耶夫·阿布杜拉达·依纳亚托维奇：今天，我们大学正在经历着一个全新的发展阶段，我认为要创造一种开放的、有竞争力的教育环境，并融入世界教育体系。当然，随着加入博洛尼亚教育体制，我们的教学理念本身已经发生了根本性改变。目前，我国的教育现代化进程如火如荼，在创新和国际化的基础上改善教育体制，积极发展教学动力。为此，信息化教学正在发挥重要作用，数字技术彻底改变了教学课程的内容和授课平台。毫无疑问，我们大学已经取得了一定的成绩。如今，比什凯克人文大学已经成为许多著名机构的成员，其中包括欧亚大学联合会，该机构联合了大约140所独联体国家的大学。2009年，我们大学以首个大学—调节员的身份加入了新生的上海合作组织网络大学。2010年，我们成功启动了"区域学"和"教育学"方向硕士培养计划示范性方案。根据这一计划，每年我们的硕士研究生可利用预算资金到位于中国、俄罗斯的伙伴大学进行学习。2010年，比什凯克人文大学加入了独联体和上海合作组织人文大学联合会，并成为该组织的积极成员。另外，我们大学是欧亚汉语老师联合会的联合创始人。

四、孔子学院为中吉人文交流、加深相互合作发挥重要作用

在您的努力下，比什凯克人文大学建立了孔子学院。近期吉尔吉斯斯坦出现了学习汉语的热潮。您认为孔子学院在中国与吉尔吉斯斯坦之间的文化交流方面发挥了哪些作用？您认为孔子学院还可以在哪些领域作出贡献？

穆萨耶夫·阿布杜拉达·依纳亚托维奇：比什凯克人文大学通过孔子学院与中国的一些大学建立了友好、互利的伙伴关系。我认为，孔子学院

在发展和巩固吉尔吉斯斯坦与中国的合作方面发挥了巨大作用。孔子学院的志愿者们作为"语言载体"，正在传播汉语知识，这对于我们的学生非常重要。此外，孔子学院还为我们提供了必要的教学参考书籍。例如，仅在 2018 年，孔子学院所提供的书籍数量就达到 1.5 万册。

孔子学院还在我们的大学基础上组织开展汉语水平考试（HSK）和汉语水平口语考试（HSKK）。目前，我们的学生已经能够在吉尔吉斯斯坦通过 HSK 考试。参加 HSK 考试的人数达到 408 人，参加 HSKK 考试的人数达到 848 人。比什凯克人文大学所属的孔子学院帮助学生们寻找在中国实习和学习的机会。孔子学院举办的竞赛为众多学生创造了良好的条件，使其可以利用预算资金到中国高校学习。同时，孔子学院还定期举行测试，为学生们提供更多的机会以便参加奖学金计划。比什凯克人文大学成立了吉尔吉斯—中国科研与发展中心，从而在以下方面作出了很大贡献：分析和研究"丝绸之路经济带"方案的实施机制；分析和研究中国国家体制和国际关系；编写教学资料，加深对中国、中国文化和对外政策的理解；组织科学研讨班和国际研讨会，将其作为一个开放性的平台，讨论中国与中亚国家国际合作问题，并寻找解决方案；组织和开展青年儿童汇演、竞赛，宣传中国语言和文化。我还想谈一谈《大陆桥》杂志，我曾担任该杂志的执行董事。该杂志旨在加深中国和吉尔吉斯斯坦两国人民之间的彼此了解。该杂志在 10 多年时间内巩固了两国间各领域的合作。毫无疑问，这些创举将在改善中国和吉尔吉斯斯坦之间相互理解、加强双边合作方面发挥重要作用。

五、教育交流合作是"一带一路"倡议的重要推动力

除孔子学院以外，你们大学还在哪些领域与中国进行合作？您对中国的大学有什么看法？

穆萨耶夫·阿布杜拉达·依纳亚托维奇：比什凯克人文大学与中国多

所高校保持着多年的良好的伙伴关系。这一合作是在双边协定和学生及老师的教学交流基础上开展的。例如，在中国国务院新闻办公室的财政支持下，比什凯克人文大学参加了国际联合品牌项目——"中国馆"项目的实施。通过实施这一项目，在我们大学开设了一座"超级图书馆"。该图书馆的设施采用了最新的科学成就和图书馆技术。根据比什凯克人文大学的需求，中国国务院新闻办公室无偿提供了6万册图书。这些图书涉及不同专业，使用三种语言编写——中文、俄文和英文。在2017年，在"一带一路"国际经济方案的框架内，中国甘肃政法学院代表团对我们大学进行了访问。通过此次访问，23名中国学生参加了"丝绸之路文化与创造夏季培训班"。也是在这一年的夏天，在我们大学签订了《关于与山西师范大学就学生交流、老师实习和硕士培养方面开展合作的协定》。2017年11月，中央民族大学黄泰岩校长率领的代表团对比什凯克人文大学进行了工作访问。在我们的会谈中，我们就关于在"双学位"计划、"2+2"计划，以及成立吉尔吉斯语言和文化中心方面达成了合作协议。

我认为，中国的高校拥有着伟大的传统和较高的教学水平。优秀的学生能够获取国家奖学金和助学金，且中国高校毕业生拥有非常广阔的就业和职业发展前景。我还想指出的是，中国政府正在投入大量资金，用于发展学校的基础设施，为学院和大学配置先进的设备。同时，高等教育的成本对于中国居民以及外国学生都是可以接受的。

您刚才提到了"一带一路"倡议。中国在教育领域正在实施旨在推动"一带一路"沿线国家合作的多项措施。您认为在"一带一路"框架内中吉高等教育合作应聚力于哪些方面？

穆萨耶夫·阿布杜拉达·依纳亚托维奇：我认为，在该方案框架内，我们必须建立产学研一体化的体系，扩大科研和人员交流，加强科学技术合作，建立联合实验室和国际技术交流中心。我注意到，这对于我国发展非常重要，因为"一带一路"框架内的全部任务可以说与吉尔吉斯共和国2040年国家发展战略彼此呼应。我认为，应特别关注建立教育领域稳定和可靠的沟通渠道，促进建立和整合国家间经济联系。因此，教育合作将成为建立和保持国际对话的有效工具，为协调文化、社会以及政治标准创造广泛的可能性。

加强合作与交流　构建完善的现代教育体系

——访东帝汶国立大学副校长弗朗西斯科·米格尔·马丁斯

　　东帝汶国立大学（Universidade Nacional Timor Lorsa'e）位于东帝汶的首都帝力，创建于 2000 年。2002 年 5 月 20 日，联合国向东帝汶移交政权，东帝汶正式独立建国。独立以来，东帝汶政府致力于经济重建和社会发展，重视教育在繁荣经济和可持续发展中的重要作用。在此背景下，作为东帝汶的唯一一所公立大学，东帝汶国立大学肩负着为国家建设发展提供专门高层次人才的重任，致力于传播科学知识，促进思想自由，发展民主与文化，在促进国际发展方面发挥着基础性和根本性的作用。为深入了解东帝汶的教育发展现状、面临的挑战以及教育在国家建设中的作用，我们对东帝汶国立大学副校长弗朗西斯科·米格尔·马丁斯（Francisco Miguel Martins）进行了专访。马丁斯副校长主要分管东帝汶国立大学的科研工作。在访谈中，马丁斯副校长提出深化教育研究，加强教育科研合作；优先发展教育，促进经济、社会可持续发展；积极与政府部门合作，为国家发展提供专门的高层次人才；加强教育合作交流，丰富双方教育内容等观点。

一、深化教育研究，加强教育科研合作

　　尊敬的马丁斯副校长，非常感谢您接受我们的采访。首先，请您谈一谈此次来中国交流访问的情况。您此行的主要目的是什么，有何感受和收获?

　　马丁斯：我此次来中国，是应东南亚教育部长组织（SEAMEO）的邀

请，参加 6 月 5 日在北京召开的"中国—东南亚教育研究网络"会议暨"中国—东南亚教育体系与教育改革指南"研讨会。这也是我第一次来中国，第一次来北京，可以说收获很多。

近年来，东南亚各国在教育领域的交流与合作越来越多。当今全球化时代，我们迫切需要从国际经验中获取借鉴与灵感，特别是目前世界各国的教育改革与发展面临着许多新的挑战和共同难题。比如，如何构建完善的现代教育体系，如何提高教育质量、提升学生的创新能力等。深化教育研究，加强教育科研合作，对各国的教育发展起着越来越重要的作用。

深入了解一个国家的教育体系与政策是学习借鉴其经验的基础。然而，目前各国教育研究机构之间尚未建立起通畅的联系渠道和稳定的合作关系，对于各国教育体系与政策的研究也基本空白。因此，成立"中国—东南亚教育研究网络"，编制《中国—东南亚教育体系与教育改革指南》一书，很有意义。

"中国—东南亚教育研究网络"是东南亚教育部长组织、中国—东盟中心和中国教育科学研究院合作开展的项目，此次会议是本项目第一次工作研讨会。来自三家合作机构以及东南亚教育部长组织成员国文莱、柬埔寨、印度尼西亚、老挝、马来西亚、菲律宾、泰国、东帝汶、新加坡等国的 30 多位代表参加了会议。会议研讨了筹建"中国—东南亚教育研究网络"与编制《中国—东南亚教育体系与教育改革指南》的相关问题，就研究网络的宗旨、目的、协调机制、下一步的工作，以及指南编写的目的、内容、撰写方式、工作时间表等达成了共识。另外，我们还参观了中国人民大学附属小学与北京市外事学校，切身感受了中国在基础教育和职业教育领域取得的成就。这两所学校的教育理念、教学模式和学生的综合素质给我留下了深刻的印象。

二、优先发展教育，促进经济、社会可持续发展

东帝汶民主共和国是一个年轻的国家，请您介绍一下东帝汶及其教育发展概况。在您看来，教育在贵国发展中起着怎样的作用？

马丁斯：东帝汶民主共和国是一个年轻的国家，经过近 500 年的葡萄牙殖民统治，24 年的印度尼西亚占领，以及 2 年的联合国托管，最终于 2002 年获得独立。东帝汶现有人口 110 多万人，官方语言为德顿语和葡萄牙语，马来语和英语为工作语言。自独立以来，政府致力于经济重建和社会发展，其中包括重建教育体系。

作为一个年轻的"冲突后"国家，东帝汶十分重视教育在繁荣经济和可持续发展中的重要作用，把教育摆在优先发展的战略地位。教育也是构建包容、公正、文明社会的核心内容，在这样的社会中，人人都享有受教育的权利，拥有受教育的机会。当然，和有着悠久历史的中国相比，东帝汶的教育体系还很脆弱，我们直到 2008 年才颁布《国家教育法案》。但是，通过短短几年的努力，我们已经建立起一个较为完整的教育体系框架和一系列保障教育实施的法律制度。我们从 2008 年 10 月开始实施免费的九年义务教育。在东帝汶，义务教育分为三个学段：1—4 年级为第一学段，5—6 年级为第二学段，7—9 年级为第三学段（也称作"初级中等教育"）。义务教育之后是中等教育，分为职业中等教育和普通中等教育两条路径，然后是专科学院和大学。

2007 年，东帝汶政府批准了未来五年的国家教育规划，承诺实现教育发展的相关目标，并且建立了相应的机制，保障公民的受教育机会和教育公平。2010 年人口普查的结果显示，东帝汶适龄儿童的入学率已达到 92%。我们计划到 2015 年，将适龄儿童的入学率提高到 100%。总之，我们所有努力的目标都集中在为全体公民提供高质量的教育上，使他们具备必要的知识和技能，充分参与国家的发展进程。当前，我们面临的主要挑战有：如何提高教育的保有率和完成率，降低学生的辍学率；建立相应机

制，缩小男孩和女孩之间、城市和偏远的农村地区之间等在受教育机会方面的差距，以及提高教育的整体质量。

目前，东帝汶各级各类学校正在实施新的国家课程，提高基础教育和中等教育阶段学生的读写水平和计算能力。我们充分认识到了母语在教育中的重要性，因此，东帝汶政府制定了有关儿童早期教育和发展的政策，推行以母语为基础的多语言教育方法。为确保社会和经济的包容性，我们积极推进职业技术教育与培训（TVET），使其成为终身学习的一部分，并且重视在正规和非正规教育环境下的中等教育与培训以及中等后教育与培训。

东帝汶政府正在实施机构调整与改革，以保证相关政策在整个国家有效地贯彻执行。为了培养一大批国家急需的合格教师，我们制定了教师能力框架和全新的教师职业管理制度，为教师认真履行职责提供更好的激励机制，并且制定了全国性的教师培训和再培训计划。此外，高校还专门为教师定制了学士学位课程，帮助他们提高教学能力。

三、积极与政府部门合作，为国家发展提供专门的高层次人才

东帝汶国立大学是东帝汶唯一一所公立大学，请您介绍一下东帝汶国立大学的相关情况。贵校在国家建设与发展中发挥着怎样的作用？

马丁斯：东帝汶国立大学创办于 2000 年，目前在校学生超 5000 人，是东帝汶规模最大的大学，拥有农学院、政治科学学院、经济与管理学院、科学教育学院、工程学院、法律学院、医学院 7 个学院。东帝汶国立大学致力于传播科学知识，促进思想自由，发展民主与文化，在建设人力资本、促进国家发展方面发挥着基础性和根本性的作用。

东帝汶国立大学是东帝汶唯一一所公立大学，政府通过立法确保大学拥有自主权，并且提供充足的经费，保障大学有效地履行相关职能。东帝汶国立大学积极与政府部门合作开展教学与研究，为国家发展提供专门

的高层次人才。例如，为了提高国家公务员的服务能力，东帝汶国立大学于 2011 年 4 月和社会团结部签订协议，共同开发了一门硕士课程，为设计、实施和监督社会保障计划提供培训，并加强对分摊养老金、养老金基金以及分配制度的研究。为弱势群体、老人和退休人员持续提供充足的养老金是东帝汶面临的一个严峻挑战。养老金一旦不能落实，将会带来不可持续的债务负担。因此，提高公务员在社会保障方面的知识和技能，有利于保障人民群众的利益和国家财政政策的可持续性。东帝汶国立大学和社会团结部之间的这种合作，为高校和政府机构在改善人力资源、促进国家发展等方面开展合作提供了一种有效的模式。

请您结合贵国高等教育的发展情况，谈谈东帝汶高等教育面临的问题和挑战。 对此，贵国又采取了哪些战略措施？

马丁斯：东帝汶的高等教育分为高等技术教育和大学教育两种。2004 年之前，东帝汶共有 17 所高等院校，在校学生达 1.3 万人。2011 年年初减少到 11 所，大约有 2.7 万名学生在校就读，其中 9 所高校可以颁发学术学位。2009 年，我们完成了高等院校的外部评审工作，并为合格院校颁发了证书。此后，我们每年都会进行年度审查。2012 年，我们又启动了高校专业评审，以保证各高校提供符合国际标准的专业课程。

当前，东帝汶高等教育正面临一系列问题，如需要统筹考虑高等教育机构的监管框架和经费保障机制、国家资格框架、高等教育质量及评判标准、高等教育管理体系、理工学院建设等，并采取有效的方法进行解决。为此，东帝汶高等教育部门重点确定了以下两个目标。第一，中等技术教育将提供一年或两年的专业应用课程，发展学生的实践能力和问题解决能力。这类课程为文凭课程，将由理工院校或者与理工学院签约的教育机构提供。第二，大学教育的重点放在调查研究和知识创造方面，为进一步学习研究或者进入劳动力市场奠定坚实的科学、技术和文化基础。这类课程为学位课程，将由大学、研究机构或其他高等院校提供。

为了实现这些目标，我们将采取以下三项措施：第一，实施强有力的质量保证与监管制度。建立国家资格框架，将所有资格认证纳入国家资格框架之中；进一步加强国家学术评估和质量认证局（National Agency for Academic Assessment and Accreditation）的建设，制定质量及评判标准，保证高等教育课程的质量。第二，研发有效的管理系统，协调政府发展高等教育的政策实施，制定优先发展目标和经费预算。第三，加强理工学院建设，提高高等技术教育水平。为每个战略性产业部门创办一所理工学院，包括石油工程技术学院、旅游服务学院、农业技术学院等。

四、加强教育国际合作交流，丰富教育内容

一直以来，中国与东南亚各国在许多领域都保持着密切的合作关系。请您谈谈贵校的国际合作交流情况。您对加强贵国与中国教育交流有何看法？

马丁斯：我前面讲到，东帝汶建国只有 10 多年时间，百废待兴，包括中国在内的许多国家和国际组织以各种形式为我们提供了宝贵支持。中国是第一个和东帝汶建交的国家。联合国教科文组织（UNESCO）、世界银行（World Bank）、联合国儿童基金会（UNICEF）等国际组织都和我们保持着密切的联系。以联合国教科文组织为例，仅 2009—2013 年，该组织就和东帝汶政府在教育、科技、文化、信息通信等领域开展了 13 个合作项目，以支持东帝汶政府发展民主，减少贫困，增强社会凝聚力，巩固和平与稳定，实现政府优先发展目标，以及包括千年发展目标在内的国际发展目标。

东帝汶国立大学和巴西、葡萄牙、印度尼西亚、美国、日本、澳大利亚、新西兰等国有学生交换项目，并与以上国家的多所大学交换教学与研究人员。目前，我校有来自世界各地的教师 200 多位，他们通常在我校从事一个学期甚至更长时间的教学工作。但是，我们至今还没有和中国的

大学开展这方面的合作，这也是我这次到北京来的一个目的，就是探讨开展合作的可能性。双方加强合作交流，有利于加深彼此了解，增进友谊，感受和学习不同的文化，丰富双方教育的内容。

以国际交流合作之和弦鸣奏音乐教育乐章

——访白俄罗斯国立音乐学院校长 E. N. 杜洛瓦

　　白俄罗斯国立音乐学院的办学可以追溯到 1920 年，至今已有百年历史。该校是白俄罗斯共和国文化部直属的一所历史悠久、师资雄厚、人才济济的高等学府，也是白俄罗斯最大的音乐演奏艺术中心和音乐教育中心。学校设有钢琴作曲系、乐队演奏系、民族乐器系、声乐—合唱系、师范系、预科系 6 个系，拥有歌剧演播室、民族音乐室、音乐领域科研调研室等 23 个功能齐备的教学和科研机构。除了培养学生的音乐理论、艺术修养和综合文化素质，国立音乐学院还非常重视组织学生参加国内外的各类艺术比赛，全方位地提升学生的舞台表演技能。作为这所百年老校的"掌门人"，E. N. 杜洛瓦校长兼任白俄罗斯共和国国民议会教育、科学、文化和社会发展理事会常务委员会副主席，白俄罗斯共和国"杰出青年"总统特别支持基金会主席等职务。

一、百年名校，人才辈出

　　尊敬的 E. N. 杜洛瓦校长，您好！很高兴您能接受我们的专访。请您先向我们介绍一下您所在的大学。

　　E. N. 杜洛瓦：白俄罗斯国立音乐学院的办学可以追溯到 1920 年，当时人民教育委员会颁布了关于建立音乐学院的命令。整个项目从计划到付诸实施，历时 10 年之久。一直到 1932 年秋，第一批全日制学生才入学。

　　白俄罗斯高等音乐教育的办学模式，主要借鉴了列宁格勒音乐学院

（现俄罗斯圣彼得堡国立音乐学院）和莫斯科音乐学院（现俄罗斯莫斯科柴可夫斯基音乐学院）的经验。学院第一批执教教师就是从上述两校邀请来明斯克开展教学工作的。

可以说，白俄罗斯国立音乐学院的历史，与20世纪白俄罗斯的音乐文化发展史有着千丝万缕的联系。为培养作曲人才，苏联著名作曲家伏拉斯基拉夫·佐罗塔耶夫在白俄罗斯国立音乐学院内创办了作曲家学校，后发展成为钢琴作曲系。作为尼古拉·安德烈耶维奇·里姆斯基—柯萨科夫的亲传弟子，佐罗塔耶夫培养的第一届作曲班的毕业生群星闪耀，包括阿纳托利·波特列夫、彼得·波德科夫洛夫、瓦西里·埃菲莫夫、阿纳托利·波波夫、米哈伊尔·克罗斯纳等，他们后来都成为白俄罗斯音乐界的代表人物，他们的作品充分反映了白俄罗斯舞台艺术的最佳传统。

除了作曲家学校（即后来的钢琴作曲系），表演学校（后来发展成为乐队演奏系和声乐—合唱系）的办学成就也引人注目。当时在表演学校任教的著名教师有白俄罗斯演奏指挥家米哈伊尔·德林涅夫斯基、尼古拉·科里亚德科，钢琴表演艺术家伊戈尔·奥洛夫尼科夫、尤里·吉尔杜克、弗拉基米尔·杜洛夫，民间乐器演奏家叶甫盖尼·格拉德科夫、尼古拉·塞夫留科夫、亚历山大·舒瓦洛夫，歌唱家尼娜·沙鲁维娜·科洛娃、安纳斯塔西娅·莫洛斯、柳德米拉·克拉斯，管乐器表演家尼古拉·沃克夫、米哈伊尔·斯加拉哈多夫、弗拉基米尔·布德科维奇，舞蹈艺术家瓦伦丁·伊利扎里耶夫、维克多·萨格森、奥尔加·拉波等，师资力量极其雄厚，他们为白俄罗斯培养了一大批表演人才。

为感谢那些曾为白俄罗斯国立音乐学院的发展作出过突出贡献的专家，21世纪初，我校专门设立了"荣誉教授""荣誉博士""荣誉校长"等称号，以表彰他们的成就。"荣誉博士"称号授予了白俄罗斯苏维埃社会主义共和国人民艺术家博加德列夫教授，苏联人民艺术家、莫斯科柴可夫斯基国立音乐学院梅尔扎诺夫教授和奥地利格拉茨音乐与表演艺术大学名誉教授特鲁米厄尔。2007年，"荣誉校长"称号授予了白俄罗斯苏维埃

79

社会主义共和国的人民艺术家科金教授。"荣誉教授"称号授予了俄罗斯莫斯科柴可夫斯基国立音乐学院教授、俄罗斯联邦人民艺术家邦杜良斯基，乌克兰柴可夫斯基音乐学院院长、乌克兰人民艺术家拉洛克教授，巴黎高等音乐和舞蹈学院毕尔诺教授，波兰克拉科夫音乐学院斯坦尼斯拉夫·克拉温斯基教授和拉脱维亚音乐学院校长阿尔吉斯·斯曼尼斯教授。另外，长期在我校任教的德高望重的老教授，也被授予"荣誉教授"的称号，如苏联人民艺术家尼施尼科娃教授，白俄罗斯文艺工作者萨拉波娃教授，白俄罗斯高级中学教育工作者、艺术科学院院士候选人斯捷潘茨维奇教授和艺术批评博士达迪莫娃教授。

时至今日，白俄罗斯国立音乐学院已成为国家大型的音乐教育中心。我校设有钢琴作曲系、乐队演奏系、民族乐器系、声乐—合唱系、师范系和预科系 6 个系，拥有歌剧演播室、民族音乐室、音乐领域科研调研室等 23 个功能齐备的教学和科研机构。学校的歌剧院、传统音乐文化办公室、录音教育实验室、音乐会和特别创作项目部等机构的日常工作确保了教学过程的完整性和有效性。在明斯克市中心，我们还有两座装备优良的大型音乐厅和室内音乐教学楼。经过近百年的发展，学校建立起了最丰富的艺术科学图书馆和民族音乐原声档案馆，并成立了专门的艺术保护基金。

学校现收藏的高品质的演奏乐器，由白俄罗斯共和国"杰出青年"总统特别支持基金会、国家文化部和国家教育部出资购置。例如，2017年，在白俄罗斯共和国"杰出青年"总统特别支持基金会的支持下，我校从美国施坦威公司购买了全球最高品质的钢琴，用于在音乐大厅举行音乐会。学院乐器收藏中最为耀眼的明珠是乐器大师安德里亚·瓜纳里制作的一把小提琴，该琴是在白俄罗斯共和国总统卢卡申科的支持下购得的。

在专业教学方面，学校在 6 个系的 28 个专业领域开展研究生阶段的专业音乐教育。专家和博士研究生培养阶段的培养目标是具有最高素养的白俄罗斯音乐学科精英。学院的教学人员包括著名的音乐家、表演者、作曲家、音乐学家、舞蹈家、导演，其中一半以上获得"荣誉博士"学位，

70%以上拥有博士学位和学术头衔，许多人被授予白俄罗斯和其他国家"荣誉艺术家"的称号以及获得过高水准的国际奖项。

目前，学院有1000多名在读的本科生、硕士研究生和博士研究生，其中有200多名来自世界各国的留学生。毕业生们积极进行专业表演，从事教学工作，并成功就业。

在教研成果方面，白俄罗斯国立音乐学院是人文科学领域（音乐学、民俗学、社会学、美学和音乐教育学）的主要科学中心之一。音乐学院的教授们在国家文化部专项经费的支持下，充分利用学术音乐会、广播、电视节目等载体发表和展示自己的科研成果，促进了民族音乐艺术的大跨步发展。为确保学校的教学活动，我们还鼓励教师积极编著教科书和参考书目，举办学术研讨讲座，定期出版白俄罗斯著名作曲家的音乐资料和音像收藏品，以丰富全校师生的教育教学活动。

二、取得卓著成就，荣获国家最高奖项和群众广泛认可

近年来，贵校取得了哪些令人瞩目的成就？

E. N. 杜洛瓦：我认为，近年来白俄罗斯国立音乐学院的主要成就是：学院教工团体在2018年被授予国家最高奖项——白俄罗斯共和国文艺工作者总统特别奖。该奖项主要表彰的是在文化、教育、科学和教学活动中取得重大成果和获得了公众广泛认可的团体。学校的教工团队凭借在参加全国少儿电视大赛节目《乡村达人》、面向社会一线群众的音乐真人秀节目《触摸》和白俄罗斯东正教复活节系列活动的创意设计与精彩演出，一举斩获了总统特别奖。在策划举办上述活动的过程中，我们还特别注重发掘有音乐潜质和表演潜能的青少年和儿童演员，他们是我们国家最为宝贵的财富，承担着未来学术普及和文化传承的责任。

学院的其他创作活动也得到积极发展，近年来举办了许多独奏者和学生团体创作的音乐会，其中包括与外国合作伙伴大学的双边合作协议框

架下以及与白俄罗斯共和国外交部《文化外交：青年音乐桥梁》框架下共同实施的创意项目。自 2017 年以来，我院举办的两个复兴东正教文化的创意音乐节，荣获 2019 年国际创新奖，参加项目的专家、学生先后获得 100 多个单项奖，这对他们的艺术人生是一次重大的鼓舞。

三、注重人才培养，打造可持续发展的优异教育体系

作为白俄罗斯知名的音乐学院，贵校在培养专业领域的年轻音乐家方面有哪些经验？

E. N. 杜洛瓦：白俄罗斯的青年音乐家教育建立在长期持续的音乐教育传统的基础上，这种教育传统在 20 世纪苏联时期就得到了积极发展。这些思想构成了我国青年音乐家现代教育体系的基础。它一方面保持了国内艺术教育的优良传统，另一方面也使现有的专业音乐教育体系更加符合当前教育发展的总体趋势。同样重要的是，这种音乐教育系统具有巨大的潜力，可以为"培养和教育才华横溢的儿童和青年"创造有利条件。因此，学院的教育活动是基于久经考验的专业音乐家教育传统进行的。

在白俄罗斯，音乐艺术学校分为三种：基础类音乐学校、职业类音乐学校和高等音乐学院。与音乐类学校合作的还有一些体育和艺术类大学，它们现在是学校的共同体联盟单位，通过加强对学生的艺术形体教育，为培养天才音乐青少年打下坚实的基础。在课程教育之外，学院还积极通过职业指导活动、举办音乐会等方式，鼓励优秀青年音乐人接触社会，面向群众，服务社会。通过举办音乐真人秀节目《触摸》，年轻的音乐家们在面向处于社会弱势地位的孤儿和儿童演奏古典作品时，能够以他们的情感和真诚深深感染孩子们，给孩子一种严肃的艺术教育。这些音乐节和音乐会活动，展示了我国在音乐艺术教育领域取得的成就，激励着来自全国各地的孩子们为之奋斗。

贵校培养出来的青少年在国际比赛中取得了哪些成绩?

E. N. 杜洛瓦:如今,我们的教学人员在遵循历史传统的基础上,通过积极发展,实施创新理念,使得音乐艺术达到新的高度,在广阔的国际舞台上有尊严地代表白俄罗斯的音乐教育和音乐文化。每年,音乐学院的学生都积极参加国内外的表演比赛、音乐节以及科学作品竞赛,并且获得奖项和头衔。2014—2019年,共获450多个奖项,其中特等奖获得者23人,一等奖获得者152人,二等奖获得者130人。

音乐学院的学生和毕业生在竞争最激烈的比赛中同样能够赢得胜利,如在俄罗斯举办的柴可夫斯基国际音乐大赛、德国克林根塔尔举办的国际巴扬琴和手风琴比赛、日本举办的高松国际钢琴比赛中,大家都取得了不俗的成绩。

许多著名音乐比赛的优胜者,后来都会成为白俄罗斯共和国"杰出青年"总统特别支持基金和天才少年社会支持基金的受助者。国家积极帮助年轻音乐家们发挥潜能,在其青年时期当才华开始显现时就迈出第一步,在其训练和创作的各个阶段寻找动力和进一步创新发展的新前景,从而使每名有才华的音乐家都能尽情施展自己的才能。

四、拥抱时代变化,以信息技术生成音乐教育创造力

您认为,信息化时代让音乐教育发生了什么样的变化?

E. N. 杜洛瓦:工业革命为技术的发展创造了条件,为人们创造了舒适的信息和技术环境,从而为人类展现创造力提供了新的机会。因此,我们正在努力寻找将新技术应用于我校教学活动的机会。

自2018年以来,学院开始积极了解LOLA系统①,该系统由东部伙

---

① LOLA系统是世界上第一套人声合成器博歌乐(VOCALOID)中的一套人声编辑器,它特别适用于做女声的伴音。

伴国家实施，以保持高性能互联网网络的功能，并加入了不同国家的音乐家参与的在线项目。我想进一步说明，LOLA 系统的特殊技术解决方案是技术、软件和硬件的组合，在人类感知范围内以最小的延迟提供信号处理和传输，并可以实现长距离的高质量多媒体连接。这意味着位于不同国家的音乐家可以使用 LOLA 系统来组织音乐联合制作，包括音乐会、大师班、演讲等。该项目由意大利的里雅斯特音乐学院发起，有欧洲科学和教育网络 GEANT 的参与，其目的是吸引遍布世界各地的参与者进行培训和开展音乐会。目前，白俄罗斯国家科学院信息问题联合研究所正在白俄罗斯从事这方面的研究，我们学校的专家也是其中的项目成员。这种合作形式引起了白俄罗斯音乐家的极大兴趣，它将加强与合作大学的双边合作，并有助于在专业音乐艺术和教育领域找到新的合作伙伴。

在此基础上，国立音乐学院的教职员工积极参与技术在艺术创作过程中的研究和应用。2017 年 11 月，学院首次启用了 LOLA 系统，并作为欧盟国家和东部伙伴关系国家各部委会议的一部分，在明斯克和爱沙尼亚首都塔林举行了一场音乐会。2018 年，国家科学院和我校专家在该系统的框架内，与来自丹麦、意大利、美国、爱沙尼亚、亚美尼亚、英国等国的同行一起参加了许多经验分享活动。2019 年 6 月，我校又与立陶宛音乐与戏剧学院举行了国际手风琴远程大师班，活动效果非常显著。

五、广泛开展合作，积极搭建全球音乐教育桥梁

您认为音乐教育的国际化发展前景如何？

E. N. 杜洛瓦：高等教育、科学和文化领域的国际合作是在白俄罗斯国立音乐学院与外国教育机构和科学组织缔结的国际协定框架内进行的。近年来，我校的国际关系有了明显的拓展，与多所国外大学签订了双边协议，如匈牙利李斯特音乐学院、德国魏玛李斯特音乐高等学校、意大利的里雅斯特音乐学院、中国上海音乐学院和华东师范大学等。白俄罗斯国立

音乐学院定期与 60 多所音乐学院和其他高等教育机构合作，进行国际教育创意合作项目。截至目前，我校培养的外国博士生有郑州大学音乐学院首任院长孙炜博、郑州大学音乐学院副教授冯雷、辽宁师范大学教授聂娜、约旦音乐学院音乐系副教授雅尔穆克·阿齐兹、墨西哥萨卡特卡斯自治大学副教授兼研究员阿尔瓦雷斯·罗梅罗·诺埃拉等。

音乐学院的国际交流活动还在其他几个重要领域进行。在外交使团的支持下，音乐学院定期举办国际音乐节和会议、教育和创意项目以及国际科学会议。白俄罗斯国立音乐学院的师生参加了国内外的研讨会、国际项目，并担任国际比赛评审团成员、外国大学音乐学院主席。学院教师定期在白俄罗斯境外实习，学院会向包括"伊拉斯谟+"项目在内的国际计划派遣学生进行短期学习。

音乐学院的学生和创意团体的众多音乐会值得特别关注。这些音乐会是学院在与伙伴大学双边合作的国际协议的基础上以及与白俄罗斯外交部联合举办的创意项目"文化外交：青年音乐桥梁"的框架下举行的。

因此，白俄罗斯国立音乐学院的国际活动涵盖了与国外领先的音乐教育机构合作的许多领域，这对教育过程产生了积极的影响，可以在我们的大学与世界多地的教育机构之间建立起创作的"桥梁"。

在"一带一路"合作框架下，贵校与中国还有哪些合作的潜力？

E. N. 杜洛瓦：在现阶段，中白双方都对发展两国之间的合作表示出了浓厚的兴趣，白俄罗斯举国上下正在为更好地与中国合作开展"一带一路"倡议下的项目合作创造条件。今天我们看到规模最大的"中国—白俄罗斯巨石工业园区"就是其中的成果之一。这个工业园区提供了一个吸引世界各地投资者的机会，其他国家的合作伙伴已经对它产生了极大的兴趣。

白俄罗斯国立音乐学院也经常参加在"一带一路"沿线国家和中国举办的文化交流论坛。这些活动使我们能够更加有机会了解"一带一路"沿线国家的艺术教育体系及其发展形成的背景与内涵。在活动中，我们分享优良的传统和杰出的创新方式，加强现有的联系并建立新的联系，这将为我们国家学术艺术的卓越发展作出贡献。

对于音乐学院而言，中白关系的积极发展为扩大文化合作和提供教育服务创造了良好机会，为我们与来自中国的许多合作伙伴共同开展联合教育计划和创意项目开辟了广阔空间。

您所在的学校为中国学生前去留学提供了怎样的便利条件？

E. N. 杜洛瓦：我校已经与中国的 12 所大学在签署双边合作协议的基础上展开了合作，包括上海音乐学院、华东师范大学、郑州大学、河南大学、沈阳音乐学院、华中师范大学、浙江音乐学院、云南艺术学院、安阳师范学院等。

在两国外交使团的积极支持下，我校举办了白俄罗斯和中国音乐家代表参加的大师班、创作会与音乐会，组织中国和白俄罗斯的教育机构代表团实现了多次正式访问。为了进一步优化课程，我们还将打算开设英语授课课程，以更好地满足学生的需求。我们努力为所有学生创造最有利的条件，以发展他们的创新能力，加速他们的专业成长。因此，我给所有学生的建议都是一样：尽可能利用在音乐学院学习的时间，在你所选择的不那么简单和令人惊奇的专业中坚持努力，沿着精神成长的道路，在无限美丽的音乐世界中不断地追求新的发现。

以战略合作奏响"一带一路"教育交流华美乐章

——访甘肃省联合国教科文组织协会终身荣誉会长马培芳

马培芳，甘肃省联合国教科文组织协会创始会长、终身荣誉会长，曾任甘肃省教育厅副厅长，与联合国教科文组织等国际组织开展项目合作长达 30 年之久，其参与主持的"JIP 教育实验"——提高中学生学习质量联合革新计划（Joint Innovation Plan on Raising the Achievement Level of Children in Primary Education）在中国多个省份产生了巨大影响。马培芳先生退休后依旧奔走在教育综合改革的第一线，并因此被聘任为联合国教科文组织亚太地区教育革新为发展服务中心（UNESCO—APEID）教育专家。为探寻新丝绸之路复兴进程中合作实施跨境教育的前景与可能性，助力国家"一带一路"倡议对国际型通用人才的培养需求，构建中国—中亚地区教育共同体，2016 年 3 月 16—25 日，应阿布德热合马诺夫·托罗别克·阿贝罗维奇（Abdyrahmanov Tolobek Abylovich）先生的邀请，甘肃省联合国教科文组织协会终身荣誉会长马培芳先生、会长杜永军一行 5 人，访问了吉尔吉斯共和国首都比什凯克与奥什市，先后参观了吉尔吉斯斯坦 7 所国立大学，并分别签署了战略合作协议。我们就此话题对马培芳先生做了专访。

一、"一带一路"教育行动符合沿线国家发展需求

尊敬的马先生，您好！很高兴您能接受我们的专访，请您先简要谈谈出访吉尔吉斯斯坦取得了哪些成果？

马培芳：此次出访的吉尔吉斯斯坦，是我从事教育领域工作以来，第一个踏上的中亚国家。在与联合国教科文组织等国际组织开展项目合作的近 30 年里，我曾去过不少国家，唯独中亚地区，一直无缘前往交流考察。可以说，此次吉尔吉斯斯坦之行，不仅了却了我心中的一桩憾事，而且使我们了解了一些关于中亚地区的很有价值的信息，取得了一些成果。在访问期间，吉尔吉斯斯坦国家教育与科学部副部长耶赛库洛夫·努尔马特·兆凯诺维奇（Esenkulov Nurmat Jokenovich）先生亲自主持了我们与吉尔吉斯斯坦有关大学校长的会谈。通过会谈，我们了解到吉尔吉斯斯坦已经有部分高校参与了"新丝绸之路大学联盟"。该联盟成立于 2015 年 5 月 22 日，由西安交通大学发起，来自 31 个国家和地区的 128 所大学加入了这个非政府、非营利性的国际平台，旨在"共建教育合作平台，推进区域开放发展"，进而推动新丝绸之路经济带沿线国家和地区大学之间在校际合作、人才培养、科研合作、文化沟通、政策研究、医疗服务等方面的交流与合作，培养具有国际视野的高素质、复合型人才，服务新丝绸之路经济带沿线及欧亚地区的发展。

据了解，"新丝绸之路大学联盟"的合作机制已经确立起来，但联盟在运营实践上还需要适当增加项目内容、逐步提升服务效率、陆续扩大受益群体。吉尔吉斯斯坦现有高等院校 50 余所，加入"新丝绸之路大学联盟"的只有少数几所大学，更多的大学有需求和意愿与中国有关院校建立起合作机制。比如吉尔吉斯斯坦国立工业大学，其生命科学与农业研究所就非常迫切想与中国的农业类大学开展科研项目合作与学生联合培养工作。受其委托，我们拟推介甘肃农业大学有关科研机构与其进行尝试性合作，我们愿意为这样的合作项目提供力所能及的协调帮助与服务。我们走

访了比什凯克市的 6 所大学和奥什市的 1 所大学，先后与这 7 所大学在未来 5 年的项目合作中达成战略性协议——在非学历教育方面，中吉两国开展短期交换生项目，重在体验双方国家的文化，实现语言互通；在学历教育方面，开展本科生、硕士研究生、博士研究生的联合培养项目，为复兴丝绸之路培养专门型高等人才；为吉方有需求的院校选派汉语教师或联合国教科文组织的国际志愿者，帮助吉方院校提升汉语专业师资力量与教学水平；协助两国高等院校和科研院所之间开展科研合作、联合申报国际项目、建立联合实验室等方面的工作。同时，我们在吉尔吉斯斯坦与哈萨克斯坦的院校代表也进行了交流，其合作诉求也相当强烈。从发展前景来看，中亚国家各高校对"一带一路"倡议抱有极高的期望值，"一带一路"倡议符合沿线国家的发展需求，他们期待分享"一带一路"倡议在未来带给他们的发展红利。

通过访问交流，您对吉尔吉斯斯坦的教育发展现状有什么感受?

马培芳：吉尔吉斯斯坦目前沿袭的还是苏联时期的学历体系，与俄罗斯基本相同，高校的学制分别为本科 4—5 年（部分大学正在进行本科学制改革，推行 4 年制本科）、硕士 2 年、副博士 2 年、博士 3—6 年。全国共有 31 所国立大学、19 所私立大学、131 所专科技术类学院。办学历史比较悠久和规模比较大的大学主要有吉尔吉斯斯坦国立大学、吉尔吉斯斯坦国立民族大学、比什凯克人文大学、吉俄斯拉夫大学、吉尔吉斯斯坦国立技术大学、吉尔吉斯斯坦国立医学学院等 10 所。在大学的地理分布上，首都比什凯克有 19 所国立大学，奥什州有 3 所国立大学，其余各州均有 1 所国立大学。在私立大学中，有 6 所大学为其他世界名校设在吉尔吉斯斯坦的分校，比如俄罗斯斯拉夫大学分校、莫斯科商业与政治学院分校、俄罗斯国立社会大学奥什分校等。

根据 2015 年的统计数据，吉尔吉斯斯坦在校大学生总计 223241 人，其中女生 121261 人。人文、工学、农学、医学学科在校生为 118368 人，其中女生 65271 人。学科专业包括法学、经济学、管理学、教育学、医学、农学、工学、社会学等。

就基础设施建设而言，吉尔吉斯斯坦的高校普遍都有一种历史的厚重感与岁月的沧桑感，规划相对宏大，外观相对古朴，综合教学设施相较中国的大学似乎要薄弱些。但从科研水平上来看，吉尔吉斯斯坦的大学也有过人之处，比如吉尔吉斯斯坦高新技术大学，其以独到的应用型人才培养深受好评，如能源技术（水电、风电、光电）、轻工业技术、航空航天技术等专业方面的人才培养。之所以说有过人之处，是因为其所研发的每一项技术、每一个项目，均获得了欧盟、德国、瑞士等有关国际组织或国家的权威质量认证。可以说，吉尔吉斯斯坦高校在科研领域的国际化合作是非常重视质量与效益的。

二、"一带一路"教育行动是建设"命运共同体"的思想保障

从中国的角度来看，您认为应该从哪些方面与以吉尔吉斯斯坦为代表的中亚国家进行教育合作？

马培芳：在吉尔吉斯斯坦访问期间，我们有机会受邀参观考察了奥什国立大学孔子学院。可能是与中国新疆维吾尔自治区距离更近的缘故，吉尔吉斯斯坦的3所孔子学院、多个孔子课堂都由新疆的高校负责共建。但与其他孔子学院不同的是，奥什国立大学孔子学院是全球孔子学院中唯一一所拥有本科学历授权资历的学历教育机构，而非单纯的非学历的汉语和中国文化体验机构。其所开设的中国学和汉语言翻译两个本科专业的第一届本科生即将毕业，这批学生将来在新丝绸之路经济带复兴进程中所发挥的作用应该是非常重要和巨大的。我想，这种在孔子学院中开展学历教育的办学模式和成功经验有必要逐步推广到其他国家和地区的孔子学院中去，让更多喜欢汉语、向往东方、欲来中国但又因为种种原因没法前来的学生，在当地取得文凭并参与到当地未来的经济社会发展建设中去。我们了解到，土库曼斯坦迄今还没有1所孔子学院或孔子课堂，这对西部地区

的高校应该是一个很好的机会，可以通过借鉴奥什国立大学孔子学院的经验，使孔子学院这座国际合作的桥梁在"一带一路"倡议的实施中发挥更大的作用。

另外，吉方大学非常有意愿与中国大学开展"2+2""3+1"等本科阶段联合办学项目。当然，这种模式也是目前中国高校和欧美等发达国家高校之间普遍的合作模式。如果有可能，中国的大学更应该尝试直接到对方国家开办分校、分院，通过与第三方组织（如联合国教科文组织或其他非政府组织）的合作，节约政府资源，实现"抱团"发展，共同推动海外办学工作的开展。对中方高校而言，这种海外办学需要的是一流的国际教育水准和一流的学科建设能力，无论从师资水平上还是课程设置上，都要严格符合国际惯例和地区形势；对外方高校而言，这种海外办学解决的是当地急需的先进技术输入与低成本的人才培养需求——譬如在吉尔吉斯斯坦，其能源（水资源、太阳能资源、矿产资源）储量极为丰富，但开发利用极为粗放有限。如果中方大学能以此为契机，在吉尔吉斯斯坦开办其最为稀缺的能源工程类专业，让吉方学生就近学习能源利用的核心技术，就能收到事半功倍的合作效果。

通过如上几种方式的教育合作，不仅能使"一带一路"倡议的红利为当地民众所享，更能使"一带一路"的发展理念为沿线国家民众接受并内化到思想理念之中，从而为建设"命运共同体"构筑起稳固的思想保障。

三、实施"一带一路"教育行动需要民间探索与实践

以吉尔吉斯斯坦为代表的中亚国家对中国的"一带一路"重大倡议及教育计划有什么评价？"一带一路"教育计划还应该包含哪些方面？

马培芳：很显然，我们所到访的几所大学都在面向其学生和社区群众积极宣传和推广中国"一带一路"的伟大构想。只不过囿于文化的差异，他们不能很好地运用东方思维和语言体系来阐述"一带一路"的简明内涵，

以至于贴出了"一条皮带一条路"这样的宣传条幅，当然，这并非是恶意的。总体而言，"一带一路"是以带动沿线国家经济整体发展为核心，使沿线国家民众更好地享受中国经济稳中有增发展红利为目的的战略规划，符合沿线国家开放发展的整体需求和普通民众追求富裕生活的根本利益。

那么，如果从教育的角度来细化和填充"一带一路"倡议的话，我想其至少应该包括两个层面的内涵。一是如前所述，"一带一路"教育计划是通过教育合作的方式，为解决迫在眉睫的发展需求培养技术性人才和通用型语言人才，从技术上、语言上实现互联互通，保障合作共赢得到行之有效的推动。二是从文化的角度，丰富和完善沿线国家人民群众的理念认知。文化认同是广义的教育计划，是最具有持久性的核心动力，只有在广大民众的思想中树立起息息相通的感情桥梁，得到来自于民众的支持和参与，整体的、宏观的战略规划才能接地气，才能有活力。比如，甘肃 2016 年举办的"首届丝绸之路（敦煌）国际文化博览会"，就是一场与沿线国家沟通感情的文化盛会，就是凝练"你中有我、我中有你"的"命运共同体"感情基础的国际舞台，在这个国际性的舞台上，"世界的敦煌"把丝绸之路上的民众、村落、城镇、国家连在了一起。丝路悠悠，情感熠熠，"一带一路"教育行动计划需要考量的视角很多，需要实施的内容很多，需要我们不断探索、不断完善、不断升华。

甘肃省联合国教科文组织协会今后将在哪些方面与这些国家展开教育合作？

马培芳：甘肃省联合国教科文组织协会将在中国联合国教科文组织全国委员会的领导下，在"一带一路"教育行动计划实施过程中，充分发挥自身独特的作用。

第一，利用区位优势，服务两国教育发展需求。正如吉尔吉斯斯坦教育与科学部副部长耶赛库洛夫·努尔马特·兆凯诺维奇先生所说的那样，甘肃地处丝绸之路的核心地带，经济、文化、教育等方面在中国西部地区具有典型性，是吉尔吉斯斯坦未来开展多边合作的重点省份。当前，

以战略合作奏响"一带一路"教育交流华美乐章

甘肃作为华夏文明创新传承区，是中国西部地区对外开放的重要窗口。因此，中吉两国在教育领域先行开展的多元化合作，将很好地促进两国在其他领域的合作。西部地区的高校欢迎吉尔吉斯斯坦等中亚地区国家的学生前来学习深造，因为内陆地区院校在国际学生教育方面还有较大的生源差额短板；西部地区的学生也愿意到吉尔吉斯斯坦等中亚地区国家交流学习，因为这些国家的教育成本相对较低，基本适合工薪阶层家庭教育消费水平，且俄语等非通用语言人才的培养，在未来的"一带一路"经济建设中有重要作用。作为全国为数不多的省级协会，在访吉回来后，我们先后访问了甘肃、陕西、青海、四川等西部地区的多所高校，在未来的国际学生择优招徕方面，这些高校都希望甘肃联合国教科文组织协会能协助和配合开展一些工作。当然，这是我们乐意且能够做到的，我们愿意且能够为双方院校之间的合作交流搭建平台，创造条件，促进发展。

第二，在"走出去""引进来"工作中发挥作用。2016年4月29日，中共中央办公厅、国务院办公厅印发了《关于做好新时期教育对外开放工作的若干意见》，文件对做好新时期教育对外开放工作进行了重点部署，要求通过完善"选、派、管、回、用"工作机制，规范留学服务市场，完善全链条留学人员管理服务体系，优化出国留学服务；通过优化来华留学生源国别、专业布局，加大品牌专业和品牌课程建设力度，构建来华留学社会化、专业化服务体系，打造"留学中国"的品牌。在这份具有划时代意义的文件指导下，我们未来所开展的工作重心依旧是将"走出去"与"引进来"相结合。一是为西部地区学生接受符合自身消费水平的国际教育寻找项目，创造条件，开通渠道；二是在来华留学领域，尝试转变"请进来"为"引进来"，逐步推动周边国家学生自费来华学习人数的增长。以青海民族大学为例，其每年能够分配给国际学生的国家奖学金名额非常有限，仅为个位数，但是目前自费在读的国际学生有200多人。我想，青海民族大学能取得这样的成绩，与其能讲、会讲"中国故事"息息相关。西部地区更多的高校需要以青海民族大学这样的模式发展国际教育，提质增效。

第三，扩大人文领域交流，增强感情认知，促进民心相通。"一带一路"教育行动计划的顺利实施，离不开沿线国家民众的广泛参与，离不开感情认知与民心相通。这就需要我们扩大和增加在人文领域的交流项目，逐步使青少年群体对双方的国家、民族、风俗等有所理解，构建"理解共同体"的意识基础。在这一点上，兰州交通大学每年暑期面向周边国家学生举办的"黄河文化夏令营"就是个很好的项目，每年能吸引一批学生前来兰州体验学习。作为民间国际组织，我们完全可以配合有关高校开展类似的项目。通过这类活动的开展，周边国家的学生就会增加对中国西部地区的宏观了解，就会为中西部地区吸引国际生源创造平台与机会。有些中国学生对中亚地区的认识也是片面的，认为那里就是欠发达地区，就是没必要去学习的地方，一切都需要向欧美发达国家看齐。我认为，这种见识是短浅的。任何一个国家、一个民族、一种语言、一种文化，都有闪光的地方，有值得其他国家学习的地方。譬如吉尔吉斯斯坦，诚然，其经济发展水平与中国相比较为缓慢，基础建设与中国相比较为落后，但正因如此，我们才更需要青少年学生前往考察交流、学习，为未来"一带一路"重大倡议的深入落实创造先机、奠定基础。

教育的交流与合作显效首先体现在文化层面，有了文化的认同，教育的合作交流才能实现深化与可持续发展。如果国家对西部地区教育开放给予政策倾斜支持，能像30年前对待特区的政策一样，我想必将会拉动西部地区经济、社会实现跨越式发展。如此一来，"一带一路"倡议的意义方可显现出来。为此，应该鼓励和支持民间力量参与教育的国际交流与合作，这样就会使这份事业的成功多一种渠道、多一份力量、多一份效益、多一重保障。

搭建民间国际交往桥梁　助力丝绸之路繁荣复兴

——访甘肃省联合国教科文组织协会会长杜永军

　　联合国教科文组织协会是联合国教科文组织开展民间运动的主体力量，在推动政府间合作中发挥着至关重要的补充作用。在中国，联合国教科文组织的民间活动始于 1985 年春，距今已有 30 余年的历史。当时，联合国教科文组织代表勒舍尔先生访华，他热切希望在中国建立开展联合国教科文组织活动的民间组织。2015 年 7 月，"在教科文的旗帜下——中国民间教科文运动 30 周年纪念活动"在北京隆重举行。至此，在联合国教科文组织活动宗旨的感召下，在中国联合国教科文组织协会全国委员会的指导下，全国有 15 个省、自治区、直辖市及特别行政区建立省级协会组织，共有各类俱乐部成员学校 500 余所，使中国开展的联合国教科文组织活动拥有了深厚的民间基础，成为中国和联合国教科文组织开展国家间、地区间交流的重要领域。在 15 个省级协会组织中，甘肃省联合国教科文组织协会以其所处区位的特殊性、发挥作用的重要性和不同凡响的活跃度，引起了我们的兴趣和关注。为此，我们对其现任会长杜永军进行了专访。在采访中，杜会长指出，甘肃省与联合国教科文组织的合作源远流长，为甘肃省联合国教科文组织协会的成立奠定了基础；开展多元化的国际交流与合作是协会的重要任务；协会高举联合国教科文组织的旗帜，践行民间教科文运动精神；今后，协会将在搭建民间国际交往桥梁、助力丝绸之路繁荣复兴方面努力发挥自身作用。

一、甘肃省与联合国教科文组织的合作源远流长

杜永军会长您好，很高兴您能接受我们的专访。作为甘肃省联合国教科文组织协会（以下简称"协会"）的第四任会长，您能简要谈谈协会成立的背景和发展情况吗？

杜永军：好的，非常感谢。协会的活动最早始于 1997 年 7 月。当时，首届"丝绸之路"国际青少年夏令营在甘肃举办，时任中国联合国教科文组织协会全国联合会主席陶西平先生莅临活动现场并发表重要讲话。他希望甘肃能够利用"丝绸之路"丰富的文化遗产资源，多多开展联合国教科文组织的民间活动。在开幕式上，甘肃省教育厅时任厅长张昌言先生到会祝贺。借陶西平先生倡议之机，经甘肃省教育厅批准同意，协会作为甘肃教育国际交流协会下属的二级协会于 1997 年成立。

追溯甘肃省与联合国教科文组织的合作，最早始于马培芳先生主持实施的"提高中学生学习质量联合革新计划"（Joint Innovation Project on Raising the Achievement Level of Children in Primary Education，JIP）， 该计划由联合国开发计划署（UNDP）提供资金支持。1985 年秋，时任联合国教科文组织亚太地区办事处主任拉加·罗伊·辛格博士（Dr Raja Roy Singh）在考察了甘肃省的基础教育发展状况后，建议甘肃省加入正在亚太地区多个国家实施的 JIP。可以说，辛格博士的建议完全符合 JIP 的目标和当时甘肃省初等教育发展的实际情况。基于此，在辛格博士和中国联合国教科文组织全委会的指导与协助下，甘肃省代表中国向联合国教科文组织亚太地区教育革新为发展服务中心（UNESCO—APEID）提交了项目实施计划，UNESCO—APEID 于 1985 年年底正式接纳中国为 JIP 成员国。

在随后的 9 年里，甘肃省在 JIP 方面取得了"滚雪球"般的连锁效应，不仅完全覆盖了省内的 1200 所小学，而且在贵州、青海、河南、河北、云南等省相继开花，开发了国际项目扩大化运作的新模式和新机制。在国际上，联合国教科文组织亚太地区办事处借鉴 JIP 项目在小学阶段的

成功经验，在中国启动了中学阶段的 JIP，北京市、陕西省、山西省联手合作，成效斐然；联合国儿童基金会（UNICEF）考察了甘肃省 JIP 项目后，建议原国家教育委员会和 UNICEF 合作，在中国的 10 个省份启动了"贫困地区初等教育改革发展项目"，把国际合作提高到新的水平，使更大范围的群体受益。在此期间，甘肃省还在成人教育、扫盲、社区教育、职业教育、妇女教育等领域与联合国教科文组织合作开展了十多个国际合作项目，联合国教科文组织成为甘肃省开展教育、科技、文化对外交流的重要窗口。

根据联合国教科文组织的宗旨和章程，其不仅与各国政府保持着良好的合作，更希望与非政府组织、社会团体合作。鉴于此，在中国联合国教科文组织全国委员会的建议下，协会首任会长马培芳先生（时任甘肃省教育厅副厅长）萌发了创建省级教科文组织协会（具备独立法人资格）的念头，并为此奔走筹备。经过为时 4 年的筹备，甘肃省联合国教科文组织协会成立大会暨第一次全体会员代表大会于 2001 年 11 月 18 日在兰州顺利召开。大会选举马培芳先生为协会会长，选举时任西北师范大学副校长王嘉毅教授（现任甘肃省教育厅厅长）、甘肃省科协原副主席赵振业先生、兰州市人大原副主任贾士斑先生三人为协会副会长，马钧先生为秘书长；同时，聘任甘肃省政协原副主席朱宣人教授、应中逸先生为名誉会长，甘肃省政府原副秘书长于忠正先生为总顾问，中国联合国教科文组织全国委员会原秘书长于富增先生为外事顾问，甘肃科技功臣周祥椿教授为科技顾问，时任敦煌研究院院长樊锦诗女士为艺术顾问，时任甘肃省文化厅副厅长苏国庆为文化顾问。

2006 年，理事会继续推选马培芳先生为会长，苏国庆（甘肃省文化厅原副厅长）、王嘉毅、赵振业、刘恩良（兰州职业技术学院原院长）、马钧五人为副会长，马钧同时兼任秘书长；聘任甘肃省委原副书记、时任甘肃省关心下一代工作委员会主任李虎林先生为名誉会长，其余名誉职务、顾问职务继续聘任。

2011 年，经业务主管部门和注册单位特别批准，马培芳先生第三次当选协会会长，其他副会长和名誉职务、顾问职务，除王嘉毅先生因工作变动不再担任外，均维持不变，继续就任。2016 年年初，理事会完成新的换届选举。本届理事会本着领导岗位年轻化、专业化、知识化的原则，将协会未来发展的重担压到了年轻人的肩上。

可以说，协会发展的这 15 年，是以马培芳先生等一批教育工作者的无私奉献为基础的 15 年。他们为甘肃省联合国教科文组织协会的成立和成长，为甘肃省教育、科技、文化事业的发展，发挥了拾遗补阙的独特作用，功勋卓著。

二、开展多元化的国际交流与合作是协会的重要任务

请问，这 10 多年以来，协会在推动教育发展和交流方面做了哪些工作？

杜永军：协会自成立以来，就将开展多元化的国际交流与合作作为旗帜鲜明的工作方向之一。通过与相关国际组织的合作，协会组织教育考察团组出访学习等活动，为西部地区教育事业的发展谋求有利资源。

第一，组织教育考察团组，赴境外开展学习交流。2002 年 5 月，协会组织兰州市一批中学校长赴西班牙联合中学、奥地利维也纳科业威德高级文科中学交流学习，学习国外中学在课程设置、教学模式、教学方法上的先进经验。"不单纯强调文化课学习的结果，而是强调学习的过程，让学生在学校快乐地生活"的欧式教育理念，让中国的校长们深切感受到了东西方教育的差异。同年 5 月 6 日，时任中国驻联合国教科文组织代表张学忠大使会见了甘肃省教育考察团，肯定了协会在活动中发挥的积极作用。同年 11 月，协会组织甘肃的中小学校长和老师，赴泰国曼谷参加联合国教科文组织第八届教育年会。通过参加亚洲青年教育论坛、亚洲职业教育论坛、亚洲中学质量论坛等，与会的教育工作者了解到了亚太地区在

促进职业教育发展和提高中学教育质量方面的新理念、新经验，有力地促进了当时的教育改革工作。类似这样的活动还有很多。例如，协会为中等学校引进联合国教科文组织"环境、人口与可持续发展"（EPD）教育培训项目，促成泰国、新西兰、新加坡、马来西亚、菲律宾、日本等国与甘肃省有关院校的合作办学事宜，组织学生参加"亚洲儿童艺术节"三菱日记画竞赛，开展国际教育西部巡回展，派遣师生赴新加坡、韩国、日本、美国、加拿大等参加主题夏令营活动，累计参与人数达 6000 余人次。

第二，承接国际援助项目，使西部地区学校受益。2004—2006 年，协会承接了由美国福特基金会资助的"为贫困山区复式教学创建'垂直互动参与式'课堂教学模式实验研究项目"，获得 60.7 万元资助。该项目经过 3 年的探索实践，累计培训复式教学教师 800 余人。由于成果显著，该项研究扩大到甘肃省的 10 多个县区和邻近的青海省、内蒙古自治区。协会编著的《农村小学复式教学课堂创新模式》培训教材，在英国政府国际发展部和中英甘肃基础教育项目办公室共同主办的"让更多的孩子接受更好的教育"国际研讨会上，受到高度关注。与会者认为，这种创新理念和创新成果适应中国山区小学教育改革和发展的需要，很有现实意义。2006 年 10 月至 2007 年 12 月，协会承担了"西部农村少数民族地区小学'参与研究型课堂模式的创新设计和操纵技能'实验研究与教师培训"项目，该项目由澳大利亚政府国际发展署资助，资助金额达 41 万元，为期 1 年。项目实施以后，共计培训教师 4340 人，受益学生 2.2 万人，项目学校覆盖地区的居民约为 340 万人。

第三，面向农村贫困地区，关注小规模学校教育质量提升。2010 年以来，随着中国经济社会的不断发展，国际组织对华援助项目开始陆续减少。在最近 5 年里，协会凭借多年来开展复式教学项目研究所取得的经验和成果，将关注的重点放在了农村贫困地区的小规模学校教育质量提升问题上。通过"西部阳光"基金会和国家民政部提供的项目资金支持，协会先后为甘肃省定西市、平凉市的 500 余所农村小规模学校提供项目咨询设计、校本课程开发、在岗教师培训和贫困生捐助等服务。

三、高举联合国教科文组织的旗帜，践行民间教科文运动精神

请问，甘肃省联合国教科文组织协会是如何凸显自身的"联合国教科文组织"特色的，与国外的教育交流方面有哪些具体的合作？

杜永军：联合国教科文组织协会（UNESCO Association）是不同于别的行业协会的特殊组织，具有省属独一性。每个省、自治区、直辖市的协会，均只设在省一级，再往下发展的话，就称为"教科文俱乐部"了。也可以这样说，各省的联合国教科文组织协会就是该省所有"教科文俱乐部"的联合体，发挥着上传下达的组织、联络与统领作用。

作为联合国教科文组织的地方协会组织，我们始终和世界范围内的教科文民间运动一道，秉承联合国教科文组织的宗旨，为世界的和平与发展而不懈努力。得益于协会首任会长马培芳先生长期以来与联合国教科文组织等国际组织合作所取得的经验与积累的项目资源，我们的活动内容里面体现了较多的国际元素，比如与美国福特基金会、澳大利亚发展规划署等国际非政府组织的合作，就建立在协会是联合国教科文组织的民间运动力量的基础之上，体现的是非政府组织的属性，是非营利性行为。

另外，协会主持开展的"农村小学复式教学创新实践研究项目"、JIP、"女童教育项目"与联合国开发计划署在甘肃省开展的"401 项目""403 项目"等一脉相承，主要解决的是农村地区初等教育阶段学生学业水平质量保障方面的问题。在西部地区普及小学教育和实现"普九"的过程中，"农村小学复式教学创新实践研究项目"为农村、山区孩子提供了入学机会，适应新课程改革的要求，适应农村父老乡亲对教育公平、质量均衡的企盼，适应城镇化进程中农村教育的新变化、新需求。

为此，2014 年，联合国教科文组织亚太地区教育局将"教育创新'文晖'奖"颁给了甘肃省联合国教科文组织协会，以表彰甘肃省联合国教科

文组织协会在改善农村教育、提升学生学业质量方面所取得的成就。这是该奖项设置以来，中国获此殊荣的第三个教育创新项目。这也许就是协会所凸显的"联合国教科文组织"的特色吧！

借助于联合国教科文组织的平台，协会与国外多个政府与非政府组织保持着良好的合作关系，如新加坡教育部、马来西亚私立高等教育部、韩国首尔市教育厅、日本日中友好交流协会、泰国教科文全委会、菲律宾高等教育协会、英国北方大学联盟，以及美国、加拿大的非政府组织与高校联盟等，主要开展的项目有推荐优秀的西部地区学子前往上述国家留学深造；协调接收外国学生来华学习汉语与中国文化；协助派遣在职教师参加访问学者项目；选派优秀青年学生赴国际组织开展志愿者服务与实习；组织在校师生参加短期国际文化体验与交流活动；开展国际间的学术交流及项目培训，如与德国 BSK 国际教育机构合作的"德国应用技术大学对技术和技能型人才培养模式系列研修活动"等。

四、搭建民间国际交往桥梁，助力丝绸之路繁荣复兴

对于协会未来的发展，您有什么规划？敦煌"文博会"期间，国家有关部委与甘肃省政府签署的相关合作备忘录对协会的工作有何影响？您觉得协会在未来的发展中又有哪些优势？

杜永军：在我看来，协会应该是一个需要责任担当和承载使命的大学校、大舞台和大家庭，需要每一个伙伴、志愿者或从业人员融入自己的人生智慧和对生命的感悟，以及对这份事业的热爱、执着与敬畏。只有这样，我们才能永远在联合国教科文组织的旗帜下，健康发展，可持续发展。

根据联合国教科文组织的宗旨和章程，协会的活动领域涵盖了教育、科技与文化三个领域，可谓范围甚广。

在教育领域，我们将继续以关注和参与教育国际化为核心，同时依

旧为农村小规模学校教育质量提升和职业学校信息化建设项目提供支持和服务。在教育国际化方面，我们将严格按照中办、国办出台的《关于做好新时期教育对外开放工作的若干意见》的指导精神，以及教育部与甘肃省人民政府在敦煌国际文化博览会期间签署的《"一带一路"教育行动合作备忘录》框架意见，积极发挥联合国教科文组织协会独立的民间外事活动权，充分发扬自身灵活性、机动性和创新性的特点，把"走出去"与"引进来"相结合，不仅为西部地区学生接受符合自身需求的国际教育寻找项目、创造条件、开通渠道，而且将来华留学由"请进来"转变为"引进来"，推动周边国家学生自费来华学习基数的增长，努力打造"来华留学"的品牌，精心培养大批"一带一路"建设急需人才，争取在中国西部地区形成面向中亚、南亚、西亚国家的中外人文交流基地和教育国际合作交流高地，为做强甘肃教育、提升西部地区教育对外开放工作质量和水平，发挥牵线搭桥、提质增效的作用。同时，我们也会为教育领域的其他国际交流与合作项目发挥牵线搭桥、拾遗补阙的作用，提供咨询服务。

在科技领域，我们将根据联合国教科文组织在中国青岛召开的两次"国际教育信息化大会"精神，以及《仁川宣言》和《青岛宣言》的意志，努力争取通过与科技企业的合作，利用信息技术手段和设备，为欠发达地区的公民提供知识、技能和竞争力，为他们的终身学习提供机会，让他们能够在信息技术飞速发展的环境中更好地生活和工作。目前，由协会与厦门凤凰创壹集团面向职业学校合作实施的"精品课程建设与智能仿真实训"项目，就是通过教育信息化提高现代职业教育教学质量的成功范例。同时，由甘肃省自主研发的"移动教育学苑"和"家校在线互联"平台，也是值得在未来向亚太地区有关国家和地区推广的科技创新项目。我想，甘肃省联合国教科文组织协会应当有这样的责任和使命感，去支持和帮助周边国家，共同保障人们获得知识的权利。

在文化领域，协会在国家四部委与甘肃省联合举办"首届丝绸之路（敦煌）国际文化博览会"的历史节点上，与"文博会"同期，在甘肃敦煌成功举办了首届丝绸之路非物质文化遗产青少年国际展演活动。本次活动以青少年学生群体为主要对象，先后直接参与人数达 2000 多人次，活动影响辐射甘肃省及"一带一路"沿线省份有关院校 50 多所，这在西部地区尚属首次。

敦煌国际"文博会"是国家为贯彻实施"一带一路"重大倡议而召开的国际型会议，也是丝绸之路沿线国家与中国彼此扩大对外开放窗口、共享中国经济发展红利的有效契合点。借助这一历史机遇和国际平台，协会将充分发挥各级各类会员学校（单位）在文化遗产宣传和保护方面的主体作用，鼓励和组织青少年学生以自我内悟的创新思维和方法，积极参与到协会发起开展的遗产教育"走进学校、走进课堂、走向社区"及其他主题教育活动中，践行联合国教科文组织在世界遗产保护方面的倡议和号召，凸显青少年学生在遗产保护方面的储备力量，为他们提供完整的认识世界、人类的历史和文化的视角，帮助他们形成尊重文化多样性、传承民族优秀文化、倡导国际社会和谐发展、增强环境保护意识和可持续发展意识等核心价值观，促进文化永续传承。

敦煌国际文化博览会自 2016 年开始，将每年举办一届，与此相关的青少年遗产教育与其他主题实践活动也将同期举办。值得一提的是，早在 2007 年中国与中亚五国联合申报丝绸之路为世界文化遗产之时，甘肃省联合国教科文组织协会就为推动丝绸之路"申遗"工作、促进我国遗产保护事业发展，开展过一系列宣传教育活动，并出版了《世界遗产与丝绸之路》青少年读本。在此基础之上，协会在文化领域的活动将更加多元化，更具可持续性。

自换届以来，协会的领导团队实现了年轻化的大幅度跨越。年轻的工作团队将在继承和发扬上一届前辈工作精神的基础上，脚踏实地，虚心学习，开拓创新，恪职尽责，在联合国教科文组织的旗帜下驾驾而行。

创新与发展

继承和发扬根植于民族血液里的创新精神

——访以色列教育部部长夏伊·皮隆

自 1948 年宣布建国后，以色列在短短几十年时间里成功地从一个资源匮乏的小国一跃发展成为当今世界上现代化程度最高的科技强国之一。以色列仅有 800 多万人口，但产生了十几位诺贝尔奖获得者，取得了举世瞩目的成就，是名副其实的科技创新强国和人力资源强国。截至目前，全世界已有 130 多位犹太人获得诺贝尔奖，犹太民族以不到世界 0.2% 的人口，获得了全世界约 24% 的诺贝尔奖，且涵盖各个学科领域。犹太民族自古以来就有重视教育的传统，认为"知识是夺不走的财富"，是"唯一可随身携带，终身享用不尽的资产"。以色列开国总理古里安说："犹太历史的基本内容就是没有教育就没有未来。"以色列前总理梅厄夫人说："教育投资是卓有远见的投资。"长期以来，"知识即财富"这种观念已深入每一个以色列人的脑海中。纵观战后以色列的发展历程，教育发挥了极其重要的作用，成为促进国家发展的持久推动力。为此，我们就以以色列创新人才培养、教师培训、与中国的合作交流等问题对以色列教育部部长夏伊·皮隆（Rabbi Shay Piron）进行了专访。夏伊·皮隆毕业于以色列 Shaarei Mishpat 学院法学专业，曾任赫兹利亚多学科中心、巴伊兰大学等校讲师，担任社区拉比（犹太人中受过正规犹太教育的特殊阶层）、宗教学校校长等。2013 年 3 月起任教育部部长，兼任以色列宗教委员会委员、教育委员会委员、民主学院研究员、Hakol Chinuch 运动机构（致力于公共教育体系改革）主席、"为以色列而教"项目发起人等。他认为，以色列的创新性源于整个民族和国家的文化传统，创新精神已经渗透到社会的方方面面，人人都可以通过教育激发潜能，成为精英。以色列教育不同于东方教育，也有别于欧美教育。经过家庭教育、学校教育和社会文化的熏陶，以色列学生形成了自信、独立、好奇心和富有创造力这几大品质。这使他们能够更好地掌握变通的能力，从而适应未知的变化。

一、创新是一种文化

以色列建国后短短几十年间就跃升为科技强国，很多国家都想探究其崛起背后蕴藏着的秘密，想知道为什么以色列有这么多创新成果，有这么多诺贝尔奖得主。在您看来，教育在创新人才培养方面发挥着什么作用？

夏伊·皮隆：我认为创新不是一门课程，也不是一种在学校里就能习得的本领，而是一种文化。我们在谈到民族的创新性时，必须考虑整个国家，而不仅仅是教育体系。创新教育在幼儿园、中小学、大学都有所体现，可以说在国家和社会的各个方面都包含着创新。

在以色列，我们总是教导孩子们要"跳出思维定式"（Think Out of the Box）。当学会了跳出思维定式，你就会一直向前看，开始学会思考科学技术的新步伐，开始看到世界未来发展的趋势，寻找开拓新时代的路径。因此，创新是属于个人的，同时也是属于社会群体的。在以色列，创新是我们整个国家的精神。我认为，以色列与包括中国在内的许多国家的不同之处，就是这种创新文化。

在以色列，人们不喜欢沉默，喜欢问问题，喜欢对话和争辩。每天不提出新问题的人是没有资格睡觉的。鼓励学生踊跃提问，这是教育至关重要的一点。我们不会规定标准答案，问题的答案往往不止一个，有的甚至无解。犹太儿童在13岁时要举行成年礼，那时我们会问他们："你有什么问题？给我们一个好问题，好吗？"

当然，这种创新文化可能也是把双刃剑，有时会给我们制造许多小麻烦。比如，你要是当老师的话，还没讲两句话，学生们就会争先恐后地说"我有一个问题""我也有一个问题""我还有一个问题"——不像中国的孩子。我参观了北京的一所小学，看到学生们在教室里整整齐齐地坐着，老师走进来时学生们会恭恭敬敬地站起来行礼。中国的孩子很听老师和家长的话，对长辈很敬重。

宗教在以色列具有很高的地位，请问这种独特的宗教文化对于以色列的创新教育有何影响？

夏伊·皮隆：我们的教育依赖于宗教，在以色列，宗教和文化是不可分割的。我认为，宗教和创新是相伴相生、共同发展的。举个例子，我在大学里教授法律时，就曾经被问到一个很重要的问题：法律和文化，哪个在先？很多人认为，先有法律，后有文化。但是在很多国家和民族，是先有文化，然后再为了文化而设置法律。我们的宗教，即犹太教一直强调创造力。你知道法律在犹太教中的名称吗？在希伯来语中，法律的意思是"走路"（Walking）。非常重要的一点是，有人认为法律是用来"站立"的，不是用来"走路"的。

法律就像是你"站"在某一点，知道左边是对，右边是错，知道前边是好，后边是坏。而在我们民族的语言中，法律的本意是"去行走"（To Walk）。因为我们总是处在变化之中，每个新世纪、新时期，我们都有新的想法。我认为，在以色列，宗教和创新是"两条腿"，它们一起行走。有时候这也会有很大的问题，因为你知道，大部分宗教领袖希望我们行走，但是要走慢一点；而年轻人也希望行走，但是他们喜欢加快速度，甚至是跑着前进。

二、以色列强调学生要学会学习

如何引导学生去提问题？

夏伊·皮隆：当我们还是孩子时，就学着去问"7个W"问题，谁

(who)、什么地方（where）、什么时候（when）、做什么（what）、怎么做（how）、为什么（why）、哪个（which）。我想问你，在这"7个W"问题中，哪两个是最重要的？在大部分的教育系统中，大部分的考试和测验中，常常问的两个问题是 what 和 when，而我们教育孩子时要多问 why 和 how，这才是创新思维的关键、改变思维方式和学习方式的关键。在很多教育系统中，孩子们光会"学习"，而在以色列，我们强调"学会学习"（To Learn How to Learn），要进行有意义的学习。

如何"学会学习"，如何进行有意义的学习？

夏伊·皮隆：我认为这是一个非常宏观又非常重要的问题。你需要知道如何让一只眼睛看到过去，让另一只眼睛看到未来。一些人把两只眼睛都盯在现在，而另一些人则把两只眼睛都盯在过去。我们需要学会如何一边回顾过去，一边规划未来，同时着眼于当下。

一方面，历史非常重要，因为我们需要身份认同，需要规则、传统，需要了解本民族、本国家的历史。就像酒一样，愈是陈年，酒愈好，历史亦如此。土地上的树，其根都很粗壮。当你的"根"很深时就会说："我在这里，这是我的家。"特别是在中东这片比较复杂的地区，我们更需要在孩子们的心中扎下深厚的民族历史根基，让他们感觉到历史。当你学历史时，不仅要了解相关内容，也要有问题意识，了解它对你的生命，对你来说意味着什么。

另一方面，对未来的见解、畅想非常重要。我们需要去了解整个世界，了解其他的国家和民族，了解什么是人类所需要的东西。我们反复向学生们强调，我们的使命是改变世界，我们要站在更高的角度看待教育。我们要让他们知道接受教育不仅是为了个人发展，更是为了推动整个世界不断向前。学生们要从椅子上站起来，参与社会运动，用行动改变世界。

三、人人都是精英

您认为什么样的人能被称为人才？创新人才需要具备哪些素质？

夏伊·皮隆：我认为每个人都是人才，每个人身上都能有创新的闪光点。创新人才不是说你是不是运动健将、是不是音乐家、是不是画家。创新是社会的模式，也是教育系统的模式。在我眼里，人人都具有天赋，包括那些残障儿童。在很多国家，当人们谈论残障儿童时，总会称他们是有特殊需求的儿童。对我来说，所有学生都有特殊需求。每个人都是独一无二的个体，都是特殊的。

在一些文化中，人们一谈到"精英""人才"，就会首先想到科学、数学方面的杰出人士。我认为，我们必须考虑到各种各样的"精英"。事实上，每个人都有不同的天赋和才能，每个人都有潜力成为所谓的"精英"。比如，有些人有很强的适应能力和学习能力；有些人善于语言，会说好几门外语，在不同的思维轨道上来去自如；有些人擅长数学、科学；有些人善于画画；有些人善于讲故事。

现在大家都在谈论"精英"，都在谈论创新。而在以色列，我们认识到"精英"不仅仅局限于"大脑"（head），比如科学、数学；"精英"也在于"双手"（hand），比如有些人会制作精美的手工艺品，有些人善于操作机器、器械；还有一些"精英"在于心灵（heart），比如有些人善于交谈和倾听，知道如何给予他人温暖。在以色列，我们视每个人为杰出人才。从幼儿园、小学开始，我们就把这一观点灌输给每一位学生。人才是不拘一格的，我们要做的是发现和放大孩子们的天赋。

四、因材施教，激发潜能

20 世纪 70 年代，以色列实施了"天才培养计划"。这项计划的目的、理念是什么？"天才学生"又是如何选拔出来的？

夏伊·皮隆：人人都是天才，只不过我们缺乏挖掘和引导。学校根据孩子们的学习能力，制订了几套不同的教育方案。有正常班、杰出班和缺陷班。关于"天才培养计划"，我们从小学就开始了解儿童的不同特质，并将其划分到不同的班级，一小部分的孩子在特殊班级学习，大部分的孩子还是在普通的教育系统内学习。需要强调的是，"天才培养计划"项目培养的不仅仅是科学、数学方面的人才，还设置了很多种类的课程，为具有不同天赋的孩子创造学习条件。

以色列教育专家认为，"天才儿童"有两大类，一类是精神和品质上的天才，另一类是各类项目上的天才。教师需要帮助每一个孩子朝他适合的方向发展。以色列专家通过研究论证后认为，"天才儿童"大约占到 3% 的比例。学校要经过考核来判断孩子是否是"天才儿童"。这种考核主要以考试的形式进行，在地区性的考试中确定孩子的智商和潜力。"天才儿童"的创造力、想象力和学习精神要高于普通的孩子。这些孩子都是通过层层的考试选拔出来的——按照 15% 的比例进行地区性选拔，然后再按 5% 进行选拔，最后一批"天才儿童"按 3% 进行选拔。所有儿童都可以接受考试。此外，我们还通过其他很多方式，比如工作坊等，来了解孩子们的特长，了解他们是善于科学，还是善于画画。以色列的每个地区都设有一个精英中心，精英中心的教师们会到各个学校寻找和发现一些有特殊天赋的儿童，也许这些儿童中能诞生下一个诺贝尔奖获得者。

什么样的教师能够教授这些"天才儿童"？

夏伊·皮隆：通过教师职业培训，我们从教育系统中选拔出优秀的教师，教授他们如何寻找和测试这些天才学生。这些被选拔出来的优秀教师在大学学习师范专业时除了要学会如何去做教师、如何教授普通课程之外，还要学习特殊课程，知道如何教授那些"天才儿童"。我们在每所学校都配备了懂得如何教授有特殊天赋儿童的教师。

学生每周都会有几个小时的户外活动，我们通过"天才培养计划"项目为他们提供特殊的课程，比如科学、艺术等。有些学生一周中要花一整天来学习这类课程。从小学至大学，学生都能见到大学教授，并有机会去实验室、高校学习和实践，因此他们的能力能够不断得到提高。

五、成为教师，你将描绘世界

良好的师资是教育质量的保障，以色列一直以来都非常重视教师队伍建设和培训。请问，以色列是如何培养优秀教师的?

夏伊·皮隆：在过去5年里，我们将教师培训的地位提升到了一个新的高度，因为我们认为现在是时候解决教师质量不高这一问题了，我想这也是很多国家所面临的共同问题。我们启动了很多特殊项目。例如，通过"青年活动"项目，我们挖掘了很多天赋异禀的有志于成为教师的青年；另一个项目是"为全体而教"（Teach for All），这是我们的精英教师培训项目之一，同时也是一个全球性的项目。该项目从美国开始，现在已经扩大到40多个国家，以色列是其中一员。此外，以色列还成立了"青年团体"，把青年人培养成为合格的教师。虽然这个项目刚刚启动，但是它有非常迅速的、令人吃惊的发展。2014年，在以色列55个地区，每个地区都有约2500名青年加入教师队伍。当然，和中国比起来，这个数字不算大，但对于以色列来说是惊人的，居然有这么多青年人愿意当教师而非从事医生、律师等高薪职业。目前，以色列教师的薪水和待遇并不高，这也影响了年轻人选择教师职业的积极性。为改变这一状况，一方面，我们给予教师更高的薪水；另一方面，我们教导年轻人成为教师的意义：如果你是画家，你是在画布上作画，而如果你是教师，你则是在描绘整个世界。

优秀教师需要具备什么素质?

夏伊·皮隆:我本人也当过教师,我认为优秀教师首先要爱学生,会倾听他们的感受,给每个学生话语权,让他们可以开诚布公地发表看法。其次,好的教师要坚信每个人都是天才,想方设法发现他们的闪光点并加以提升。如果教师眼里看不到天才,只能说明他能力不足。再次,优秀教师的本领之一是会讲故事,能把枯燥的学科内容表述得生动有趣。最后,优秀教师是一个导体,能引导学生连接历史、现在与未来,激发他们的思想。

以色列是一个尊重知识、注重教育的民族,早在远古时代,犹太人就把教育融入到日常生活之中,形成了全民学习的传统,可见家庭教育和社会教育的重要性。请问,在以色列的教育中,家庭教育、社会教育和学校教育各扮演什么角色?

夏伊·皮隆:这三种教育各司其职。犹太民族有 2000 多年大流散的历史背景,家庭是我们身份的象征,是所有事物的根本。因此,家庭教育在以色列的教育体系中扮演着最重要的角色。就像手机需要充电一样,家庭就是学生的充电器,父母为我们注入活力、希望和梦想,这是教育的起源。社会教授的是责任感,这个世界上不是只有一个人,必须学会考虑邻居、朋友等其他社会成员的感受。教导学生担起责任,融入社会是以色列教育体系中不可或缺的环节。学校的主要任务是教给学生工具,帮助学生把头脑中的想法实现,是让梦想照进现实的场所。

六、培养一个人格完善的人比培养一个高才生更重要

随着全球化和信息化时代的到来,教育面临着前所未有的挑战和变革需求,您认为当今教育应该如何适应这日新月异的世界,未来的青年一代又需要具备什么能力?

夏伊·皮隆:在 21 世纪,我们需要一个新的教育制度。从知识到提

问，从记忆到了解，从教材到对话，从老师到社群。学校不一样了，学习不一样了，学的东西也不一样了。新时期，学校需要新目标、新愿景，学生需要不同的梦想。所以，以色列教育需要改变，要进行有意义的学习。

我们很重视培养学生的社会责任感。学生从高中起，每年必须参加60小时的志愿者活动，平均每周70分钟。教师根据学生的表现给出的评语与"高考"直接挂钩。没完成社会活动的学生没资格上大学，表现不好的学生很难得到好大学的录取。我们现在推行一项新的制度，高中毕业后，学生先到社区服务一年，为社会做些事，同时去壮游、去流浪，用自己的力量，思考生命和世界，寻找自己的灵魂、人生的愿景。这就是有关意义和愿景的教育。以色列国民都有服兵役的义务，当他们到社区服务一年后去当兵时，已成为一个不同的人。

提到军队，大家想到的可能是呆板的规定和枯燥的军事训练，但以色列军队的一大特点是让军人保持开阔思路，提升思考能力。高中生进部队后非但不会被禁锢思想，反而更能发散思维。他们不停地提问题，包括那些没有答案的问题。一旦有了答案，就会寻找下一个问题，用这种方式自我提升。服役期间如果表现优异，可以得到公费深造的机会。总的来说，以色列军队的整体素质较高，拥有高学历、掌握多国外语、有海外留学背景的人不在少数。正因如此，他们退伍后往往比一般人更具竞争力，能够创造出与众不同的东西，为以色列的发展作出贡献。

很多以色列军人服完兵役后，还会花一年的时间给自己放空，去壮游、去看世界，回来后才开始想，我到底要做什么。我们鼓励青年人去流浪，去探索世界。犹太教育学家巴维说过这样一句话：培养一个人格完善的人比培养一个高才生更重要。教育是我们责无旁贷的责任和义务。但是在教育中，决不是把知识的积累推到至高无上的地位。

七、扩大和深化中以教育交流与合作

您是第几次来到中国？这次访华有没有令您印象深刻的事情？

夏伊·皮隆：这是我第一次来到中国。中国是个神奇的国度，北京这座城市令人感到惊奇！尽管我才在北京待了一天半的时间，就已经感受到中国的发展成就和历史悠久的中华文明。我觉得这么短的时间远远不够，希望我还能有更多机会、更多时间来亲身感受这座城市，了解在这座城市中生活的人们，体验这里独特的文化。就在昨天，我访问了北京市海淀区万泉小学。以色列一家教育技术研究公司开发了一款"爱因斯坦科学实验专用平板电脑"，这款发明获得全球教育技术类最高荣誉奖"英国教育技术教学奖"。万泉小学将在三年级以上的科学课程中率先使用这项技术。这种面向小学生的项目让我感到兴奋。我们还将和中国教育部积极沟通、协商，希望两国之间能开展更多教育交流。

您对中以两国的教育合作与交流有什么看法和见解？

夏伊·皮隆：对于以色列与中国的教育合作，我有很多想法，但我们需要时间去磋商与讨论，我们需要时间坐在一起，一起探讨问题，相互磨合，探索合作方式，共同做一番事业。我们将在教师培训、教育与科技、创新与教育等方面展开合作。我希望中以两国能够一起创新、一起提问、一起寻找答案，不断扩大和深化教育领域的合作，提高交流与合作的规模和质量。我希望有更多的中国大学生到以色列留学，去了解以色列，同时希望更多以色列青年能来中国的大学学习。两国的青年留学生是连接以色列和中国的纽带，拉近了国与国之间的距离。回顾历史，中以两国的往来可以追溯到两三千年以前。放眼望去，世界上没有几个国家能像中华民族和以色列民族一样有着悠久的历史和丰富的文化内涵。在我看来，教育上的交流甚至比经济或其他领域更有成效。希望今后双方国家的年轻人之间有更多交流，共同促进两国的友好合作。

教育交流与科研合作促进高校创新发展

——访以色列特拉维夫大学校长约瑟夫·克拉夫特

特拉维夫是以色列文化、金融和技术中心，特拉维夫大学与这座城市共享着开放、创新精神，并将校园生活也打造成如这座都市般多元且充满活力。特拉维夫大学位居全球大学百强之列，科学引文数量更是名列前20，其教学和研究打破学科间的界限，力求通过跨学科方式解决21世纪面临的挑战。在清华大学和特拉维夫大学主办的首届中以创新论坛（CIIF）期间，我们对特拉维夫大学校长约瑟夫·克拉夫特（Joseph Klafter）进行了采访。克拉夫特校长表示，高校应助力师生创新项目研究与发展；支持师生国际交流，营造校园多元文化；建立国际合作伙伴关系，丰富世界教育体系。

一、大学应鼓励和支持师生参与产学研合作

特拉维夫大学在产学研合作方面引领着全球高校。您认为大学在产学研合作中应该扮演怎样的角色？

约瑟夫·克拉夫特：大学应该扮演的唯一角色就是为科学家、学生提供机会，让他们接触产业界、研究机构，给他们创造机会，而不是管理他们。我认为，如果他们有兴趣，大学应该给予鼓励和支持。我们要为他们提供多种多样的平台以供其选择。学生要选择方向，我们则负责引导他们、帮助他们和支持他们，而最终的决定权应该在他们手里。例如，特拉维夫大学学术研究重中之重是培养跨学科研究的态度。学校所做的是建立

研究中心，召集不同领域的研究者共同分享他们的知识并发展有益于社会的新认知和新方法。圣经考古学家和纳米材料科学家共同开展研究，神经学家和管理学研究者一起工作，研究东亚哲学的专家与致力于犹太研究的学者合作等，每年在特拉维夫大学 9 个系、125 个研究所里这样的"跨界"项目有 3500 个之多。世界趋势越来越走向学科融合，特拉维夫大学一直都在世界前列。

现在中国实施创新驱动发展战略，在您看来，在创新发展的过程中，大学应该作出什么样的贡献？能否给中国大学提供一些建议？

约瑟夫·克拉夫特：我听过这个战略，教授们在其研究领域是专家，但并不是所有人都想做学术研究。大学是展现个人能力的地方，因此，对于有兴趣探索的人，学校应该给予他们所需的支持，这是我认为最重要的地方。但是，最困难的部分往往是在工作的起步阶段，大多数资金支持都是在想法得到证实之后才会投入。早期的想法如果没有资金支持，就需要经济资助，因此大学应该为教授们感兴趣的早期项目提供经济资助。特拉维夫大学成立了动力基金（Momentum Fund），专门资助早期项目。该基金设立的初衷是帮助他们，提供资金鼓励他们。

二、文化和思维方式的"异花授粉"惠及交流双方

作为一所国际化的大学，特拉维夫大学如何培养学生的国际化视野？又是采用什么样的方式培养国际学生的？

约瑟夫·克拉夫特：首先，我相信教育正在走向全球化，我认为大多数的大学都深谙这一道理，学生必须与国际接轨，所以他们必须跨越国界、文化、教育的差异。教育要跨越国界、文化差异主要有两种途径：以特拉维夫大学为例：一是将我们的学生送到其他国家，进行短期、长期的学习或者项目交流；二是让外国学生到特拉维夫大学学习，让他们看到我们的校园、我们的国家、我们的文化和我们的生态系统，同时，外国学生

也给我们的学生展示了其国家的文化特色。因此，本国学生出国和外国学生到以色列，到特拉维夫大学，是建立国际化社交网络的有效途径。打开学生的国际化视野，而不是局限在当地的环境中，学生毕业后无论是继续学习还是从商、从业，他们都已经在全世界建立了社交网络，这一点尤其对处于事业起步阶段的毕业生具有一定的帮助。

特拉维夫大学更看重国际学生哪些方面的素质？

约瑟夫·克拉夫特：我们更喜欢那些对探索世界有兴趣的学生，特别是那些对多个学科感兴趣的学生，不仅仅是科学，还包括人文、艺术、音乐和商科。在特拉维夫大学，我们欢迎兴趣广泛的中国学生来学习我们的文化，了解我们的制度，同时他们还会将中国的观点和文化带到我们国家。

与中国大学相比，中国学生能够在你们学校得到何种不同的教育和体验？

约瑟夫·克拉夫特：我并不清楚中国所有的大学，而是对中国大部分一流大学有大概的了解。他们多是中国排名靠前的学校，学生非常优秀。我想学习应该是双向的，既包括中国学生能够从我们学校学习到的，也包括我们能够从中国学校那里学到的。中国学生能够从我们那里学习如何在思维和心态上变得更加开放。中国有尊师重教的传统，学生一般不会直接指出教授的错误或提出与教授相悖的观点和想法。开放——对听到的观点持有怀疑的态度，这是创新的第一步。创新意味着具有想象力，即使有人告诉你，你错了，但你仍然会坚持自己的观点，认为自己是对的。我们强调保护学生敢于质疑的心态，这种方式可以引导中国学生。众所周知，中国学生非常优秀，但是我认为有时他们确实太"听话"了。

请问，您对于想要去以色列或者特拉维夫大学学习的中国学生有什么建议？

约瑟夫·克拉夫特：首先，我认为留学的方向是对的，所以我会极力推荐。其次，在准备申请的过程中，要找到准确的信息。最后，要做好冒险的心理准备。目前，我非常感谢来特拉维夫大学就读的优秀的中国学生，因为他们为我们带来了中国的文化。他们都曾在中国高校接受十分优质的教育，比如清华大学、北京大学、香港科技大学和南京大学。我非常赞同他们积极探索，用不同的方式去思考教育、研究等。因为不同的文化会有不同的追随者，所以把不同的文化汇合是双赢的。这就如同"异花授粉"的方式，文化和思维方式的"异花授粉"对于双方都是非常有利的。中国重视教育，我们也重视教育。如果将这两种不同的观点和文化放到一起，我相信双方都将收益颇丰。

三、大学间国际合作丰富世界教育体系

您能否给我们介绍一下特拉维夫大学与中国大学的合作模式以及其潜在的合作学校？

约瑟夫·克拉夫特：以清华大学为例，清华大学是中国非常顶尖的大学，学生很优秀。特拉维夫大学和清华大学建立了交叉创新中心。该中心以清华大学为主体，特拉维夫大学设立分中心，并在两校同时建设交叉学科实验室，致力于促进国际教育和科研创新的开展及原创性科研成果转化，解决地区与全球重大挑战性课题。清华大学和特拉维夫大学的研究者可以开会讨论，共同决定想要研究的内容。此外，两校商学院、法学院之间也有合作，主要体现在合作交流项目方面，包括交换生、学者互访。通过中心的建立，以及商学院、法学院的合作等，清华大学和特拉维夫大学拉近了彼此的距离。

在未来与其他学校建立合作时，我们也可以延伸这些合作模式。目前，特拉维夫大学已经确定的几所合作院校，包括土耳其排名靠前的学校以及中国的高校。如我们与北京大学建立了良好的合作关系，对食品安全进行研究；我们还和上海交通大学一起合作，建立了一个研究中心，研究

以色列的文化；南京大学也建立了研究以色列的中心；此外，还有浙江大学、武汉大学等。我认为，在各国高校间开展多种合作模式，有利于丰富整个世界教育体系。

波兰企业家办学：以人才培养模式创新回应产业界需求

——访波兰 SWPS 社会科学与人文学大学创立者彼得·菲尔克

    SWPS 社会科学与人文学大学是波兰企业家办学的典范。其创立者彼得·菲尔克（Piotr Voelkel）是波兰企业家、商业预言家，他在创办和经营企业的过程中了解到企业和市场对于人才的需求，产生了对于人才培养目标和方法的思考，并在 SWPS 社会科学与人文学大学得到了实践。他认为，学校最重要的目标是为"学生及其未来的职业生涯"服务。SWPS 社会科学与人文学大学秉承"认识、理解、设计和改变世界"的办学理念，帮助学生理解人的生活方式、情感动力，培养学生在产品、服务中应用这些知识的能力。

一、SWPS 社会科学与人文学大学是波兰唯一拥有"大学"称号的私立高校

    SWPS 社会科学与人文学大学（以下简称"SWPS 大学"）是波兰唯一拥有"大学"称号的私立高校。您可以给我们介绍一下这个机构以及使其获此殊荣的最重要的特征吗？

    彼得·菲尔克：SWPS 大学由三位波兰知名心理学教授发起创立于 1996 年。他们认识到，只有在自己所有的、私立的高校中才能实现他们在人文与社会科学领域对现代教育的设想。

    学校发展迅速，成功开设了新专业，获得了颁发文凭及授予学位的

资格。今天的 SWPS 大学实力雄厚，拥有 6 个校区，分布于波兰五座城市（华沙、波兹南、弗罗茨瓦夫、索波特、下拉维兹），每年培育近 1.7 万名本科生、硕士研究生及博士研究生。SWPS 大学设有 19 个本科专业、13 个硕士专业、5 个博士专业以及 290 项进修课程；拥有 7 个博士学位授予点、3 个学科的博士后工作站。学校聘有专职教授 62 名、博士后 65 名、博士 193 名、硕士 46 名，还有诸多兼职人员。教学之外，我们也是实力强劲的研究机构，我们出版了诸多出版物，取得了大量研究经费。正是基于上述资质，2017 年，波兰国家科学与高等教育部正式授予我校"大学"的称号。我们是波兰唯一获此殊荣的私立高校。此外，2017 年秋季，在波兰国家科学与高等教育部公布的对全国高校的定期评估结果中，我校两个学院获得了最高评价"A+"，这使我校在全国大学中排名位居前列。我们以这种方式证明了，在波兰提供的最高水准的教学研究领域中，私立高校可以拥有一席之地。

二、SWPS 大学将在"一带一路"倡议下加深与中国的教育和科研合作

请您介绍一下 SWPS 大学中国留学生的情况。他们为什么选择波兰、选择贵校？促使他们做决定的原因都有哪些？

彼得·菲尔克：中国留学生在我校学生队伍中不算多，每年大概 100 名左右，不到我校留学生总人数的 10%。来我校就读的中国学生主要是对心理学感兴趣的学生，因为他们知道我们的心理学课程居于全球最高水平之列。另外，还有一些中国学生是来自和我们有合作协议的中国大学，这方面的课程协议主要涉及英语、国际商务管理专业和我们位于波兹南校区"形式学校"（School of Form，以下简称 SoF）的设计学专业。我认为，未来到我校的中国学生数量可能会比现在多得多，而且他们会发现，其实不用花巨资去美国留学也可获得优质教育。波兰，特别是我们大学，提供

花费少得多却同样优质的教育。此外，在波兰留学很安全，还能接触到非常丰富的文化。我确信在未来，来波兰的中国学生会发现，在波兰的居住经验会改变他们的生活。欢迎他们来我们的大学留学！

贵校和中国大学合作的具体领域有哪些？合作面临哪些困难？

彼得·菲尔克：不久前，我们的精力主要花在交换学生和合作教学课程上。早在几年前，我们和重庆、郑州的几所理工大学在设计、英语方向开启了合作办学项目。目前，我们也想与中国的院校加深科研方面的合作。因此，我们正在寻找同我校一样，在心理学、社会学、文化学领域全球最高水平的大学进行科研合作。

在合作过程中，最大的障碍是语言，而且这里指的不仅是中国学生不一定能说一口流利的英语，还在于我们的大部分课程是用波兰语开设的，英语授课课程目前只限于英语、心理学、设计和企业管理专业。我们打算逐步地开设越来越多的英语授课专业，比如说我们刚开设了非常现代化的"管理与领导"专业。希望这个专业会是又一个让中国学生产生兴趣的专业。

我们非常想更多地参与中国提出的"一带一路"倡议，同时也希望这项倡议让中国的大学更积极地在波兰寻找合作伙伴，而中国人学习波兰语的热度也会提高。这方面我们也能提供帮助：我校很早就为留学生提供波兰语课程，我们大学也是国家波兰语考试中心的考点。

三、培养人才、支持人才发展是办学的初衷

您在商业领域取得了巨大成功。商业和教育的结合并不常见，您可以简单谈谈您的商业生涯吗？

彼得·菲尔克：从弗罗茨瓦夫理工大学毕业后，我在"波兰舞蹈剧场"做了6年技术主管。我在那儿学到了非常多的实际能力和手工艺技术，同时，因为跟随剧场在全欧洲演出也使我有机会了解世界。1979年，我开

了第一家自己的小型木质玩具公司，产品销往要求严格的德国市场。当时波兰是社会主义国家，但我因为产品销往德国的关系和要求严格的资本主义市场有了接触。

波兰 1989 年制度变化之后，我开始建立资本集团 VOX。我创办了家具工厂，生产过 PVC 制品，销售过门、地板，我收购了几份报纸，创办了几家广播电台。我还在波兰创立了销售家具、门、地板的连锁店，很多家具出口至（波兰以外的）欧洲市场。我曾是波兰大广告公司之一的所有者。我还创立了波兰当代艺术基金会并资助了很多波兰艺术家的杰出计划。我有三个孩子，九个孙辈，为了他们，我创办了小学和高中。学校至今是我们全家人所居住的波兹南市最好的学校之一。

您把对高等教育的投入当作慈善、个人使命来看待，还是有什么实际目标？您为什么对教育感兴趣？

彼得·菲尔克：在我做报社和广播电台老板的时候，就下定决心要培育现代的年轻记者，因为没有他们就开设不了媒体集团。因此，我创办了高等人文学与新闻学学院，然后收购了 SWPS 大学。我在教育方面兴趣的开端是很实际的。直到后来，SWPS 大学让我了解了人文知识的力量。对人，对人的需求、期望，有时甚至是梦想的了解，能使我们设计出更符合客户需求的服务和产品。感谢和 SWPS 大学研究者的合作，我们得以非常了解儿童的发展。比如，如何发掘孩子的潜力。我们了解到，对公民的培养应该从家庭开始。儿童得在各种小问题上拥有决定权。我们改变了对家具的设计，使孩子从设计中学会改变世界。家具允许孩子做出不同的改变，给孩子机会展现自己的观点、品位。从最小的年龄开始让孩子看到自由既是权利也是义务。

四、SWPS 大学重视人才培养方式创新

SoF 是直接从您的灵感中诞生的。您为什么认为需要这种类型的学校？它的独特之处是什么？SoF 和贵校的主要学科——心理学、社会学之间存在什么联系？

彼得·菲尔克：我对家具及其他产品的开发设计经验表明，没有自己独特的、原创性的产品就难以在欧洲市场立足。但当我和市场上知名的设计师合作，想要推出这类产品时却遇到了麻烦，他们想要设计艺术作品，而我需要的是客户的舒适度。我找寻了导致我们之间的合作达不到预期效果的原因。在荷兰的埃因霍温（Eindhoven）市，我认识了荷兰知名时尚设计预言家艾德尔库尔特（Lidewij Edelkoort）女士。经过长时间的讨论，我们发现需要改变培养设计师的方式，应让未来设计师有能力了解人的需求。同时 SoF 还向学生传授其他不同的工艺技能，使得学生能够制造模型并检验他们的创意是否可行。这是对其他人的尊重而非艺术活动。聪明的、充满热情的设计师利用自己的天赋来应对未来用户的要求。

对您来说，管理 SWPS 大学最大的挑战是什么？学校的发展愿景是怎样的？

彼得·菲尔克：今天我们知道，学校最重要的目标是为"学生及其未来的职业生涯"服务，能否实现这个目标的关键是我们的工作质量，我们培育学生所处的环境的质量。为了实现这一目标，我们要使 SWPS 大学在不同层面上国际化。我们聘用不同国家的教职员工，与国外高校合作，开设国际研究项目，但是最重要的是，学校有来自世界各国的富有天赋的学生。

我们秉承"认识、理解、设计和改变世界"的理念，教学生理解人们怎样生活，什么情感给人以动力，人在社会中如何"运行"，并向学生展示有关人的需求的知识应用到对产品、服务的设计中的方法，以及这些

设计如何在生活中得到应用。我们了解新工具对于教育的重要性，而人必须学会利用迅速发展的技术，包括人工智能。我们希望自己的毕业生不是技术、应用软件的奴隶，而是在这种新现实中对环境的掌控者。

二元系统教育体系下葡萄牙高等教育的创新与发展

——访葡萄牙阿威罗大学校长马努埃尔·安东尼·亚松森

　　在葡萄牙，大学教育和理工教育（侧重于职业技能培训）各具特色的学科理念和办学目的，构成了其高等教育体系别具一格的二元系统。在过去的30年里，这个二元系统教育体系在很大程度上解决了葡萄牙学龄青年失学比例偏高、大学教科研水平偏低、高等教育经费预算紧张、高等院校的招生人数以及硬件设备购置受到限制等诸多问题，满足了国民对高等教育的需求，推动了葡萄牙高等教育的长足发展。当前，随着经济全球化与一体化的不断发展，教育的国际化问题已被各国政府提上议事日程，高等教育的国际化改革，已成为一个国家经济全球化的重要组成部分和全球化程度的重要参考指标。在这种情况下，作为葡萄牙较早成立的综合性公立院校之一，阿威罗大学有何发展规划？其又是如何调整与重塑适合本国国情的高等教育改革与发展之路？基于此，我们专访了阿威罗大学校长马努埃尔·安东尼·亚松森教授。在专访中，他指出，阿威罗大学是一所葡萄牙特殊时代二元系统教育体系下诞生的年轻大学；阿威罗大学在机构间的合作、学生/教师互派交流、科研项目合作方面与欧盟其他国家加强合作，效果显著；大学排名更多的是一种科学参考依据，阿威罗大学在国际化水平、教育教学质量等方面成就卓著；阿威罗大学将会加强国际特色，加深多元合作，首要工作是加强教学的现代化和信息化；阿威罗大学多举措形成了一个多元化的集成科技平台，为产学研协同合作打下了坚实的基

础；中国"一带一路"倡议必将使中葡教育合作愈加紧密，阿威罗大学
会抓住机遇加强合作。

一、年轻大学的诞生与发展

尊敬的马努埃尔·安东尼·亚松森（以下简称"马努埃尔"）校长阁
下您好，非常感谢您能够接受我们的采访。贵校作为葡萄牙建校较早的综
合性公立高校之一，您能先给我们介绍一下这所高校吗？它在葡萄牙的二
元系统教育系统中处于怎样的位置？

马努埃尔：相对于 1290 年创建的科英布拉大学和里斯本大学，我所
在的阿威罗大学是葡萄牙最年轻的大学之一。阿威罗大学创建于 1973 年，
是当时政府为解决学龄青年失学比例偏高、大学的教科研水平偏低、高
等教育资源不足、无法满足国民对高等教育的需求而新设的。20 世纪 70
年代，与阿威罗大学同时兴建的高校还有米尼奥大学（Universidade do
Minho，1973 年）和亚速尔群岛大学（Universidade dos Açores，1976 年），
这三所公立大学共同代表了葡萄牙新一代大学，主要致力于解决整个社区
国民对高等教育的需求，以缓解当时葡萄牙国内高等教育面临的一些主要
矛盾。

在阿威罗大学的发展历程中，有两个时间节点需要后人铭记。一个
是 1986 年，由建筑师 Nuno Portas 领衔的团队精选了几位在葡萄牙地位最
高且享誉国际的建筑师，共同完成了大学 Santiago 校区新建筑楼的创造性
设计，Santiago 校区也因此成为这座城市宏伟的建筑遗产中重要的构成部
分。近年来，该校区每年都要接受成百上千的国内外访客和专家的参观。

20 世纪 90 年代，阿威罗大学开始了一个新的发展历程——定义了国
际化与合作的重点方向，展开了多元且广泛的国际与区域间的交流和合
作。通过参与欧洲的项目，大学加强了与葡语和其他罗马语系国家的联
系，参与到与国际其他大学的交流和合作中，同国内外高校、非政府组织

和企业之间签署了合作协议。

在这样的发展历程中，学校始终坚持为学生和老师提供最好的工作空间、科学基础设施和高质量的学习环境。这种对客观环境的关注，得到了国际评估团队——欧盟评估委员会国际评估小组（1996）的认可。他们在评估报告中写道："阿威罗大学在其区域内对于光线和自由空间的关注，充分显示了其具备一切成为葡萄牙最佳大学之一的所有条件。"

在朱利奥·佩德罗萨（Júlio Pedrosa）教授担任校长的任期内，阿威罗大学的在校学生超过了8000人，教学研究水平也达到了一个全新的高度。学校教职员工的活力，使阿威罗大学成为国际认可的葡萄牙国内承担研究项目最多的大学，这项殊荣一直维持至今。

阿威罗大学是在二元系统教育体系形成之前成立的高校，人们通常所说的葡萄牙的二元系统教育体系，其形成期是20世纪80年代后期。由于当时国内遭受了严重的经济危机，同时世界银行限制葡萄牙政府申请贷款，高等教育再次面临了经费预算紧张的困境，为了克服困难，高等院校不得不对办学规模和招生人数等加以限制，将大量的学龄青年拒之门外，致使失学率重新攀升。为解决这一矛盾，政府想方设法筹集资金，重新扩大高等教育的规模，创办更多的院校以保障国民接受高等教育的权益。在这种情况下，一批理工学院作为综合性大学的补充和延伸得以创建起来，这些理工学院的特点是学制短，培养方式灵活，但学科的专业性极强，重在突出职业技能培训的职能，既能在短期内培养出社会需要的各种技术性人才，又能在一定程度上减轻对资金投入的严重依赖。根据这种布局，尽管欧洲一体化进程自20世纪80年代中期开始不断加快，博洛尼亚进程也吸纳了葡萄牙大部分高校的加入，但葡萄牙的二元系统教育体系得以保留下来，形成了至今拥有15所公立大学、20所理工学院的高等教育办学规模。阿威罗大学作为这种二元系统教育体系确立之前成立起来的高校，在此进程中也或多或少地受到了来自经济危机的冲击，但总算坚持挺过来了。

二、参与欧盟科研项目合作，效果显著

阿威罗大学作为葡萄牙的顶尖大学，参与了欧盟科研领域的哪些合作，效果如何？

马努埃尔：进入 21 世纪以后，随着政府对高等教育国际化改革的不断重视，我们的学分和考试评估体系开始逐步执行和参照欧盟标准进行。在阿威罗大学的欧洲政策报告中，我们把"从根本上来讲，我们的工作重点就是要进一步突出和强化本大学与欧洲各主要大学之间的合作，继续扩大交换生项目的规模，继续加强互派教师的工作……"作为大学整体工作的一个重要组成部分。在这个报告框架内，我们与欧盟的合作主要在三个领域进行：机构间的合作、学生/教师互派交流、科研项目合作。

在科研合作方面，阿威罗大学积极参加欧洲和国际上其他大学及科研机构之间重大项目的合作与交流，目前有大批国外的科研人员在阿威罗大学从事科研工作且成果斐然。这些高级别科研人员也是阿威罗大学与国外组织/高校共同培养的成员，这有利于综合利用科研资源，并对各科研机构的科研资源进行有效的整合和充分利用。目前，阿威罗大学正在积极参与实施的伊拉斯谟—蒙代斯项目（Erasmus Mundus Program）就包括与其他国家大学或科研机构联合开展博士后研究工作的项目协议。学校现在正在运行的欧盟科研项目共有 72 个，其中 8 个由阿威罗大学的教授作为项目首席主持。学校还获得过两个欧洲研究学会的高等级项目的拨款。此外还有许多其他拨款项目，从欧盟筹得的资金约占学校科研资金总预算的 10%。

三、工程教育优势突出，国际化水平不断提升

阿威罗大学在世界领域有着不错的排名，您认为其中有哪些影响因素？您是如何看待大学排名的？

马努埃尔：尽管阿威罗大学是一所综合性质的大学，但我们的工程类

专业学科还是相对更具有优势。在 2016 年 US News 世界大学综合排名榜中，阿威罗大学的综合排名位居全球高校第 471 名，而我们的工程类专业学科排名则为全球第 223 名。当然，这些排名对我们而言，更多的是一种相对科学的参考依据，其根据学术水平、国际声誉得出的结论，对我们也是一种提醒和鼓励，鞭策我们向符合国民对高等教育所需求和期望的方向发展。

当然，中等大小的大学在以学校规模占权重优势的学校排名中，一向比较难以出头。然而，材料科学、环境和生态学、机械工程、数学、化学和化学工程等学科，仍然是我们的王牌专业，一直保持在全球排名前 200 左右的学科领域，其中有一些一度位于全球前 100 名。在艺术教育领域，阿威罗大学的设计专业排名也很靠前，目前吸引了较多的东亚地区学生前来进行课程观摩体验。

在国际排名中，我们还很重视大学在国际注册专利和国际学生满意度上的表现，这些成果背后是高质量的学术科研出版和被引用数据，意味着真正的学术价值。不夸张地说，我们的国际化水平（国际学生来自 80 个国家，占学生总数的 12%）、教育教学质量以及与国际机构之间的广泛合作，都为陆续提升大学的国际排名和国际声誉，作出了应有的努力和贡献。

四、领跑葡萄牙创新型、研究型高校改革之路

作为一所年轻的大学，阿威罗大学对自身如何定位？大学的长远规划都有哪些？

马努埃尔：40 多年以来，我们始终坚持以学科综合、紧密团结、学术优异、开放包容和充满魅力来定义和发展这所大学，立志使其成为一所葡萄牙的领先大学，并在部分专业领域享誉欧洲。我们寻求在所有活动中，都具有国际视野，我们希望阿威罗大学被认为是一所创新型、研究型

的大学。

尽管我们三分之二的博士生都在从事理科或工程学专业的学习和研究，但我们一直都非常重视社会科学、人文科学和艺术教育的同步发展。因为如果没有这些学科的兼容并蓄，我们无法自如应对当今社会的许多挑战。

在葡萄牙，我们还以拥有最美丽、最艺术的校园与最庞大的学生宿舍区（共有1100张床位）为豪。学校集中展示了葡萄牙现代建筑艺术的最高风格（葡萄牙所有的建筑风格都有），这些建筑现在成了这座城市宏伟的建筑遗产中重要的构成部分。这些，加上葡萄牙舒适怡人的自然气候，校园周围的自然风光以及我们崇尚自由的风格设置，共同形成了优秀的工作、学习和生活环境，得到了教师和学生们的广泛认可。

未来，我们计划集中学校的优势，加强各项活动中的国际特色，加深与区域间和国际间以及业界的多元合作，争取对本国的经济和社会作出更多的贡献。未来，我们的一项首要工作是要实现教学和学习方式的现代化与信息化。

21世纪是信息化的时代，信息化正在对教育的发展和变革产生着深远的影响。您刚才也提到了要实现教学方式的信息化，请您具体来谈一谈这个方面。

马努埃尔：我们校园位于葡萄牙电信公司（Portugal Telecom）附近，而且电子通信又是我们的第一个学位学科，因此，信息科技是且始终是我们大学基因的重要部分。

葡萄牙的教育技术规划是一项全面的国家计划，于2007年由教育部部长理事会决议通过，该规划进一步肯定了《里斯本战略》（*Lisbon Strategy*）和《葡萄牙国家战略规划》（*Portugal's Stragegic National Plan*）对"现代化"教育和ICT融入社会的目标。

就阿威罗大学来讲，我们目前已在讲授和开发各种层级的通信新技术，并致力于研究将信息技术用于教育发展的新模式。当下，我们投入了大量的精力在教育和培训的技术革新领域。我们在这个领域有两个大型研究组：电子通信学院以及电子工程和车载咨询系统学院（IEETA）——一种移动学习的终端。此外，与物联网课程相关的研发也在进行中。关于工业 4.0、智能绿色住宅、智慧城市，以及医疗应用等，都有大量研究组正在开展着充分的参与研究。特别值得一提的是，我们正在尝试努力将组织架构实体化，这已经成为葡萄牙高校改革中的先导力量。

五、产学研协同合作，多举措形成集成科技平台

产学研结合作为现代大学与社会发展结合和互动的重要桥梁和形式，是现代大学制度创新的重要内容，阿威罗大学在此方面有何建树？

马努埃尔： 诚然，通过大学的教学与研发成果，转化为人类社会发展进步所需要的高精尖技术或社会综合服务能力，形成全新的产业化发展模式，是现代大学不可或缺的社会责任之一。

在产学研结合方面，大学已设立了科技转化办公室，专门负责教授的科研成果与专门的企业之间实现耦合对接。目前，我们与葡萄牙主要的大型企业之间，如博世、诺基亚、Navigator（欧洲的主要纸张制造商）、ALTICE（葡萄牙原通信公司），建立了几个大型的合作研发项目，确立了稳固的合作伙伴关系，与业界直接签订的合同已占学校总收入的12%。我们还与企业和其他机构合作，共同设立了短期职业教育学位课程，为企业的技术人员提供在职深造培训项目，同时为学生提供就业前的入厂实习。这些实习项目（约 1500 名学生正积极参与其中）为未来毕业生的求职提供了很好的机会，也为企业和学校之间的有效沟通开辟了途径。

我们还将本地区的企业孵化器和 11 个不同的区一一配对，为整个地区的企业孵化提供合作网络。在与企业建立了稳固的合作关系的基础上，阿威罗大学形成了一个多元化的集成科技平台，每一个都围绕一个特定的行业领域，比如海洋研究、神经科学研究、通信技术研究和零售管理等，

目的在于协助研究人员与外部世界实现有效沟通。我们还要进一步安装海事研发设施，并正在学校校园周边，与 18 个合作方一起建设科学创新公园，为学生和企业人员参与创新研发提供平台。

六、"一带一路"倡议下，抓住机遇，加强中葡教育合作

中国提出了新时期教育对外开放合作的新规划，同时也在推进"一带一路"倡议的过程中制定了教育方面的内容，您认为这对于中葡高等教育合作意味着什么？阿威罗大学会对此形势进行何种配合和回应？

马努埃尔：我们认为，中国政府提出的关于新时期教育对外开放合作的新规划，是一个非常积极且令人鼓舞的信号。因为在葡萄牙，这种教育开放合作取得了辉煌的成就，比如我们的欧洲大学继续教育网络（European Universities Continuing Education Network）、欧洲大学改革协议（European Consortium of Innovative Universities）、欧洲终身学习计划项目协议（European Lifelong Learning Program）、达芬奇协议（Leonardo da Vinci Program）、多语培训协议（Lingua Program）等，为阿威罗大学提供了非常有利的发展机遇。我相信，中国的教育也会在对外开放的进程中，取得新的长足发展。

自中国政府提出"一带一路"倡议以来，尽管中葡两国分别位于亚欧大陆的两端，但共同致力于为两国人民造福的愿望和初衷是一致的。在 2014 年以前，葡萄牙的媒体对中国的报道很少，一周一篇已属难得，使得葡萄牙国民对中国的了解很少。而在 2014 年以后，也就是习近平主席提出"一带一路"倡议之后，在葡萄牙几乎每天都能看到有关中国的最新报道，这些报道向葡萄牙以及其他葡语系国家，共同传递着中国友好的声音。

不管是中国的新时期教育对外开放合作的新规划，还是"一带一路"倡议中关于教育方面的设想，都完全符合中葡两国高等教育在多个方面深

化合作的愿望。在葡萄牙，中葡两国目前合作建有四所孔子学院，分别设于里斯本大学、米尼奥大学、阿威罗大学和科英布拉大学；一个孔子课堂，位于圣托马斯学院。通过我们学校的孔子学院，阿威罗大学正在运行着一个中文教育项目，在阿威罗及其周围的城镇，约1300名9—15岁的学生参与这个项目并从中受益。

在阿威罗大学，除了孔子课堂在向学生提供汉语及中国文化方面的课程以外，我们还设立了全葡萄牙的第一个中国学研究生学位课程，该课程旨在促进葡萄牙的青年一代，加强对中国的语言、文化、经济、政治、社会等方面的学习和研究。还有，我们在语言和商务关系学位课程中，率先采用中文授课课程（该课程在研究生学位的第一阶段和第二阶段都有开设），我们向所有学员推荐中文，认为它代表着开放和自由的可能性。

我们的国际教育项目同样在和中国的多个大学之间建立起了合作关系。在大连外国语大学，就有专门针对葡萄牙开设的国际班课程，而葡方执行该合作项目的，就是阿威罗大学和里斯本大学。我们非常欢迎优秀的中国高中毕业生，能够通过这个项目，学习葡萄牙语，进而能到葡萄牙我们的校本部来深造，我们所有的专业课程，都能够向中国学生开放。这个项目重在培养一批能够在葡萄牙语系国家，用葡萄牙语讲述葡中友好、和谐发展理念的新一代人才，进而促进葡中两国于未来在多个领域能够深化合作。目前我们校园里有数量众多的中国学生，多数在学习葡语和相关专业课程，他们都是通过类似的国际合作的项目来到这里的。

所以，总的来说，我们认为在"一带一路"倡议下，我们和中国以及"一带一路"沿线的相关国家一样，获得了稳定、创新的发展与合作环境，得以与中国建立起更加稳固密切的合作关系。为此，我们欢迎更多中国的学生能够来学习葡语，也学习我们其他的领先学科；同时，我们也乐于推荐我们的学生，能够到中国来交流学习。他们优先选择了我们，我们则愿意提供给他们优秀的、友好的、美丽的、放松的学习环境，帮助他们走向成功。

如何在跨境合作中谋求创新发展

——访吉尔吉斯斯坦国立伊萨诺夫建筑交通工程大学校长阿布德
卡雷科夫·阿吉木别克·阿布德卡雷科维奇

吉尔吉斯斯坦的高等教育发轫于 20 世纪 30 年代。1933 年，吉国历史上的第一所高等院校——吉尔吉斯兽医学院得以建立，后改名为农学院。从立国之初，吉尔吉斯斯坦就重视高等教育的发展，认为只有高等教育发展了，才能够实现国家综合实力的全面提升，促进国家经济持续发展。高等教育能够为国家培养一批又一批的专业人才，这些人才可以在不同的领域发挥作用，共同实现国家综合实力的快速发展，保证国家在未来的发展中有更美好的前景。在吉尔吉斯斯坦的 52 所高校中，国立伊萨诺夫建筑交通工程大学是一所既年轻又"古老"的大学，1954 年作为苏联最著名理工学院的分院，是一所综合性的技术学院。1992 年国家独立后升格为一所独立大学。这所大学以其多元化的跨境合作与人才培养模式，吸引了我们的目光。为此，我们对其校长阿布德卡雷科夫·阿吉木别克·阿布德卡雷科维奇（Abdykalykov Akymbek Abdykalykovich）教授进行了专访。

一、国立伊萨诺夫建筑交通工程大学是一所既年轻又"古老"的大学

尊敬的阿布德卡雷科夫·阿吉木别克·阿布德卡雷科维奇（以下简称"阿布德卡雷科夫"）校长，您好！很高兴您能接受我们的专访。贵校成立于1992年，当时正值苏联解体初期，独立后的吉尔吉斯斯坦成立这样一所高校的目的何在？

阿布德卡雷科夫：是的，您说得没错，我们学校被称为"大学"的历史确实开始于1992年。从当年起，我们学校就成为一所真正独立的、能够为国家多个经济领域培育工程师和管理人员以及建筑师的国立大学。在刚刚过去的2017年，我们为此还举办了"庆祝学校成为独立大学"的25周年纪念日。

然而，针对您的问题，我还想用一个时间轴的方式来比较全面地展现我校发展的历史性时间。追溯这所学校的前身，最早要从1954年开始，当时，这是第一所综合性的技术学院，是苏联最著名理工学院的一个分院，这个身份一直持续到了1992年。自1992年以来，我校成为独立后的吉尔吉斯斯坦的国立大学之一，以培养专业技术型人才为主。1998年以后，我校被称为吉尔吉斯斯坦国立伊萨诺夫建筑交通工程大学，那西尔金·伊萨诺夫是吉尔吉斯斯坦独立后的第一任总理，用他的名字对大学命名，于2008年正式通过国家教育法的同意和确认，此后将会一直沿用。

国立伊萨诺夫建筑交通工程大学的办学宗旨，即是我校的使命，我想提醒大家注意如下要点：

——培育在劳动力市场上有需求的和有竞争力的学士、硕士、科学和高等科教人才（主要指副博士和博士）；

——履行我校各级负责人的领导任务和个人责任，确保每个职工明确其使命、职权、义务和责任；

——与国内外教育机构、科研院所、经济实体以及相关公私企业建

立互利的伙伴关系；

——不断提高教育质量管理体系的效率，达到更佳效果。

这些要点将是促进国立伊萨诺夫建筑交通工程大学快速发展的助推器，需要我和我的同事们共同遵守和履行。

二、高校毕业生需要创造性的思维能力，善于发现新知识，能够快速解决相关问题

贵校在长期的办学实践中形成了哪些特色专业，专业设置是基于哪些原则？致力于培养什么规格的学生？

阿布德卡雷科夫：国立伊萨诺夫建筑交通工程大学目前提供有 60 个专业和 38 个高等学位培养方向；现有在读学生 1 万多名，含本科生、硕士、研究生（指副博士）和博士。学校建有 9 个大型研究所，在 49 个培训和研究实验室开展日常教学活动。在硬件方面，学校配有 1800 多台计算机，42 个多媒体教室，有超过 70 个的"Teleteaching"（教学电视），可以随时与德国以及其他国家的课堂实现实时 / 异时交流互动。

大学还尤为重视校企合作，与企业签署了 350 份合同，学生可额外掌握 22 种技术类实训。学生营销和职业发展中心的成功运作，使每年超过 80% 的毕业生得到了大企业的雇用。

我们以职业培训为基础的办学原则旨在取得积极的培训成果，通过对毕业生进行系统的培训，使其在标准化的、多元的工作情况中掌握知识，提高技能，培养品德。毕业生必须具备创造性的思维能力，善于发现新知识，能够快速解决相关问题。基于此，我校根据《博洛尼亚宣言》的原则，继续实施欧洲三级教育系统的实践性培训课程，与俄罗斯、德国、奥地利、印度、瑞典、荷兰、爱沙尼亚、法国、英国、美国、中国、泰国、约旦、土耳其、韩国等大学和科学中心签订了长期合作协议。同时，我校还是以下国际性机构的组织成员：欧亚—太平洋大学联盟成员、独联

体和波罗的海国家建筑大学国际协会成员、上海合作组织（上合组织）成员国大学成员。此外，学校还加入了国际建筑学校协会、欧洲建筑学校协会、世界级大学"新丝绸之路"联盟执行委员会、亚洲大学协会、中亚和吉尔吉斯斯坦技术大学协会等跨区域合作机构。

吉尔吉斯斯坦国立伊萨诺夫建筑交通工程大学还是以下国际项目的执行方：11 个 TEMPUS 项目（TEMPUS 项目为欧盟教育项目之一，于1990 年发起，主要面向经济体制和政治体制转形国家开展，促进巴尔干地区国家以及东欧和中亚地区国家高等教育发展改革，以便使这些转型国家的教育能够适应市场经济需要）、4 个 "Erasmus +" 项目（欧盟教育项目之一，旨在推动欧洲与发展中国家的高等教育机构间的合作，以促进人才、知识以及技能等方面的交流）、4 个 Erasmus Mundus 项目 [即伊拉斯谟世界之窗奖学金计划，该计划是在高等教育领域的一个合作性的学生交流项目，支持高质量的欧洲研究生课程，提供优厚的奖学金。既面向欧洲学生，也面向第三国（欧洲以外）的留学生和访问学者]、2 个欧洲委员会 TACIS 项目（Technical Assistance to the Commonwealth of Independent States，即对独立国家联合体和格鲁吉亚的技术援助方案）、5 个 DAAD 项目（Deutscher Akademischer Austausch Dienst，即德国学术交流中心项目，主要任务是扶持德国和其他国家大学生、科学家的交换项目以及国际科研项目，并以此来促进德国大学同国外大学的联系）和 3 个德国大众基金项目，此外还有奥地利政府的 3 个项目，2 个印度项目，以及美国、新西兰和其他国家的项目。

目前，我校与奥地利萨尔茨堡大学一起联合培养地理信息技术研究生，并进行英文授课。在此项目框架内的毕业生，将获得奥地利和吉尔吉斯斯坦两所大学的双文凭。我校还拥有吉尔吉斯斯坦——德国应用信息学学院、奥地利中央地理科学中心、吉尔吉斯斯坦——瑞典工业生态中心和欧洲技术转让中心的联合培养计划。在 2007 年，印度政府向吉尔吉斯斯坦国立伊萨诺夫建筑交通工程大学提供了金额为 100 万美元的教育津贴，用来创建一个印度—吉尔吉斯斯坦信息技术中心。吉尔吉斯斯坦国立伊萨诺夫建筑交通工程大学还取得了另一项成就——印度政府决定于2016年12月在我校设立教育津贴，金额为25万美元。德国大众基金会资助的欧洲技术转让中心对使用本地材料（砖、泥、条木和框架）建造的住宅模型进行了专项抗震试验。这些独特的研究是在中亚唯一的地震平台上进行的，该平台建于吉尔吉斯斯坦国立伊萨诺夫建筑交通工程大学地震建设科研所的科学实验室，在中亚国家首屈一指。在2017年，我校两名年轻的科学家在国家级的比赛中获胜并获得了15万索姆的国家津贴，用于奖励他们进行科研创新工作。在过去的几年里，我校吸引的教育投资总量已经超过了1200万欧元。

2017年，吉尔吉斯斯坦国立伊萨诺夫建筑交通工程大学在欧洲标准的ARES世界大学质量评估排名体系中，获得"BBB+"证书，该证书的价值为"教学质量、科学活动、毕业生就业情况均为优秀"。2018年，根据国际独立认可和评级机构认定的结果，吉尔吉斯斯坦国立伊萨诺夫建筑交通工程大学在吉尔吉斯斯坦国内开设"建筑施工"和"运输技术和工艺"方向的高等教育机构中名列第一。我校的发展成就在国家层面也获得过荣誉：2015年，吉尔吉斯斯坦国立伊萨诺夫建筑交通工程大学被授予了吉尔吉斯斯坦政府著名的"萨帕特"质量奖。另外，欧洲评定机构ASIIN（德国）对我校在"信息学"方向培养学士方面的国际认可优质证书延期至2019年。欧洲国际工程教育标准认证网络ENAEE和EAAR的对我校"工业和民用建设"学士培养项目的国际认证——欧洲—ACE学士学位证书延期至2020年。

三、未来社会需要的是对人才多元化、多重度的检验

作为工科院校的校长，您认为工科院校在办学方面需要注意哪些方面？您认为国际上的工程协议（如《华盛顿协议》）有何意义？

阿布德卡雷科夫：无论何种类型院校在办学过程中都需要对人才培养方面加以重视。未来社会需要的是对人才的多元化、多重度检验。学生只有具备了这样的能力，才能够迅速适应变化的世界，表现出对创新和更高技能的渴望，以及为了成功进行综合的实践，最终获得工作专长，从而造就一个合格的职业人士。我校具备培养高素质人才的条件，我们的学生从第一天起就被赋予了在知识的海洋中钻研工程技术理论和实践的机会，这是培养学士、硕士和研究生（副博士）的第一步，也是最为关键的一步。

在国际上的工程协议方面，我校目前有受益对象为学生、雇员和教师等层面的双向学术流动协议，流动模式既可以是来我校学习，也可以派遣我校的学生去外国大学学习。在此情况上，我校实现了互相认可的培养方案、经验交流和联合科研工作，通过工程教育认证体系和工程教育标准，初步实现了工程学位的互认和人才的跨国成长。而你们比较熟悉的《华盛顿协议》是目前国际上最具权威性和影响力的工程教育互认协议之一，其宗旨是通过多边认可工程教育资格，促进工程学位互认和工程技术人员的国际流动。但是我们学校目前还未加入这个国际工程协议。

当今时代对工程师素质的要求越来越高，需要在培养过硬质量工程师的同时，还要培养他们在美学等方面的能力。您认为应该如何培养这样的工程师？

阿布德卡雷科夫：诚如您所说，随着当今社会的快速发展和人民消费水平的不断提高，确实对培养高水平的工程技术人员提出了新的要求，这些要求包括工程基础扎实、技术过硬、具有创新思维和美学鉴赏能力。为此，培养这样的学生，就必须要求他们做到全面发展，掌握丰富的知识和技能；能够规划、设计和运行工程设施；能独立地提高自身知识，并能够

在实践中加以应用。

您是怎样认识高等教育国际化的？在国际化办学方面，您所在的高校和中国有着什么样的合作？

阿布德卡雷科夫：大学的多元国际活动旨在促进它在世界信息空间中，在现代教育、科学、专家和文化中心建设等领域，培养出具有竞争力、受市场欢迎的毕业生。

目前，吉尔吉斯斯坦国立伊萨诺夫建筑交通工程大学与世界上的113所大学之间建立了合作伙伴关系。其中，我校与欧洲联盟、俄罗斯、中亚、中国、印度、土耳其和韩国大学之间的合作关系最为密切。在"上海合作组织网络大学"项目中，包括有中国、俄罗斯、哈萨克斯坦、吉尔吉斯斯坦、塔吉克斯坦的83所大学，其中吉尔吉斯斯坦国立伊萨诺夫建筑交通工程大学是实施IT教育的国家协调员。

在与中国大学的国际合作框架内，我校与西安交通大学签署了合作协议，共同培养"管理"和"经济"方向"2+2""3+1""1+1"项目的学士和硕士。令人欣慰的是，2018年在西安交通大学毕业了该项目的第一批8名本科生。2018年5月10日，吉尔吉斯斯坦国立伊萨诺夫建筑交通工程大学与中国西安的长安大学签署了一项类似的合作协议，内容是：通过实施教育项目，共同培养"物流工程"方向的学士、硕士和博士。2018年5月12日，我在"新丝绸之路大学联盟"（UANSR）校长论坛上全方位地介绍了吉尔吉斯斯坦，来自世界各地的100多所大学的代表出席了论坛，共同讨论了建立和资助联合科学与教育项目的中心或专门机构等问题。此论坛上，在我的倡议下，与会者还讨论了丝绸之路教育空间整合的专题问题，以及在"一带一路"概念框架内实现国际教育多元合作项目的远景计划。

2018年5月10日到13日，我还代表学校参加了"国际级世界大学博览会（World—Class Universities Expo 2018）"，并在UANSR大学联盟的执行委员会会议上展示了吉尔吉斯斯坦国立伊萨诺夫建筑交通工程大学的创新创意展品。

吉尔吉斯斯坦国立伊萨诺夫交通建筑工程大学和中国路桥公司集团在道路建设人员培训方面有着长期的合作：我校学生可以优先在施工项目过程中进行仿真实践，路桥集团也是我校的主要国际赞助商；我校的毕业生能够在该公司直接就业，从事建筑项目工程作业；路桥集团还为我校配备了2个实验室和1个电脑机房。我校与中国高等院校及企业之间的合作成果，目前是吉尔吉斯斯坦全国范围内最为丰硕和有目共睹的，为此，我们希望能与更多的中国大学之间建立起务实的合作关系。

四、大学应为"一带一路"建设培育出更多具备实用性工程技术的人才，共创丝路繁荣

自中国提出"一带一路"倡议以来，在教育领域也掀起了"一带一路"合作的相关活动。您认为"一带一路"高等教育合作应该着眼于哪些方面？具体就吉尔吉斯斯坦而言，您认为关键在哪里？

阿布德卡雷科夫：2015年5月，吉尔吉斯斯坦国立伊萨诺夫建筑交通工程大学在中国西安加入了在中国"一带一路"倡议框架下创建的新的世界高校联盟。基于该联盟开展的积极合作，我们成功开设了吉尔吉斯斯坦—中国"新丝绸之路"国际研究所创新经济学与管理学中心。该中心于2015年12月正式揭幕，西安交通大学副校长席光教授、管理学院院长黄伟教授、管理学院博士生基什托巴耶娃出席了揭幕仪式。

吉尔吉斯斯坦国立伊萨诺夫建筑交通工程大学与西安交通大学共同致力的"管理"和"经济"学士、硕士培养项目（培养模式有"2+2""3+1""1+1"三种方式）。在该项目框架下，西安交通大学已于2016年接收了我校"管理和工程学"专业的8个本科毕业生进行硕士阶段的培养，2017年又接收了4人，所有培养费用由教育津贴进行补助（免学费、每月发放1700—3000元的津贴）。

2016 年 4 月 7—10 日，恰逢西安交通大学成立 120 周年庆典之际，吉尔吉斯斯坦国立伊萨诺夫建筑交通工程大学被纳入"新丝绸之路大学联盟"（UANSR）执行委员会。该执行委员会成员仅包括 150 余所世界级大学中的 17 所大学，其中就有剑桥大学和牛津大学。我很高兴能当选为该联盟执行委员会的成员之一。

我们还在"一带一路"框架内开展了建设智慧型丝绸之路的工作，在各所大学举办各种科研和科学实用的会议、讨论会、研讨会、圆桌会议，出版了许多联合科研文章，举办了嘉宾讲座等；开展了联合科学研究，实现了许多国际大型研究项目的跨境合作。此外，还有联合培养国际学士和硕士项目，创办联合学院、教育和研究中心等计划。

从长远来看，吉尔吉斯斯坦国立伊萨诺夫建筑交通工程大学计划在中国"一带一路"框架下，继续扩大与其他中国大学、研究中心、企业的合作伙伴关系，着眼于学生的实践能力培养和综合素养提升，为"一带一路"建设培育出更多的实用性工程技术人才，共创丝路繁荣。我想，这是我校最为期盼和希冀的盛世之举。

以科技创新开启"一带一路"现代农业合作新篇章

——访吉尔吉斯斯坦斯克里亚宾国立农业大学校长努尔扎泽耶夫·热斯别克·扎乐德科维奇

在苏联历史上,康斯坦丁·伊万诺维奇·斯克里亚宾是为数不多的先后获得苏联"社会主义劳动英雄"称号、六次列宁勋章和两次斯大林奖章的科学家之一。作为国际蠕虫学的创始人,斯克里亚宾在蠕虫病的形态学、生物学、系统学、生态学、动物流行病学等研究领域,取得了突出成果,共发现并描述了 200 多种新型蠕虫,为 120 种寄生虫提供了理论依据,并引入了补充和储存寄主(寄生虫所在机体)、中转寄生、共寄生现象、生物源性蠕虫病、土源性蠕虫病等科学概念。为纪念和表彰他的伟大功绩,苏联政府于 1945 年用他的名字命名了吉尔吉斯斯坦国立农业大学,为这所在费尔干纳盆地建校历史最悠久的高等学府再增新誉。作为吉尔吉斯斯坦索隆拜·热恩别科夫先生的母校,国立农业大学肩负着以科技创新开启和参与中吉两国在"一带一路"框架下展开现代农业深度合作的重要使命。一直以来,该校注重用科技手段来促进农业改革,努力研发改进农作物和农畜新品种,以及从事疫苗、生物制剂等方面的开发和研究,先后荣获了 43 项专利和版权证书,为吉国农业产业的发展和变革作出了突出的贡献。为进一步了解这所农业大学的发展情况及在农业科技领域的创新成果,我们专访了校长努尔扎泽耶夫·热斯别克·扎乐德科维奇(Nurgaziev Rysbek Zaryldykovich)。

一、艰难困苦求发展，砥砺奋进育人才

尊敬的努尔扎泽耶夫·热斯别克·扎乐德科维奇（以下简称"努尔扎泽耶夫"）教授您好，感谢您在百忙之中接受我刊的采访。作为吉尔吉斯共和国唯一的农业大学，贵校是如何定位的？致力于培养什么样的农业人才？请您结合贵国农业产业的发展情况，说明一下目前对于农业人才的需求呈现怎样的特点和趋势。

努尔扎泽耶夫：首先非常感谢贵刊对我校的专门采访。斯克里亚宾国立农业大学是 1933 年创立的国立高等教育学府，迄今为止，已有 85 年的建校历史，是吉尔吉斯共和国历史上最悠久的高等学府之一，同时也是吉尔吉斯斯坦首都比什凯克的一流大学。

目前，我校设有 19 个本科专业，其中包括：兽医学、生物技术、畜牧学、渔业、农产品生产加工技术、农学、园林设计、农业工程学、电力电气工程学、生态环境管理学、环境工程和水利、经济学、管理学、物流管理、职业培训、测量和遥感技术、土地规划、建筑工程（水利工程）和应用信息技术。15 个研究生专业：农学、农业工程学、环境工程和水利、经济学、管理学、畜牧学、农产品生产加工技术、测量和遥感技术、生物技术、园林设计、计量认证和标准化、物流管理、土地规划、生态环境管理学、建筑工程（水利工程）。

可以说，我校的院系设置、强大的人力资源、丰富的教学组织及日益完善的技术创新、教育与科学活动的持续一体化、广泛的国际合作、现代化的材料技术基础等条件，满足了国家对具有国际化水准的高级专家的培养需求。

我校院系的设立及人才培养计划，和国家对农业产业的需求及发展紧密相连。农业是吉尔吉斯斯坦国民经济的重要组成部分，占 GDP 的 14% 左右。农村居民的占比超过全国总人口的 65%。近年来，正在进行的农业土地改革方面取得了重大进展，保证了农业总产值年均增长 6%。

2001 年，90% 以上的农产品来自私有企业，而私人农场经济的比例就超过了 44%。全国建立了 24.12 万个农场经济，约 600 个各类组织及协会，其中包括 462 个合作社。

由于市场关系的现有成分形成了新的经济环境，生产关系也发生了根本性的变化，因此，农业部门对专业人才的需求也相应发生了变化。现如今，我国更需要的是掌握广泛农业知识的专业型人才和在各个农业分支科学中的高级专家，这也成为我们学校人才培养的主要任务之一。

在 20 世纪 30 年代，这个年轻的国家经历了一段艰难的时期。农畜数量急剧减少，自然增长率勉强保证了农场农民的自身需求。在这种情况下，就迫切需要一个科学合理的方案来解决与农业生产相关的一系列艰巨任务，需要接受过高等教育的专业人才来指导和参与农业生产。这就是1931 年畜牧兽医研究院（我校前身）成立的原因，其旨在培养畜牧兽医领域的高学历专家人才。

农业的持续发展，尤其是农作物和畜牧业的发展，迫切需要解决提高土地利用率和农场生产力的问题，而这只能由农学专家来解决。因此，1938 年，畜牧兽医研究院开设了农学系，专门培养农学专家以及饲料经营学专家。同年，畜牧兽医研究院更名为吉尔吉斯斯坦农业学院。在之后的 10 年里，随着国民经济的不断发展，又陆续增设了水利系和农业机械系。1970 年，为了解决农工联合体的迅速发展所带来的有关经济学问题，学院新成立了经济系和管理系。现如今，经济系和信息系是我校最重要的人才培养单位，为农业领域培养了一批又一批优秀的经济学家、管理学家、营销专家、审计师、金融家以及银行家。很多担任领导职务的我校毕业生，为农工联合体的建设和发展作出了重大贡献，其中最杰出的代表便是索隆拜·热恩别科夫先生。

二、重视科技创新，服务农业发展

请问在服务地方农牧业等经济方面，贵校是如何做的？并请您重点介绍一下贵校的农业产业园。

努尔扎泽耶夫：从服务地方农牧业发展的角度来看，我校主要以促进农工联合体和其他经济领域的可持续发展为目标，为国家培养高级专家和专门的技术类人才。大学教育质量的重要指标是社会对毕业生的需求度，以及毕业生快速的职业化发展。在吉尔吉斯斯坦的农工联合企业中，有超过80%的专家和管理人员为我校的毕业生，这些成果的取得与我校向来重视对毕业生进行就业指导息息相关。通过对毕业生就业情况的跟踪分析，我们建立了大学2016—2017年毕业生数据库，以及1990—2016年我校前200名优秀毕业生的数据库。这些数据表明：我校为国家农牧业等经济领域的发展培育了大量的杰出人才。

同时，为了更好地服务地方农牧业，我校成功完成了由国际农业发展基金资助的"畜牧业发展及市场"项目。通过该项目，来自全国各地的兽医以及生物技术专业的108名学生接受了完整的培训。根据项目协定，完成培训后，毕业生将被派回原地工作，更好地服务于当地的农牧业经济。

"民以食为天，国以农为本。"自古以来，农业、农村、农民是关乎国家发展全局的大事。随着社会经济和现代科学技术的不断发展，农业现代化建设的进程及农村劳动力转移的加快，传统农业生产方式和现代农业发展的要求难免相悖。国家农业科技园区的产生，对解决我国的农业问题，以及推动农业结构的调整和增加农民收入，都会起到非常重要的作用。天山与费尔干纳盆地的地形地貌，决定了农业是我国经济的主要产业支柱，因此，农业发展对国家生产总值额的增加有着重要的影响。为此，进行农业产业改革势在必行，增强农业领域的国际合作势在必行。2012年，吉尔吉斯共和国与中华人民共和国签署的《关于创办吉尔吉斯斯坦国立农业大学农业科技园的协议》，旨在培训农场主及农产品生产商并将创新技术引入农业生产。此外，我们与中国新疆生产建设兵团联合成立的"中吉农业合作服务公司"，合作建设了"农作物良种繁育及制种基地"和"现代农业技术示范区"，主要进行品种对比试验、品种登记事宜。2018年6月，索隆拜·热恩别科夫总统在对中国进行正式访问期间，两国政府又签署了关于无偿资助的双边协议，其中就包括"创建科学创新型农业科技园"，我校代表团出席了此次访问活动。

乡村发展的关键在于农村、农民的现代化，根本要靠科技进步和创新。农业科技园区正是加快农业科技创新创业和成果转移转化的重要平台，也是促进农业产业升级和结构调整的载体。该项目的实施显著促进了经济增长、区域发展，并提高了农民的社会福利。目前，吉尔吉斯斯坦—中国科技园的建设工作正在积极开展，这将加强中吉在教育、科学和工业等各领域之间的整合，并将创新技术推广应用至农业领域。吉尔吉斯斯坦国立农业大学"创新型农业科技园"项目已顺利通过国家提案。

我校希望通过这个项目，争取构建以国家农业科技园区为引领，以各地农业科技园区为基础的层次分明、功能互补、特色鲜明、创新发展的农业科技园区体系。把园区建设成为农业科技成果培育与转移转化的创新高地，农业高新技术产业及其服务业集聚的核心载体，成为城镇村融合发展与农村综合改革的示范典型。

吉尔吉斯斯坦近年在农业方面有何改革举措，贵校作为农业大学是如何配合和落实政府政策的？比如如何配合国家的产业健康发展。

努尔扎泽耶夫：我国政府历来十分关心农业发展状况，并进行了一系列改革。但是，如果不涉及问题的根本，相应措施就不可能从根本上改变农业现状。在苏联时期，农业是最重要的和动态发展的产业之一，占吉尔吉斯苏维埃社会主义共和国经济总量的38%。在576个集体农庄和国营农场中，大多数（超过80%）在1991年以前是盈利的，几乎完全满足吉国的食品供给。农产品加工水平达到50%。食品工业包括肉类加工、乳制品、糖和面包加工、糖果厂、罐头厂等，共有 700 多家企业。苏联解体后，集体农场解散。迄今为止，吉国有 33.5 万个农场，平均面积为 2.5 公顷。绝大多数土地所有者都不知道土地的科学种植规则，他们在技术、肥料选取、种子选择方面缺乏经验。农机的物理磨损超过 90%，而农民又无法购买新农机。2017 年，国家只购买了 363 台农业设备。

政府在几年前还实施过一些金融支持措施，即发放负担得起的贷款计划。最近，又公布了下一阶段的贷款，在这期间将发行 3 年期贷款，年利率为 6%—10%。但只有一小部分农民可以使用贷款，因此，在 2017 年，只有 1.5 万农民获得贷款。

鉴于上述情况，总统索隆拜·热恩别科夫就将经济发展列为优先事项，特别关注农业改革。2018 年 1 月，总统签署了一项"宣布 2018 年为区域发展年"的法令。该法令旨在"为各地区的支持政策和社会经济发展政策的根本性变革奠定基础，为每一项政策制定长期计划"。几个月前，政府宣告了农业部的改革计划，要求该部员工的职责主要是监测农业生产者的情况，并给出建议。例如，2018 年农民们被建议种植甜菜。至于为农民提供种子、化肥、贷款、设备、组织加工业等真正重要的工作，农业部大都与相关机构保持间接关系。

我认为，解决当前处境不利形势下的农业发展问题，第一步应该是恢复集体农庄。迄今为止，在吉尔吉斯斯坦共有 420 个合作社，其大多数指标都高于小农场。例如，合作社中母鸡的产蛋量是个体农场中鸡蛋产量的两倍多，而牛奶产量则高出四分之一。另外一项积极的政策是，政府将建议免除合作社的所得税、农产品供应增值税和固定资产进口增值税。

同时，吉尔吉斯斯坦已采取了一系列重大措施来提高区域发展潜力，特别是在发展基础设施方面，着力实施高速公路、电网、教育机构的建设和改造。改造任务之一——确保每个居民点能够享用健康安全的饮用水。改善公众信息共享，其中包括通过数字电视和互联网实现居民信息共享。借助数字技术，居民足不出户就可以享受到由国家提供的服务，这只是第一步。

区域专业化已逐步开始建立。吉尔吉斯共和国政府于 2017 年通过的《2018—2022 年地区政策构想》，旨在吉尔吉斯斯坦 20 个试点城市建立示范生长中心，中心将改善资金筹措并为农业生产者提供优待。2017—2026 年国家灌溉发展计划已获批。我们学校积极响应国家关于农业改革的政策，无论是学科设置还是人才培养，都以国家需要为前提。我们筹建了自己的科研中心，为国家农业产业的发展和改革提供杰出的人才及先进的技术。

三、群英荟萃显效，科研成果卓越

在科研中心建设方面，贵校取得了哪些突破？研究人员的主要来源是哪里？

努尔扎泽耶夫：事实上，今天的农业大学已有资格被称为国家的农业科研中心，并已得到国际科学界的认可。我校专家学者及下属科研所正在努力研发改进农作物和农畜新品种，以及从事疫苗、生物制剂等方面的开发和研究。在过去的 5 年中，学校已荣获 43 项专利和版权证书。现在，我校专家和教师团队正致力于吉尔吉斯斯坦科学发展重要领域的科研工作，如粮食安全、自然资源合理利用、旅游和物流运输系统等，其中包括 16 个国家预算拨款项目。

正因在农业科学技术领域的原创性研发，2016 年，我校专家及科研人员荣获吉尔吉斯共和国国家科技奖。

为了更好地为我国农业发展和改革提供先进的技术支持，我校下属设立有 4 个独立研究所：兽医综合科研所、畜牧综合科研所、农耕综合科研所、灌溉综合科研所。学校及上述 4 个科研所是创新技术研发及传播的中心，对确保国家粮食和生物安全给予了极大的关注、支持和保障。

另外，我校科研杂志《吉尔吉斯斯坦斯克里亚宾国立农业大学学报》

定期出刊，内容包括教学教研方法、科研成果发布、成果转化及各类专著。自 2014 年以来，我校学报被列入俄罗斯社会科学引文索引，作为同行评审和索引期刊。自注册俄罗斯社会科学引文索引起，已发表 587 篇科研文章。

参与主持和实施上述科研项目和试验研究的人员，主要来自我校的师资队伍，其中包括 15 名博士，33 名副博士，52 名教师、研究生和技术人员。为培养 30 个专业领域的博士和副博士，我校专门设有一个研究生院和博士研究生院，并设有 5 个论文评审委员会，专门负责博士和硕士论文的答辩工作。多年来，共培养了 6 万多名专业人士，服务于国家不同的农工部门，为国家的发展作出了巨大贡献。

四、重视国际合作，融入"一带一路"建设

请您谈谈贵校的发展历史及学校未来的规划和愿景。

努尔扎泽耶夫：首先，我来简略谈谈学校的发展史。关于我校成立的起源，最早要上溯到 20 世纪 30 年代。当时，吉尔吉斯斯坦国内正发生着变革。1931 年 1 月 30 日，吉尔吉斯苏维埃社会主义共和国农业人民委员会理事会提出了"关于成立兽医学院"的草案，两年后，即 1933 年 1 月 30 日，兽医学院正式成立，第一批学生共计 53 人。

85 年来，我校走过了相当辉煌的发展道路，为农工联合体培养了 6 万多名高级专家，为农工联合体的组建和发展作出了巨大的贡献。

自 1945 年 11 月起，我校获准以苏联杰出的科学家、院士康斯坦丁·伊万诺维奇·斯克里亚宾的名字命名。康斯坦丁·伊万诺维奇·斯克里亚宾是苏联著名的生物学家，国际蠕虫学的创始人，是苏联农业科学院和苏联医学科学院院士，先后获得苏联"社会主义劳动英雄"称号、六次列宁勋章和两次斯大林奖章。

2009 年，我校被授予"国立"的称号。今天，国立农业大学是吉尔

吉斯斯坦具有划时代意义的五所重点大学之一,它完全具备了为国家培养中高等农业经济领域教学科研人员和技术人才的能力。

关于我校未来的发展计划与愿景,我想说的是,多元化的国际合作,极大地促进了学校综合实力的提高,吉尔吉斯—德语、吉尔吉斯—汉语等院系开放,为学校的发展开拓了更加广阔的前景。未来,我校将深入开展汉语、英语、德语的研究与教学小组,并开设外语培训班,以便学生充分掌握外语知识。目前,吉尔吉斯斯坦—中国农业科技园区的建设工作正在积极开展,这将加强吉中在教育、科学和生产领域的一体化进程,并实现创新技术与农业生产的深度结合。

您认为农业大学的校长需要具备哪些特殊素质?

努尔扎泽耶夫:自 2010 年担任校长以来,作为兽医病毒学和分子生物学领域的专家,我继续致力于指导学生的学习与科学研究工作。8 年来,我指导的 5 位博士、16 位副博士顺利完成了毕业论文答辩,我和我的学生们还一起致力于开发和改进使用分子生物学技术诊断动物传染性病毒性疾病的工具和方法,开发和完善兽医制剂的生物技术。这是作为农业大学校长在专业技术领域应该具备的第一核心素质。

此外,作为农业大学校长,我将持之以恒地重视教育和科学领域的国际合作,积极融入世界教育体系,与许多国家的大学和科研中心、高等学府之间建立了双边关系。目前,我校是上海合作组织大学成员,是技术大学联盟、亚洲高等学府联盟、中亚及南高加索农业科研机构联盟、农业大学校长委员会的投资伙伴。这是作为当代农业大学校长应该具备的第二核心素质——国际化的视野。

贵校作为"一带一路"南南合作农业教育科技创新联盟成员,对联盟内部的合作交流有何期许?您认为"一带一路"为中吉高校合作带来了哪些机遇?

努尔扎泽耶夫:中国提出的"一带一路"倡议,对区域内的所有国家、国际社会和地区组织开放,这为中国与沿线国家的经济合作奠定了基础。

该政策的实施规模之宏大令人惊叹,因为它将占世界 GDP 约 55%、人口 70% 及探明能源 75% 的国家整合到了一起。我认为,参与"一带一路"共商共建,吉尔吉斯斯坦各领域都将受益匪浅,高校也不例外。

基于"一带一路"倡议,中国农业大学于 2018 年发起成立了"'一带一路'南南合作农业教育科技创新联盟",我希望在联盟框架范围内,能够有效地开展共享教育资源、培养专门人才工作。近年来,中国在农业现代化方面取得的技术突破已经领先世界,中国在解决"三农"问题方面的经验值得我们学习。为此,我们希望我们的青年一代能够在中国接受相关的高等教育,将这些宝贵的技术和经验引入到吉尔吉斯斯坦,为我们国家的农业现代化和农村综合改革提供智慧支持。还有,我们期望能在农业科技创新、农业政策对话与沟通等领域,多与中国及"一带一路"沿线国家实现共享,为共同建设繁荣美好的"新丝绸之路"贡献力量。

国家研究型大学的时代使命与创新发展

——访俄罗斯圣彼得堡彼得大帝理工大学副校长、国际教育学院院长克拉斯诺晓科夫·维克多·弗拉基米洛维奇

2019 年，俄罗斯圣彼得堡彼得大帝理工大学将隆重庆祝建校 120 周年。120 年以来，作为国家工程教育重镇的百年理工大学，彼得大帝理工大学对俄罗斯乃至全世界的科学、教育以及工业发展作出了突出贡献。在曾经参与这所大学创建并留校任教的人当中，德·伊·门捷列夫、阿·尼·克雷洛夫、阿·斯·波波夫、德·康·车尔诺夫等，都是当时世界级的著名学者，他们在大学创立了不同的科研学派。当前，面对新型工业发展环境以及俄罗斯对工程科技人才培养的紧迫需求，由国内领先的工程教育实践机构来系统地梳理和规划工程教育的顶层设计和创新实践，成为这所百年老校新的历史使命之一。2012 年，彼得大帝理工大学担纲完成了由俄罗斯工业贸易部发起、"西部战略研究中心"基金会支持的"俄联邦工业和技术远景展望"项目，其中的《现代工程教育》报告和《计算工程》报告，对工程人才的培养趋势、工程职业能力以及推广策略等工程教育领域的新思路和新举措进行了详细研究。这对于俄罗斯迎接未来工业发展、提供现代工业急需人才而言非常重要，将会促进一系列国家层面的战略决策得以通过，成为俄联邦工业贸易部和其他部门制定计划及规范文件的基础，推动了工业技术发展新型综合项目的启动。在国际合作方面，彼得大帝理工大学于 1950 年起，就开始培养外籍学生，于 1965 年开设了面向外籍学生的预科系，积极吸引全球最优秀的理工科学生在计算机与信息技术、纳米材料与纳米技术、生

态学及环境保护等领域进行学习，共同为"国家研究型大学"的学术地位贡献智慧。为了更加全面地了解这所国际名校的办学特色与创新发展成果，我们专访了学校副校长兼国际教育学院院长克拉斯诺晓科夫·维克多·弗拉基米洛维奇博士。

一、大学的更名是为了符合特定历史发展条件下的客观社会需求而做出的必要调整

尊敬的克拉斯诺晓科夫·维克多·弗拉基米洛维奇（以下简称"弗拉基米洛维奇"）博士您好，请先为我们介绍下贵校的发展历程。中国有很多更名的院校，贵校作为不断更名的学校，认为更名必须遵循哪些原则？

弗拉基米洛维奇：关于圣彼得堡彼得大帝理工大学的办学历史，最早可以追溯到 1899 年 2 月 19 日，当时，政府决定在圣彼得堡建立一所理工学院。经过为期 3 年的筹备后，"彼得大帝皇家工学院"于 1902 年 10 月 2 日举行了隆重的挂牌成立典礼，首批院系涵盖电气工程、冶金学、船舶建造以及经济学。不得不说的是，彼得大帝皇家工学院的创建，离不开门捷列夫（Менделеев Д. И., 1834—1907 年）、铁木辛柯（Тимошенко С. П., 1878—1972 年）等一批顶尖专家的大力支持，他们的加入使得这所大学在创建之初，就将办学目标定位在了"为俄罗斯培养具备最高水平的工程与经济专业人才"这一高度。

1918 年，学校更名为"圣彼得堡第一理工学院"。从 1923 年起，学校又以时任苏联中央执行委员会主席 М.И.加里宁的名字命名，称为"列宁格勒加里宁工学院"。第二次世界大战期间，列宁格勒加里宁工学院照常开展学生培养与科研工作，并在设计与发展军事装备的过程中取得了重大成果，杰出的代表包括航空设计师奥·康·安东诺夫、尼·尼·波里卡尔波夫，以及优秀坦克设计师米哈依尔·科什金。

1968 年，开创了俄罗斯工业机器人发展历史的特殊设计局在加里宁

工学院成立。今天，中央机器人技术与工程控制论科学研究与规划设计院是俄罗斯最大的科研中心之一，由俄罗斯科学院通信院士维·阿·罗博达主持工作。另外，学校的科研团队参与了地球上第一颗人造卫星的设计与发射工作，并将第一艘载人航天飞船"东方号"送进了太空。

20世纪70年代，学院科研团队在水能、动力机械制造、通用物理与核子物理等领域取得了巨大成果，其中以尤·谢·瓦西里耶夫、罗·阿·苏里斯、维·叶·戈兰特、列·涅伊曼、格·尼·亚历山德罗夫为代表的科学家作出了重要贡献。1975年，学校成为全苏联唯一一所获国际认可并被国际大学联盟吸纳的技术类高校。

1992年，学校再次更名为"圣彼得堡国立理工大学"。2010年，圣彼得堡国立理工大学获得了"国家研究型大学"的学术地位，并于2013年成为俄罗斯教科部"5—100—2020"项目的15所高校之一。

2015年2月12日，为纪念彼得一世大帝的历史功绩，学校再次更名为圣彼得堡彼得大帝理工大学（Санкт-Петербургский политехнический университет Петра Великого）并沿用至今。可以看出，我们大学确实和中国的很多大学一样，都经历了若干次的更名。对于频繁更名这一现象，我认为，大学的更名是为了符合特定历史发展条件下的客观社会需求而作出的必要调整。但无论怎样变更校名，首先应遵循的基本原则是确保办学传统不能发生转变。譬如我们学校的办学传统，即是以世界上最优秀的大学为蓝本的——综合楼是根据牛津大学和剑桥大学的模型建造的；校名中的"политехнический"一词，英译是"Polytechnic"，它源自1794年法国巴黎建立的综合理工大学校（Ecole Polytechnique）的校名中。通过引入先进的国际经验，使得大学教育的有效性和研究活动的国际化得到了显著提高，形成了符合国际标准的高度专业化和高科技环境，确保了教育和科学的质量得以可持续发展，传承永续。

二、作为一所工科大学，为培养学生们的人文精神，学校专门建立了一套完整的综合服务措施

众所周知，彼得大帝理工大学是一所优秀的理工科大学，请问你们是如何培养学生人文精神的？

弗拉基米洛维奇：根据我们的办学任务——培养具有系统基础知识和缜密思维能力的学生，使他们拥有过硬的专业技能和国际化的视野，并持续保持不断地学习和自我提升。大学为学生们的科学实践活动提供了充分的实验室保障，支持他们尽可能地参与并完成一些基础性的研发目标，鼓励他们将来投身科技创新工作。

为了给学生们创造舒适优渥的学习与生活条件，使他们能够体验高品质的大学生活，培养人文关怀精神，学校专门建立了一套完整的综合服务措施，这套措施包括奖学金制度、医疗保险制度、体育竞技和休闲娱乐制度、食堂与宿舍保障制度（俄罗斯的高校一般不配备等量的学生宿舍）等。我们有专门面向身体健康状况欠佳的学生设立的康复中心和举重大厅，通过训练帮助他们强健身体；在医疗控制室，设有按摩和心理监管培训办公室，专门负责学生的心理健康水平测评与管理。每到夏季，学校的全体学生和教职员工都有机会到设立在拉多加湖畔（Lake Ladoga）的卡累利阿地峡和普里奥焦尔斯克营地去放松心情，确保通过自然的调理，获得最佳的学习与工作状态。当然，圣彼得堡还拥有丰富的博物馆、古迹、剧院等场所，这座被联合国教科文组织评定的世界遗产之城，本身就是培养学生人文精神的最好场所。

三、学校以建立依靠知识经济、领导力经济和创新经济为代表的新型经济形式为主要落实方向

请为我们简单介绍下贵校的办学定位、未来发展规划和愿景。

弗拉基米洛维奇：彼得大帝理工大学以贯彻实施国家高等教育政策为办学基础，其中又以建立依靠知识经济、领导力经济和创新经济为代表的新型经济形式为主要落实方向。通过培养掌握世界先进科学的高素质技术人才，使其具备承担工业化任务的能力，从而促进俄罗斯经济上升到新的发展高度。基于知识创新型经济对科技水平的要求，我们有必要培养跨领域、多学科的新型理工人才。为此，大学设立了严格的人才教育标准，即具备国际化系统思维能力，专注于世界性的知识、技能和素养积累，努力实现终生学习与自我完善目标的学生。

凭借着深厚的学术背景和创新能力，我们的学生和科技工作者在科研、教育与创新方面所取得的成果获得了社会的广泛认可。为此，学校于2010年获得了"国家研究型大学"的学术地位。当前，彼得大帝理工大学正在建设21世纪新型大学的道路上前进。近几年来，我校发生了许多积极变化，所有改变是在对我校多年历史的延续与传承、对先辈科学家精神的继承与发扬以及对科学、教育、创新事业成果推广与传播的基础上做出的。正因如此，今天的我们充满信心地朝着世界教育领导者的方向不断努力着。我相信，基于学校首要目标"5—100—2020"项目，通过对校内组织结构、科研及教学政策进行的优化调整，彼得大帝理工大学一定会在最短的时间内，成为我国工业、科学和教育的中心，以及世界一流技术的高科技"示范田"。

四、为向学生提供最优质的教育，学校从根本上改造了原有的教育模式

在俄罗斯提出的《关于国家政策在教育和科学领域中的落实措施》中，首次提出在 2020 年前，俄罗斯要有不少于 5 所大学进入世界权威大学排行榜前 100 名的目标。另外，俄罗斯也公布了《建设国家研究型大学的实施计划》。请问为冲击世界一流大学，贵校采取了哪些措施？效果如何？政府为学校制定了哪些优惠措施？

弗拉基米洛维奇：当今社会的飞速发展，对建立起俄罗斯的新经济模式提出了迫切需求，即知识经济、领导力经济与创新经济，这就需要整合教育、科学与工业，并通过整合探索出新的符合国际市场需求的具有竞争力的产品，从而使俄罗斯可以在全球经济体系中占据应得的位置。在此进程中，建设世界一流的大学并为人才培养服务，已成为大学发展的必然选择。根据国家要求，到 2020 年前，至少有 5 所俄罗斯高校进入 QS 世界大学排名前 100 名。彼得大帝理工大学有幸成为全俄罗斯 15 所获选高校之一，获得了由俄罗斯教育科学部设立的特别津贴，用以提高大学的世界竞争力。

根据俄罗斯联邦政府 2013 年 3 月 16 日第 211 号命令精神，为了助力大学实现项目目标，设立了由教育科学部部长德·维·利瓦诺夫领导的"提高俄罗斯联邦重点大学竞争力国际委员会"。

大学竞争力提升计划需达到以下几点要求：

1. 形成高校领导岗位的干部储备机制，引进具有国内外重点大学或科研单位工作经验的人才；

2. 引进具有国内外重点大学或科研单位工作经验的年轻学者；

3. 强化科教队伍对国际与国内科研的主动性；

4. 完善研究生与博士生的培养机制；

5. 加强与国内外重点大学的教育合作；

6.通过与国外的一流大学和大学联盟开展合作办学，吸引外籍学生到俄罗斯高校学习；

7.在俄罗斯联邦基础研究项目的框架下，开展科研工作并鼓励国内外领先学者参与；

8.与国内外高新科技组织合作，开展应用型科研和实验型工程项目。如有必要，可在校内设立特殊机构进行管理。

在此命令精神的指导下，为了向学生提供最优质的教育，我们从根本上改造了原有的教育模式。首先，开发实施了一系列国际教育课程，运用俄、英双语进行教学。同时与国外一流大学展开合作，共同培养学生。其次，遵循CDIO理念的原则（即构思、设计、实现、运作），以实用性综合教学为导向，培养应用型本科生，继而吸引科技与工业领域的合作伙伴投入到教育环节中。应用型本科加上高等教育毕业证，给毕业生提供了必要的知识与技能的全面集合，使学生可免去额外的实习进修，直接按所学专业就业。通过这种方式，学校贯彻人才培养的新型模式，提高了学生完成生产任务与适应经济生活的能力。

此外，大学于2016年和2017年分别设立了上海（中国）代表处和马德里（西班牙）代表处，这对提高大学的国际知名度产生了重大影响。这个地理定位使我们有效地拓宽了教育和研究的国际新领域，使我们的教育影响力成功辐射到了亚太地区和伊比利亚—美洲空间。到目前为止，彼得大帝理工大学取得的成果有：成立了多个国际联合实验室，与上述新地理区位所在地区的高科技企业开展密集合作，每年通过项目合作获得收益约为10亿卢布；超过1.1万名的外国学生成功从大学毕业，把所学到的技术成果传播到了全球各地。

五、学校打造了多元化的科研中心和智库

在打造科研中心与智库方面，贵校做了哪些努力？

弗拉基米洛维奇：自 2016 年以来，彼得大帝理工大学在打造科研中心与智库方面，取得了如下成果：超级计算机中心"Polytechnic"已在大学成功运行，总计算能力超过一千万亿次浮点运算，成为俄罗斯最强大的运算中心之一。2017 年 11 月，理工大学和西门子合作建设了人工智能工业系统联合实验室。在新建的实验室中，借助人工智能，可以对工业系统和设备运转进行监控和诊断。2017 年 12 月中旬，联合国教科文组织"可持续发展教育质量管理"教席成功落户彼得大帝理工大学资源中心，这是大学发展国际科学和教育活动的又一重要举措。2018 年，俄罗斯最大的研究和教育中心"Kawasaki—Polytech"在理工大学挂牌成立，其目的是为俄罗斯企业使用工业机器人培训高素质的专家，并实施与机器人综合体相关的工程项目。另外，学校在上海（浦东新区）代表处和西班牙马德里信息中心的成功设立，以及即将在越南和马里启动的信息中心建设项目，都将会为学校的全面发展吸收国际智库资源，使他们为学校的综合发展贡献智慧。

六、学校基于传统价值观和现代世界观对学生进行精神鼓励、道德提醒、文化启示、教育和科学促进

在构建和谐的校园文化方面，圣彼得堡彼得大帝理工大学有哪些好的经验？

弗拉基米洛维奇：对于圣彼得堡彼得大帝理工大学而言，高等教育机构不仅是一个教育和研究中心，而且也是一个精神和文化中心，有必要在其内部和周围创造一种特殊的道德和审美氛围。

如今，我们已在大学的日常工作中成功地实施了一项活动，专门对能够开展广泛教育、积极参与意识和创造性思维的特殊人士进行培训，基

于传统价值观和现代世界观对学生进行精神鼓励、道德提醒、文化启示、教育和科学促进等，使学生们基本实现全面和健康发展。

作为文化和教育计划的一部分，大学还开设有创意、音乐、文学、历史和哲学等学科，并开展文化和教育项目。其中包括：致敬伟大的俄罗斯诗人 A.S.普希金、复活节、理工大学合唱比赛、金秋节、儿童音乐会、国际大学友谊节等。

七、大学应加强在"一带一路"倡议下的科技领域的合作，以此提升综合创新能力

在"一带一路"背景下，您认为中俄高教合作可以涉及哪些方面？贵校又取得了哪些成果？有哪些期待？

弗拉基米洛维奇：在"一带一路"倡议下形成的"新丝绸之路"振兴概念，目前已发展成为一个全球战略，它侧重于面向发展中国家间的多边关系和合作。目前，有近 60 个国家参与了该项目。对于我们这类理工科大学而言，尤为注重的是在科技领域的合作，以此提升参与机构的综合创新潜力。

为了实施联合研究项目，建立实验室，实施学生交流，拓展"一带一路"背景下的高教合作，"新丝绸之路大学联盟"（UANSR）正式成立，其中包括了来自"一带一路"沿线各个国家和地区的 145 所大学。2016 年 4 月，在联盟第一次会议上，彼得大帝理工大学担任观察员。在 2016 年 11 月 26 日举行的第二次会议上，彼得大帝理工大学被选为"新丝绸之路大学联盟"执行委员会的成员，这对大学来说是一个巨大的荣誉。

我们认为，"一带一路"是一个充满希望的项目，朝着成功目标的实施已经迈出了坚实的一步。彼得大帝理工大学将会是该项目的积极参与者，争取在多元的国际合作中进一步发挥重要作用。

开拓创新是大学永续发展的动力源泉

——访白俄罗斯国立大学校长安德烈·德米特里耶维奇·卡罗尔

白俄罗斯国立大学始建于 1921 年 10 月，坐落于白俄罗斯首都明斯克，是白俄罗斯顶尖公立研究型大学，享有苏联四大著名国立大学之誉。在 2019 年 QS 世界大学排名中位居第 354 名，QS 新兴欧洲和中亚地区（EECA）大学排名第 23 名。

2006 年，中白两国成为友好战略合作伙伴，白俄罗斯国立大学于同年建立了孔子学院。2018 年 10 月 29 日，由白俄罗斯国立大学物理与航天技术教研室和中国航天科技集团公司共同研制的 BSUSat—1 科教卫星，从中国酒泉卫星发射中心成功发射，更加加深了该大学与中国各方面的务实合作。为全面了解该校的发展状况，本刊特专访了校长安德烈·德米特里耶维奇·卡罗尔（Andrei Dmitrievich Korol）。安德烈·德米特里耶维奇·卡罗尔教授于 2017 年 9 月被白俄罗斯总统卢卡申科任命为国立大学校长，是白俄罗斯所有大学中最年轻的校长。他所开创的基于对话的启发式学习模型，是白俄罗斯现代教育法中的实用创新之举。

一、白俄罗斯国立大学的发展现状

尊敬的安德烈·德米特里耶维奇·卡罗尔（以下简称"A. D. 卡罗尔"）校长您好！很高兴您能接受我们的专访。首先请您谈一谈学校发展的现状。

A. D. 卡罗尔：白俄罗斯国立大学是白俄罗斯的顶尖大学，跻身于 2% 世界最佳大学的行列。其所取得的众多国际成就对此进行了佐证。QS 世界大学排名位居第 354 位，在白俄罗斯主要大学的排名中，我们大学独占鳌头。在上海软科学术排名中，白俄罗斯国立大学在全球 4000 多所大学中排在 400 多名。白俄罗斯国立大学的电子图书馆，是我们的知识库和骄傲，在过去 3 年中稳居全球 150 强图书馆之列，其中储藏有近 200 万份出版物。

当然，这些极高的数据反映了我们大学整个教师和科学家团队的高质量工作和努力。如果谈及科学领域，目前在白俄罗斯国立大学所进行的研究都位列科学研究的最前沿。其中包含医学、药学、宇宙学、农业、食品工业、IT 技术等。不管在哪一个方向，我们都取得了受到全球市场认可的成就，开发出了高科技产品。例如，白俄罗斯医院使用的 1000 多个用于评估人体呼吸系统的 MAS—1 肺活量计。印度尼西亚的医院已订购了 150 多台此种设备。

白俄罗斯国立大学研发的抗肿瘤药物 Cisplacel 是独一无二的。该药用于局部治疗脑癌、头颈癌。白俄罗斯医院使用它成功进行了 4000 多例手术。新的有效抗肿瘤药物 Temodex 和 Prospidelong 正在测试中。

2018 年，在白俄罗斯国立大学发生的重大事件就是发射了自己的卫星白俄罗斯国立大学 BSUSat—1。它是白俄罗斯教育系统中第一颗由大学发射的卫星，也是近地轨道上的第三颗白俄罗斯卫星。白俄罗斯国立大学 BSUSat—1 科教卫星是在中国酒泉卫星发射中心成功发射的。目前，我们主要负责该设备的安装和维护稳定的通信，使其板载系统正常运转。顺便说一下，在白俄罗斯国立大学卫星的整个开发周期中，我们大学的学生也都积极地参与。

白俄罗斯国立大学还参与了国际空间站（ISS）的空间研究。白俄罗斯国立大学创建的视频光谱系统已成功服务于国际空间站的俄罗斯部分近 5 年的时间。你要相信，我们在各个活动领域取得的成就远不止于这些。

贵校在现阶段有哪些重要任务？

A. D. 卡罗尔：白俄罗斯国立大学一直在积极引入新的方法，创新发展大学的教育、科学和完善大学的基础设施。如今,我们首要的任务是教导学生学习,创造他自己的东西,将其与他人的成就相比较,而不仅仅是直接沿用别人的成就。我们巨大的潜力是人本身,这一点能够很好地体现在年轻人身上。这是我们大学的主要创新之一,因为它需要全面的努力。能够为学生提供在教育和科学活动中实现自我的机会,这点非常重要。我们需要教会学生创造性地思考,设定目标,提出问题,分析所取得的学习成果。否则,我们就无法获得一位优秀的专家。我相信,对于我们大学的创新发展,白俄罗斯的社会经济领域以及许多其他国家来说,这一方向都是必要的。

我们为学生提供了实现其创造性和科学兴趣的所有条件,创造的产品可以带来进一步的经济利益。白俄罗斯国立大学的独特结构有助于促使这些问题的解决,我们不仅仅是一所大学,而是一个综合体。我们是由各院系,一系列的研究机构和企业组成。也就是说,白俄罗斯国立大学将教育活动、强大的科学、发达的生产和关怀教师、员工和科学家这一系列的活动结合在了一起。

自 2018 年以来,白俄罗斯 6 所大学中的白俄罗斯国立大学一直在参与实施"3.0 大学"模式的试点项目。目前,除了高质量的教育和先进的科学研究,我们还要积极推动在经济和其他领域的项目。在教育、科学和生产之间是不能设立界限的,他们息息相关。白俄罗斯国立大学正处于加强科研的商业化,启动推进和创新基础设施发展的阶段。我们已经创建并正在开发白俄罗斯国立大学的"Unitechprom"科技园。

二、白俄罗斯国立大学在人才培养方面的经验

白俄罗斯国立大学在培养人才方面取得了哪些经验?

A. D. 卡罗尔:在国家元首的主张下,白俄罗斯正在实施建立国家儿童科技园大型项目。白俄罗斯国立大学积极参与该计划的制定和项目的开

发。它旨在从学校寻找人才，支持有天赋的孩子，并为自我实现创造条件。儿童科技园将允许中学生与大学生和科学家一起创建属于自己的科学和教育产品。这里的教育方法将集中在激励年轻人和开发他们的能力，而不是沿袭和复制。其动机主要取决于自我实现的程度。如果中学生能够有机会被开发和实现，这将会使得他们产生创造和实施的愿望。

在白俄罗斯国立大学与有才华的孩子的工作从中学阶段就已开始进行。白俄罗斯国立大学的结构中包含白俄罗斯国立大学"利才中学"，来自白俄罗斯各地的天才儿童在 10 年级和 11 年级学习。正因为这样，我们的学生在国家和国际比赛、科学比赛和锦标赛中成为优胜者。在白俄罗斯国立大学本部有 11 所青年研究学院，所有感兴趣的学生都在深入研究各种科目。

我们鼓励学生参与科学研究，其中有近一半的学生从事科学活动。我们拥有 48 个学生研究实验室，130 多个科学小组。我们的青年人所具备的效率和训练水平都稳居国家最高水平。白俄罗斯国立大学学生实验室获得了 14 次白俄罗斯共和国总统特别基金的财政支持，其中三分之一的学生被列入白俄罗斯国立大学国家资优青年库。这些都是白俄罗斯的最佳指标。在科学方面有前途的学生，我们直接录入到研究生院。因此，可以肯定地说，白俄罗斯国立大学已经形成了一个有效的人才合作体系。

三、白俄罗斯国立大学在国家决策中的重要作用

白俄罗斯国立大学在影响白俄罗斯国家政策领域关键决策的采用方面发挥了什么作用？

A. D. 卡罗尔：多年来，白俄罗斯国立大学一直积极参与科学、创新和高素质科研人员培训领域最重要的国家监管法律行为的制定、审查和讨论。白俄罗斯国立大学专家参与了《教育法》《科学与技术：2018—2040》《关于独联体成员国在为和平目的探索和利用外层空间领域开展合作的协

定》的制定；参与审查了《关于培训白俄罗斯共和国高素质科学工作者的条例》《关于授予白俄罗斯共和国学位和颁发学位的条例》。

四、新一轮工业革命呼唤大学教学的全面变革

新一轮的工业革命已经打响，贵校将采取哪些措施来应对这些变化？

A. D. 卡罗尔：这个问题体现于现代教育的方法论。它应该是什么样？如果我们谈论新经济，那么就需要一个有创造力的人，一个人就是创造者。企业、实体经济部分因产品的生产而变得更加尖锐，需要能够同时创建产品并知道如何以及在何处销售的专家，以及采取何种营销措施。为此，首先要教导学生创建自己独特的教育产品。

如今的生活节奏正在不断地加快，生活形势变得越来越复杂，变得越来越不可预测，没有预先准备好的答案和模板。基于信息方法的现有教育是将正确的和模板信息传递给学生。但是所有的孩子都不同，他们被迫用别人的眼睛看世界，然后重现同样的答案。这样导了学习兴趣的下降，导致课程和课程内容超载，不利于身心健康。

我们学校所使用的启发式学习方法不是为了获得现成的"理论"，而是旨在让学生创建不同于另一个学生的真正属于自己的教育产品。

这是一种新的教育方法，允许每个人以相同的方式学习，但以不同的方式反映在学习计划、课程、教科书、形式、教学方法、评估标准等方面。

技术教会我们提出问题，这是发展创造性和成熟道德人格的关键，对他们后期的教育理念管理和人生道路起到促进作用。

学习系统指导学生不要成为随时准备按需提取材料的"保管员"，而是要教他们"建造"，将学术科目做更大的扩展。

我们应当教导学生学会自我改变。如此一来，这样的毕业生总会找

到一份工作，在必要的时候接受新的学习，获得相关证书，用新课程补充他的投资组合。因此，我们避免了有些人将来受到外部影响而无法作出决策并找到正确答案的风险。

五、白俄罗斯国立大学在教育国际化方面成果丰硕，并希望在"一带一路"倡议下深化与中国高校合作关系

贵校在高等教育国际化方面取得了哪些重大成就？

A. D. 卡罗尔：国际活动是任何大学发展战略的重要方向。我们认为国际化是提高大学在国家和国际科学和教育领域竞争力的有效工具。白俄罗斯国立大学是白俄罗斯高校中教育外国友人的领导者。在近 2.4 万名外国公民中，约有 2500 人在我们大学接受学习。这是我国最高的数字。其中，在白俄罗斯大学学习的 3244 名中国学生中，占 36.2%的 1175 人在白俄罗斯国立大学接受教育。

对于外国公民来说，之所以能够吸引他们前往白俄罗斯国立大学学习的原因有：教育质量可靠，丰富的专业选择，留学白俄罗斯的有利条件，负担得起的学费。我们不可以忽略一点，白俄罗斯国立大学是世界著名的大学，位居 2% 最佳大学之列。

我校与超过 60 多个国家的大学，科学和商业组织建立了合作，签署的协议多达 450 多项。

白俄罗斯国立大学正在积极开展大学间合作的新方向。我们与合作大学共同开设联合教育课程和机构。在合作大学的数量方面，中国位居首位。我们已与长春国际商务学院、河南大学、四川外国语大学成都学院和洛阳师范学院建立了合作。比如，我们与中国伙伴一道在俄语语言学、国际新闻学、经济学、历史学、计算机科学、化学、物理学、管理学和旅游学等专业教授学生。

大连理工大学是白俄罗斯国立大学重要的战略合作伙伴。2017 年，

我们共同开设了第一家两国合作的研究所。目前，有 159 名来自中国的学生在此接受应用物理和力学专业的汉英双语的学习。不久的将来，研究所将在白俄罗斯国立大学的基地开始工作，相关的技术和法律问题都已得到解决。

目前，贵校在"一带一路"项目框架内与中国合作的机会是什么？

A. D. 卡罗尔：白俄罗斯是最早支持"一带一路"项目的国家之一，因为这符合我国的政治和经济利益。因此，如今急需熟悉中国国情的专业人士。在解决这个问题上，白俄罗斯国立大学扮演着重要角色。这些人员基本上都将由前面提到的两国合建的研究所进行培训，在这里，我们将教授物理、力学和数学建模、世界经济等专业的白俄罗斯学生深入学习汉语。毫无疑问，这些专家将满足 2010 年在明斯克郊外开设的中国工业园区的需求。

实施"一带一路"倡议时，在高校科学、联合科学研究和应对全球挑战等方面的解决方案显得尤为重要。白俄罗斯国立大学正积极与中国大学在能源、农业、生物技术、空间和信息技术等各个领域开展科技合作。

您认为目前是否存在阻碍或遏制与中国大学合作的因素？如果存在应该如何消除这些因素或障碍？

A. D. 卡罗尔：不存在阻碍白俄罗斯和中国大学之间合作的基础性因素。自两国建立外交关系以来，我们已经建立了一个全面的法律框架，规范了白中两国在教育和科学领域的合作。

在一个特定的方面存在问题，那就是缺乏了解中国国情和会中文的人才，但我相信这种情况只是暂时的。大学的东方语言学系正研究在白俄罗斯建立起国家级的汉语学校的问题。目前，白俄罗斯国立大学的科学家们在中国伙伴的支持下，致力于积极研究中国政治经济学的特点，以便将这一经验应用于白俄罗斯的可持续发展模式。但为了富有成效的合作，我们需要相互融会贯通。为了使中国大学认识我们的国家，白俄罗斯国立大学将会建立白俄罗斯研究中心。这已经在大连理工大学开设，不久的将来我们将在北京大学创建。

您对在贵校学习的中国学生有什么愿望?

A. D. 卡罗尔：2019 年，在白俄罗斯要举办中国教育年。我要祝所有在白俄罗斯国立大学学习的中国学生都能马到功成、好运连连、心情愉快。现在，你们的成功是对白俄罗斯和中国合作的有益贡献。与世界上众多大学相比，白俄罗斯国立大学的文凭具有显著的优势，是一个安全证书，在生活中提供了许许多多的机会。这是学生时期所形成的职业的、生活的、个人专长的体现，也是在人与人之间交流中获得的结果。

我希望你们在人生中能够找到自我，更准确地说，在生命中发现自己。因为为了找到自己，有时候整条人生道路都不够。

良好的健康，生活中的创造力，自我实现和探索知识——白俄罗斯国立大学感谢你们、热爱你们、期待着你们!

融现代创新理念　展学术传统风华

——访白俄罗斯教育部原副部长、国立师范大学校长茹科·亚历山大·伊万诺维奇

　　白俄罗斯国立师范大学成立于 1914 年，是白俄罗斯历史悠久，规模最大的科学、文化及师范教育中心。2007 年，大学加入欧洲大学联盟。长期以来，基于悠久历史所形成的优良传统，贯穿于学校发展创新的整个过程中。超过 95 年的光荣历史，使大学获得了很高的学术与国际声誉，学校已成为白俄罗斯高等教育的"领头羊"。在这里，高水平的专家和教育工作者、良好的国际关系和优良的教学传统，保障了大学可以把丰富的科学知识和教育经验传授给未来一代。茹科·亚历山大·伊万诺维奇（Zhuk Aliaksandr Ivanovich）教授于 1998 年获得白俄罗斯国立师范大学教育学博士研究生学位。2000 年，他被任命为白俄罗斯国立大学第一副校长。2001—2014 年，他担任白俄罗斯共和国教育部副部长。2014 年 5 月 3 日，他开始执掌白俄罗斯马克西姆·坦克国立师范大学。为全面了解该校的发展面貌，我们对伊万诺维奇校长进行了专访。

一、在长时期的历史中，学校培养了诸多人才并以此为荣

白俄罗斯国立师范大学发轫于 1914 年 6 月 22 日。1922 年秋天，白俄罗斯国立大学开设了师范系。这一日期被认定是白俄罗斯高等师范教育形成和发展的起点。1931 年 7 月，白俄罗斯国立大学师范系组建成为白俄罗斯国立师范学院。1993 年 9 月，师范学院升格为师范大学。在长时期的历史中，学校培养了诸多人才并以此为荣。

您认为贵校发展史上包括哪些重要阶段，培养了哪些著名校友？

A. I. 茹科：2019 年是我校建校 105 周年。可以说，我们学校的发展史与整个国家师范教育的形成和发展是密不可分的。大学的办学历史最早可以追溯至 1914 年。当时在教育部部长的倡议下，明斯克师范学院于 1914 年 6 月 22 日正式成立，首任校长为德米特里·斯捷普罗。他是一位经验丰富的教师、教育家，毕业于基辅神学院历史系。在当年的开学典礼上，斯捷普罗说："二十世纪通常被称为孩子们的世纪、教育的世纪。事实上，教育理念从来没有像现在这样活跃……"大学的历史与 20 世纪和 21 世纪白俄罗斯的整个历史一样复杂。第一次世界大战、1917 年十月革命、德军和波兰军队先后占领白俄罗斯等重大事件，都曾迫使学院停课。直到 1922 年秋天，白俄罗斯国立大学开设了师范系。这一日期被认定是白俄罗斯高等师范教育形成和发展的起点。

1931 年 7 月，根据白俄罗斯苏维埃社会主义共和国人民委员会的决议，将白俄罗斯国立大学师范系组建成为白俄罗斯国立师范学院，该学院在成立之日就具备了多学科高等教育机构的特征。师范学院当时共设有 3 个系：社会经济系、语言文学系和师范系。1936 年，该学院以马克西姆·高尔基的名字命名。在第二次世界大战前，学院共培训了 4000 多名教师、教育工作者和编辑。第二次世界大战期间，德国法西斯占领了白俄罗斯，该校被迫停课，数百名师生踊跃上前线，参加游击队或加入地下党，与敌人展开斗争。1944 年 10 月，师范学院重新开课，共设有 5 个

系：历史系、语言文学系、外语系、师范系和图书馆学系。1948 年 8 月，在外语系的基础上，成立了明斯克外国语学院（今明斯克国立语言大学）。1975 年 9 月，在图书馆学系的基础上，成立明斯克文化学院（今白俄罗斯文化大学）。

1993 年 9 月，师范学院升级为师范大学。1995 年，师范大学以白俄罗斯人民诗人马克西姆·坦克的名字命名并沿用至今。

今天的白俄罗斯国立师范大学是 10 个国际高校联盟的成员单位，是师范领域最大的教学和学术方法研究中心。凭借由来已久形成的优良传统，师范大学将学术发展、开放和创新结合在一起。逾百年的辉煌历史为大学赢得了极高的声誉，现已成为师范界的翘楚。2016 年，学校获得白俄罗斯共和国总统"精神复兴"国家奖；2017 年荣获最佳学术机构称号，荣登白俄罗斯共和国光荣榜；2018 年获得白俄罗斯共和国政府颁发的教育优质奖。

白俄罗斯国立师范大学最引以为豪的莫过于毕业生了。首先，这里先后培养了数以千计的曾经或正在城乡中小学及高校中工作的教师。他们中的许多人被公认为是最佳的"年度教师"，获得了各种勋章、奖章和荣誉称号。

多年来，国立师范大学培养了超过 16 万名的高素质专家。毕业生中包括 200 多名白俄罗斯荣誉教师、7 位苏联英雄、约 60 名作家联盟成员，数十位优秀的学者、政治家。

纵观白俄罗斯国立师范大学的整个历史，共有 3 名毕业生被授予"社会主义劳动英雄"的崇高称号，他们是：A. F. 赞科、A. I. 卡泽、L. K. 塔拉谢维奇。瓦连京娜·格奥尔吉耶芙纳·加霍维奇被授予"苏联人民教师"称号。让白俄罗斯国立师范大学的学生倍感自豪的是，母校的在校生和毕业生中有许多才华横溢的白俄罗斯作家，其中包括两位白俄罗斯文学大文豪：人民诗人阿尔卡季·库列绍夫和皮缅·潘琴科；享有世界级声誉的白俄罗斯历史学家和哲学家，拥有双博士学位（历史科学博士和哲学博士学位）的白俄罗斯荣誉科学家吉列尔·马尔科维奇·利夫希茨教授，他重点研究古代和中世纪欧洲的社会经济、政治形势和意识形态以及科学无神论和哲学史。这位科学家是死海古卷最伟大的研究人员之一。格里戈里·马尔科维奇·特鲁赫诺夫是最著名的研究 20 世纪上半叶德国史以及苏德关系的专家。

白俄罗斯国立师范大学的许多毕业生现已成为著名的党、国家、工会领导人以及公众人物或外交官。苏联英雄维克多·伊里奇·洛文塞夫 1955 年毕业于明斯克国立师范学院，从 1958 年起担任白俄罗斯苏维埃社会主义共和国部长会议体育委员会主席，1978 年被任命为白俄罗斯共产党党中央事务委员会主席；斯捷潘·安德列耶维奇·乌姆列科 1940 年毕业于明斯克师范学院，多年来一直担任白俄罗斯苏维埃社会主义共和国教育部副部长。列昂尼德·帕夫洛维奇·古利亚科毕业于明斯克高尔基师范学院图书馆学系图书编目专业，2000 年至 2006 年期间担任白俄罗斯共和国文化部部长，2006 年被任命为白俄罗斯共和国部长会议宗教和民族事务委员会主席，至今担任白俄罗斯共和国部长会议宗教和民族事务专员；白俄罗斯共和国教育部部长 I. V. 卡尔片科、白俄罗斯国家科学院人文与艺术科学分部学术秘书 A. A. 科娃连尼亚、白俄罗斯教育工作者工会中央委员会主席 A. A. 博科、白俄罗斯共和国国立歌剧和芭蕾舞大剧院总经理 V. P. 格里久什科等都是白俄罗斯国立师范大学的杰出校友。

二、教师必须参考并利用数字环境为其履行教师职责的便利，帮助学生最终成为现代信息社会合格的公民

您认为以人工智能、大数据和互联网为特征的新一轮工业革命的开展，对教师素养提出了哪些新要求？未来的教学过程将会发生哪些变革？

A. I. 茹科：教育的数字化转型是我们这个时代的主流趋势之一。首先，这涉及师范教育，其作用是培养能够预测现代"数字儿童"发展社会

状况的教师——"数字"教师。今天，教育技术和信息化教学方法、网络教学脱颖而出，教师必须参考并利用数字环境履行其教师职责的便利，帮助学生利用信息通信技术进行学习、协作、解决出现的问题、掌握学习技能并最终成为现代信息社会合格的公民。

白俄罗斯国立师范大学在培训教师时，通过引入新的信息化教学模式以及教师与学生之间现代教育互动形式——移动学习，"随时随地"的学习支持以及发展远程教育，有计划地进行师范教育转型。

白俄罗斯国立师范大学教学实验基地的现代化改造及其技术和电信基础设施能够确保有效利用信息资源，将现代计算机技术和设备、学生和教师在学习过程中使用的便携设备和个人设备纳入到授课过程中。

加强以实践为导向的师范培训，该领域的主要成就是在白俄罗斯国立师范大学形成了国家级的资源中心网络：白俄罗斯共和国绝无仅有的国家级全纳教育资源中心、社会和师范技术资源中心、国家级教育机器人技术资源中心。

作为对传统教学互动的补充，白俄罗斯国立师范大学在教学过程中还积极引入信息化教育和成套的教学方法文件，包括教师个人博客中的教材、远程学习体系、多服务互联网门户网站、学术和教学文件库、视频库、视频流服务，还创建了独特的多媒体和视频信息。

本校为学生提供再教育、再培训机会，技能提高和再培训班的培训课程（100 多种培训课程，18 个再培训专业，25 个技能提高课程）。

白俄罗斯国立师范大学为网络教育项目领域的研究和开发创造了条件，鼓励学生、大中小学教师以及师范生积极参与其中。其中规模最大的项目当属"电子教学网上师范学院"项目。这是一个现代化的高科技学术教育平台，不仅将白俄罗斯国立师范大学的教师、学生、学者，而且将整个集群融入到网络课程教学中；网上师范学院电子教学的工作方向之一是在白俄罗斯国立师范大学创建当地的思科学院，就是全球性 IT 领域专业和职业发展项目。

为了让未来的教师形成 ICT 能力，白俄罗斯国立师范大学采用并实施了 2015—2018 年大学信息化理念，其中包括五个领域：形成大学技术和电信基础设施（信息化大学）；利用电子学习技术升级教育活动（信息化教育）；开发人才资源潜力，提高大学竞争力（信息化教学人员）；为信息技术的开发、引进和使用建立监管框架（信息化管理）；加强大学作为国家信息化教学中心在师范继续教育中的作用（信息化集群）。该理念的实施旨在"随时随地"提供学习机会，在教师和学生之间创造新的学习互动形式。

今天，白俄罗斯国立师范大学所更新的教学人员培训内容使得在不久的将来可以从封闭的大学体系转变为开放的大学体系，分布广泛且具有最大的灵活性，当然，这取决于学生和专业教师的准备情况。必须培训能够创建自己电子教学模式的教师，使其能够在以后进行网络教学互动。

三、科研成果对国家在师范继续教育领域的政策产生着积极影响

贵校有哪些重要的研究平台，有哪些刺激科研活动的举措，在研究成果转化方面有何进展？

A. I. 茹科：目前，在国家级、各专业以及科技创新研究方面，白俄罗斯基础研究基金会以及教育部为本科生、硕士生、博士生提供津贴，共开展了 100 多项科学研究活动。按照专业，排在前列的项目为心理学和教育学研究（62%），其次是人文科学研究（28%）和自然科学研究（10%）。国立师范大学最重要的研究平台是国家科学研究项目《白俄罗斯社会经济与人文发展（2016—2020 年）》，在此项目框架下，以白俄罗斯国立师范大学为主的科研活动共计有 26 项。还有专业性科研项目《通过培训进行教育（2018—2020 年）》，该项目旨在更新所有学科领域教师培训的内容和科学方法，以便在本体论、心理学和预防学领域教育过程中提高学生个人能力和学习能力。

　　科研成果对国家在师范继续教育领域的政策产生着积极影响，确保能够及时、优先地更新教育标准以及教育过程中的学术和教学方法。每年在教学过程中都会引入 100 多种科学成果，实现了向师范教育集群发展模式的过渡；白俄罗斯共和国师范教育体系内部一体化程度加强，科学和教育领域的先进经验得以传播；教师的职业资格标准草案过渡到新的基于教师能力的模式；以实践为导向的师范教育得到加强；为促进未来教师的个人发展和职业发展创造了条件。

　　2018 年 6 月 29 日，白俄罗斯国立师范大学因成功实现社会经济发展领域最佳指标而被列入共和国学术机构光荣榜。2019 年 3 月，因其通过引进创新技术和现代管理方法，使得产品、服务或工程在质量和竞争力方面取得了重大成果，为此白俄罗斯马克西姆·坦克国立师范大学获得了白俄罗斯政府颁发的质量成就奖。2018 年，白俄罗斯国立师范大学被授予独联体成员国对全纳教育和特殊教育领域的教师和专家进行培训、再培训和技能提高培训的资格。

　　在师资创新培养方面，基于实施能力方法对高校教师进行心理学和师范培训的内容和方法，侧重于各专业的具体情况，根据能力方法的概念性规定，并结合个人和职业自我发展机制，提供培训活动观点，解决了白俄罗斯和俄罗斯大学教师心理学和师范培训体系的国际协调问题。

　　现代教育范式术语分类学选择师范教育内容的新方法，包括将教育理论、教育创新、全纳教育、现代信息和通信技术领域的概念进行分类，根据为新一代教育学的教科书选择教育内容的原则，创建教育理论、教育创新、全纳教育、现代信息和通信技术领域词库；在地区社会服务中心，日托部门为残疾青年以及特殊心理疾病儿童的社会定位和休闲活动提供科学与方法支持。

　　在以实践和能力为导向的基础上，师范专业课程对教育过程进行学术和方法论支持，结合师范教育活动的多方面内容，包括提供专业师范课程教育过程的方法性建议，进行深入的综合职业指导诊断，编制学生"自我诊断日志"和"师范职业和角色指南"。

四、推动教育体系的价值观并实现可持续发展目标，其优先领域就是推动师范教育体系可持续发展的实践活动

作为白俄罗斯共和国数一数二的师范院校，贵校采取了哪些措施来促进教师的可持续发展？未来有什么规划？

A. I. 茹科：白俄罗斯共和国积极参与实现全球可持续发展目标。白俄罗斯共和国教育部是联合国欧洲经济委员会可持续发展教育战略的执行机构，实施联合国欧洲经济委员会可持续发展教育战略，推动教育体系的价值观并实现可持续发展目标，其优先领域就是推动师范教育体系可持续发展的实践活动。

2017 年 2 月，白俄罗斯共和国教育部决定在白俄罗斯国立师范大学成立"可持续发展教育"协调中心。该中心是白俄罗斯共和国教育部下属的可持续发展教育协调委员会的工作机构，与设在大学的可持续发展教育协会保持合作，确保在 2030 年之前，在各级实施白俄罗斯共和国国家社会和经济可持续发展战略中的可持续发展教育体系，实施联合国教科文组织可持续发展教育全球行动纲领以及联合国欧洲经济委员会可持续发展教育战略。

白俄罗斯国立师范大学是共和国教育、科研和创新的继续教育集群的战略核心，致力于研究在教师培训实践中实施可持续发展教育目标相关的问题。

目前，白俄罗斯国立师范大学的活动旨在解决可持续发展教育领域的以下任务：将可持续发展教育的意识形态、方法学和教学法纳入教师培训、能力提高和再培训的教育计划中；将《可持续发展教育：迫切性以及实施》这一选修课程纳入新一代的教学计划中；确保提高教师在可持续发展教育的意识形态、方法学和教学法领域的专业水平；以非正规和全纳教

育的形式为所有人口提供可持续发展领域的优质教育，包括提供在线访问白俄罗斯国立师范大学和集群的科研方法以及信息资源的可能性；在实施可持续发展教育战略时，应结合白俄罗斯民族特点、社会心理、文化、区域特征和传统；寻找机制，增加未来和现任教师对可持续发展教育的兴趣，加强对可持续发展教育领域的研究；启动可持续发展的教育、研究和文化项目。

2017年春，白俄罗斯国立师范大学编写了"白俄罗斯共和国2015—2017年执行联合国欧洲经济委员会可持续发展教育战略优先项目进展情况的报告"。可持续发展教育协会、白俄罗斯国立师范大学（白俄罗斯）的联合项目——《将教育实践融入可持续发展过程的工具》——成为支持社会伙伴关系，促进区域可持续发展的主要机制，该项目于2017年5月开始实施。

白俄罗斯国立师范大学编写并出版了第一本以国家实践为导向的集体著作《白俄罗斯可持续发展教育：理论与实践》。该书介绍了白俄罗斯国立师范大学在可持续发展教育领域的理论方法和经验。

白俄罗斯国立师范大学与来自白俄罗斯共和国各地区提出倡议的教育团体一道，开发了一个创新项目——《引入以可持续发展为目的的组织教育实践的模式：培养学生的创造潜力》，该项目在共和国的19所中等教育机构中正在实施。

白俄罗斯国立师范大学编制的教师职业资格标准是白俄罗斯国立师范大学编制师范专业第一和第二阶段教育标准的基础。教育标准统一了对学士的一般要求和对其专业能力的要求，规定了增加学生自主学习的作业量，扩大了现代信息技术的使用范围，以实践为导向培训未来专家的方向得到加强。

根据当前的社会文化形势，教师的职业资格标准确定了教育活动的内容，统一了对教育质量的要求，确保实现可持续发展教育的第四个目标——"优质教育"。

五、白俄罗斯国立师范大学在各个方面都注重教育国际化的发展

您如何评价贵校的教育国际化进程？已经取得了哪些成果？

A.I. 茹科：白俄罗斯国立师范大学是一个多民族的大家庭，有来自世界上22个国家的1000多名外国留学生在校学习，国别包括中国、俄罗斯、拉脱维亚、立陶宛、土库曼斯坦、乌兹别克斯坦、爱沙尼亚等。学校有10个国际中心和教室：立陶宛语言文学、波兰语言文学、阿塞拜疆语言和文化、以色列文化和希伯来语研究中心、伊朗学和波斯语研究中心、中国语言和文化研究中心、白俄罗斯—意大利教育中心、白俄罗斯—哈萨克文化教育中心，以及在托木斯克国立师范大学基础上成立的白俄罗斯—乌兹别克斯坦教育中心；还有拟开设的土库曼语言文化中心。中国语言文化中心教授汉语课程，目前为来自西北师范大学（中国兰州）的学生提供俄语语言和文学课程，这些学生参加的是"交换生"项目。各中心都有优秀的外国专家授课并举办讲座，使白俄罗斯国立师范大学的国际教育活动扩大到了国家教育系统之外。

由于学生、教师和研究人员的广泛性和均衡的流动性，我校学生前往外国合作大学交换学习的模式不断扩大，通过吸引外国留学生来我校学习以及教师在高水平的科学期刊上发表文章等，白俄罗斯国立师范大学的财务收入变得多样化并不断增长，其国际评级排名也不断提高。根据高校评价机构 UniRank 排名，在世界 200 个国家的 1.3 万所大学和学院中，白俄罗斯国立师范大学排名第 4771 位（2018 年）。在白俄罗斯的 47 所高等教育机构中，白俄罗斯国立师范大学排名第 7 位。根据 RankPro 2017—2018 年世界大学排名，白俄罗斯国立师范大学进入世界 600 强，学术方面白俄罗斯国立师范大学排名第 562 位，欧洲排名第 298 位。

近两年来，我校 80 多名员工在全球 16 个国家接受了培训。200 多名我校大学生代表白俄罗斯国立师范大学参加了在全球 26 个国家举办的国际活动。来自世界 10 个国家的 30 多位顶尖科学家成为"特邀教授"。

2017—2018 年间，我校共接待了来自 22 个国家的 120 多个代表团，超过 1100 人。

我校在签署的合作协议的框架下积极开展国际合作活动，参与针对目标人群的交流计划这一国际项目。在过去的两年中，有 50 多人获得了超过 20 个该项目交流计划的资助，并参加了在 10 多个欧洲国家（奥地利、希腊、意大利、德国、法国、葡萄牙、克罗地亚等）举办的活动。

除了 MOST 计划外，从 2017 年开始，我校积极开展"Erasmus +"计划框架下白俄罗斯和欧盟兄弟大学之间学生和教职员工的学术交流活动，获得了奥地利、亚美尼亚、英国、意大利、西班牙、罗马尼亚、斯洛伐克、波兰、法国和爱沙尼亚大学的"Erasmus +"计划国际项目的学术交流申请。在"Erasmus +"计划的框架内，白俄罗斯国立师范大学已成为阿尔巴尼亚、比利时、英国、西班牙、立陶宛、波兰、芬兰和法国的大学的合作伙伴。

为了更好地实施上述项目，我校编制了学习方法教材，包括：《教育中学生免受歧视和平等化》，白俄罗斯国立师范大学《研究生各专业的教育管理》课程教学方法。在白俄罗斯共和国教育部审查通过的《白俄罗斯历史》高等教育第二阶段硕士培养计划的基础上，开发了以学生为导向的培训模式，官方建议在教育过程中得以实施。得益于项目的实施，《IT 专业管理》《数学和信息学》《信息学》《信息资源管理》等教学大纲得以升级。

所以，依托这些国际合作项目，白俄罗斯国立师范大学提高了大学的教育质量，提升了教师的专业能力，提高了国际竞争力，使研究领域多样化，并且可以出口教育服务。

六、学校于国家教育、政策领域的诸多努力，在完善全国师范教育制度的优先事项中得到了体现

贵校在影响白俄罗斯国家政策领域关键性决策方面发挥了哪些作用？

A. I. 茹科：2015 年，根据白俄罗斯共和国教育部部长的命令，国立师范大学制定了《2015—2020 年现代师范教育的发展理念及其实施方法》。这些文件在完善全国师范教育制度的优先事项中得到了体现，其中包括：更新了师范教育的目标和内容；在探讨问题，积极进行集体学习战略基础上将教育过程中的技术进行升级；结合当前心理学和教育学以及教育实践存在的问题，完善对高素质学者和教育工作者的培训；过渡到集群发展模式，确保整合教育、心理教育学以及有效的教育实践潜力；在信息社会背景下完善国家师范教育体系的资源供应情况，提高师范的职业声誉。

在大学的倡议下，为确保师范教育的连续性和所有参与这一过程的主体实现富有成效的互动，2015 年，白俄罗斯共和国开始向该行业的集群合作模式进行过渡，建立起一个师范继续教育的教学、学术和创新集群，其主体是不同教育水平的教育机构、科研单位和现代教学单位、相关机构和组织、在合同基础上进行合作的社会团体，以及在培训教师时参与形成和实施创新方法的各种组织。

白俄罗斯师范教育体系中的集群模式能够确保整合和开发各机构和组织的潜力来培养现代教师，现代教师必须具有高水平的专业能力、公民意识和一般文化知识，能够在专业教学活动中创造新知识，制定和实施创新教育大纲与技术。

为了提供战略指导和协调集群成员的活动，教育部批准在白俄罗斯国立师范大学成立共和国师范继续教育协调委员会。

师范教育领域的集群合作能够协调集群各主体的科研活动，确保教师团队的专业流动性，扩大师范教育资源中心网络效益，建立师范学校数

据库以及教师培训先进经验数据库。

集群可以卓有成效地履行提供和协调教师培训活动的职能，在国内开展以下层次的活动：开展普通中等教育第三阶段的专业师范教育（就业前）培训；开展中等特殊师范教育（中等教育专科学校）培训；开展高等师范教育与大学毕业后的教育；补充成人教育。

为了提高师范教育专业在社会上的声望，吸引成绩优异的应届毕业生接受师范教育专业，根据白俄罗斯国立师范大学的倡议以及 2015 年 1 月 12 日白俄罗斯共和国总统第 1 号令，白俄罗斯共和国首次创建了专门的师范班。

截至 2018 年 9 月 1 日，白俄罗斯共和国共有 420 个新建的师范班组，在读学生 4400 名。国立师范大学为师范班提供了大规模的教学组织和教学方法支持。先后编制了 10—11 年级选修课"师范专业导论"（140 课时）的课程，提供大学网站的信息资源支持（共和国"师范课程网"），举办一系列针对师范班学生的国家级竞赛，制定配套的教学方法，包括编制学生练习册、教师手册等。目前，在白俄罗斯国立师范大学旗下共有 15 所学校，正在进行着国家级项目——高中阶段教师培训模式试点工程。

根据白俄罗斯共和国总统的指示以及白俄罗斯国立师范大学的提议，自 2017 年起，启动了吸引优秀毕业生进入大学师范专业的特殊选拔程序。

在白俄罗斯国立师范大学，还运行着一个共和国师范教育教学法协会，其主要活动包括：制定并完善了高等师范教育标准、学习计划和各学科教学大纲；解决教育方法协会教材出版物获得批号的问题；参与审议对白俄罗斯共和国"专业和资质"国家分类标准进行修改的问题；解决基于专业而进行的针对性培训的问题；研究、总结和传播先进的教学经验；建立教育专家培训领域的学习、教育、科研、教学方法等方面的先进经验综合信息库；建立白俄罗斯国立师范大学下属师范中学以及各地区高等教育机构的先进经验综合信息库。

七、"一带一路"倡议下的中白高等教育交流令人神往，也会给学校带来全面的合作机会

在"一带一路"倡议框架内，现阶段贵校与中国有哪些合作机遇？

A. I. 茹科：目前，我们开展合作的一个重要领域是在白俄罗斯国立师范大学研究生院对高素质的学者进行培训。硕士研究生院现有 12 个科学领域的 38 个专业可以进行培训，博士研究生院现有 6 个科学领域的 17 个专业可以进行培训。大学的研究生院自 2018 年 1 月起开设了 8 个英文授课的专业和 1 个德语授课的专业。截至 2019 年 4 月 1 日，共有 21 名外国留学生在研究生院学习。6 名外国人在研究生院毕业后以科研实习的形式进行学习。每年在研究生院就读的外国留学生人数都在持续增加。2014—2018 年，研究生院的 19 名毕业研究生中，有 9 人成功通过了论文答辩（47%）。2018 年，研究生院的中国毕业生寿佳瑞在规定的学习期间内成功完成了论文答辩。

在白俄罗斯国立师范大学研究生院学习的外国留学生，都在积极参与我校的各类科学活动，包括参加国际和国家级别的科学和学术实践会议、每年举办的大学生国际教育学奥林匹克大赛、白俄罗斯国立师范大学每月举办的国际教育和心理学方法论研讨会以及其他活动。

在"一带一路"倡议框架内，中国和白俄罗斯的师范教育有哪些合作机遇？

A. I. 茹科：2016 年 6 月，白俄罗斯国立师范大学成为"一带一路"大学联盟和高等教育共同体成员。这一活动使得与中国大学和社会组织的合作得到了加强。在白俄罗斯国立师范大学的 140 多所合作大学中，有 20 所是中国大学。在白中两国教育部的支持下，白俄罗斯国立师范大学与中国大学之间可以实施美学、体育和全纳教育的联合培养项目。根据白俄罗斯国立师范大学和西北师范大学之间的合作协议，两个大学继续在"交流教育"项目的框架内交换语言学院的学生。

目前，有超过 150 名的中国留学生在学校接受各级别的高等教育。2019 年 3 月，在白俄罗斯中国教育年活动上，教育部部长伊戈尔·卡尔彭科在白俄罗斯国家图书馆会见了在学术成就、研究和公共活动中取得了优异成绩的中国留学生，向最优秀的中国留学生表达了教育部的鼓励之情。由于刘靖为白中两国的音乐和高等教育领域的比较研究和国际关系的发展作出了贡献，得到了教育部的特别表彰。刘靖毕业于白俄罗斯国立师范大学，并于 2019 年 3 月 5 日成功通过论文答辩，其论文题目为《创新中国音乐教师专业培训模式》，并获得了"职业教育理论与方法学"专业教育学的副博士学位。

赵明是美学系大四学生，因在学习和学习研究活动中取得成功，以及积极参与社会与文化教育活动而受到表彰。您可以在《明斯克新闻》信息门户网站以及《明斯克晚报》的网站上了解他在毕业实习期间如何在首都中学进行公开课的情形。

白俄罗斯国立师范大学硕士冯晔，因其在科研和创造方面取得的成功，并积极参与白俄罗斯的文化和教育项目而受到表彰。 他举办了一场积极向上的音乐会，2017 年获得第二届"音乐之光"国际艺术节二等奖。

作为白俄罗斯共和国中国教育年的一部分，我们正在计划将白俄罗斯文学作品翻译成中文，将中国文学作品翻译为白俄罗斯文。

中国同事对创建和运营师范专业班级的经验非常感兴趣。 白俄罗斯国立师范大学愿意针对这个问题分享经验，举办一系列关于在中国高中专业班级中开展专业师范培训的培训研讨会。

师范大学集群内共有 14 所试验学校，随时准备成为中国学校的姐妹学校，白俄罗斯国立师范大学愿意分享专业的师资培训经验，并为教师提供方法性援助。

问鼎一流：百年理工大学的奋进历程与改革探索

——访白俄罗斯国立技术大学校长谢尔盖·哈里同契克

  白俄罗斯国立技术大学是白俄罗斯工业工程领域的优质高校之一，也是独联体国家中的品牌高校之一。该校拥有近 100 年的办学历史，为白俄罗斯培养了超过 18 万名技术人才，也为全世界 120 个国家培养了 8000 多名专家。多年来，学校积累的科研与教育实力，让白俄罗斯国立技术大学得以每年培养超过 4 万名本科生、硕士生及博士生。近五年来，白俄罗斯国立技术大学在 QS 世界大学排名中进入前 750 所优秀大学之列，在东欧与中亚大学排名中位列第 80 名；在全世界专业类大学排名中，跻身前 250 所优秀大学。为问鼎一流名校，白俄罗斯国立技术大学正在全方位地进行改革与创新发展。为详细了解学校发展的历史成就与未来蓝图，我们专访了白俄罗斯国立技术大学校长谢尔盖·哈里同契克（Sergei V. Kharytonchyk）。

一、百年奋进，成就卓越

  尊敬的谢尔盖·哈里同契克校长，感谢您接受我们的专访。请先为我们介绍一下贵校的基本情况。

  谢尔盖·哈里同契克：白俄罗斯国立技术大学始建于 1920 年，是目前白俄罗斯历史最悠久、学术水平最高的理工科大学，已成为白俄罗斯高等教育体系中规模最大的科学、教育和创新中心。

白俄罗斯国立技术大学的使命是，通过密切整合教育、科学、文化、创新和可持续发展等方面的优势资源，为世界劳动力市场提供符合要求的高质量的工程人才。我们为毕业于我校的著名学者、政府官员、研究机构负责人、世界各地的企业家感到自豪。100年来，学校以134个本科专业和42个硕士专业，结合多层次的专业培养制度以及运作良好的科学、技术和创新基础设施，为白俄罗斯培养了大约20万名专业人员，并为世界上120个国家的8000名公民提供了高质量的教育。

白俄罗斯国立技术大学是各类国家级基础研究和应用研究的领衔机构，共和国50%以上的工程、运输、冶金、建筑方向的专家，目前都供职于白俄罗斯国立技术大学，包括2名院士和6名通信院士、161名博士和教授、634名副博士和副教授。

在科研方向上，学校与国家在基础科学研究、应用科学研究以及新技术发展研究上的目标相一致。当前，我校研究的重点领域是材料科学和纳米技术、汽车和拖拉机、金属加工、冶金和铸造业、建筑和建筑材料、公路建设和桥梁、节能技术和生态环保、激光技术和设备、新能源、光学和电子学、仪表、信息和机器人技术、交通和道路材料、产品和质量管理体系认证等。白俄罗斯教育部按规划进行的年度所有应用研究中，约40%是在白俄罗斯国立技术大学内进行和完成的。过去五年，这些工作已支撑大学获得了约300项知识产权专利，引领着白俄罗斯高等教育系统申报国家发明和专利许可的潮流。

我校还是白俄罗斯第一所有资格参与制定、认证和实施科学研究、试验、工艺试验质量管理体系的大学，可以确保按照国际标准化组织发布的ISO 9001：2015标准的要求完成产品试验、产品认证和质量管理体系。

由于白俄罗斯国立技术大学的发展水平较高，世界市场对学校的项目合作需求极大。迄今，学校已与包括中国、芬兰、德国、波兰、瑞典、土耳其、瑞士、立陶宛、俄罗斯、乌克兰等在内的欧盟、亚洲、独联体国家的有关机构签订了300多个项目合同。在科技与人才培养方面，大学正在与 34 个国家的 144 所大学和科研机构之间开展广泛合作，共同探索科技创新项目，培养国际化人才。

多年来，体育专业一直是白俄罗斯国立技术大学重点发展的专业之一。我校在各种运动项目上共有 28 个校队，每年约有 40 名运动员进入国家队。例如，塔季亚娜·萨穆森科于 1960 年、1968 年、1972 年三次获得奥林匹克击剑项目的冠军；莱昂·德希奇是 1980 年世界自行车大赛和奥林匹克运动会的参赛者；维克多·贝尔斯基是莫斯科奥林匹克运动会田径项目的参赛者；斯维特拉娜·明耶夫斯基是汉城奥林匹克运动会手球项目的参赛者；埃琳娜·克森吉克是奥运会篮球比赛的冠军；叶甫盖尼·蒂霍诺茨则获得了欧洲的举重冠军。

这些成果的获得使白俄罗斯国立技术大学在全球大学排行榜中占有一席之地。近五年，在 QS 世界大学排名中，国立技术大学进入前 750 所优秀大学之列；在东欧与中亚大学排名中，位列第 80 名；在全世界专业类大学排名中，跻身前 250 所优秀大学名录；2018 年，白俄罗斯国立技术大学还首次进入世界研究机构学术排名（SCImago Institutions Ranking）院校排名榜单，位列第 735 名，排在我校之前的白俄罗斯大学和科研机构只有白俄罗斯国立大学和白俄罗斯国家科学院。

二、回溯发展历程，与国家经济和文化发展密切相联

白俄罗斯国立技术大学在白俄罗斯国家发展的历程中发挥了怎样的作用？

谢尔盖·哈里同契克：可以说，白俄罗斯国立技术大学的建立、改革和发展历程中的每一个关键节点，都与白俄罗斯高等教育的发展以及国家经济与文化的发展密切相关。

为了恢复国家的工业生产和国民经济，1920 年 12 月 10 日，白俄罗斯苏维埃社会主义共和国经济和社会事务部军事革命委员会和国家教育总

局举行会议，决定将明斯克技术学校改为白俄罗斯国家政治技术学院，主要任务是为白俄罗斯培训受过高等教育的工程师。国家政治技术学院下设的理工学院，是国立技术大学的前身，这也标志着国家高等技术教育的发展由此开始。

1940年年初，白俄罗斯国家政治技术学院下设的理工学院成为单独办学机构——白俄罗斯理工学院，并发展成为苏联时期规模最大的工程技术类专业院校之一，拥有丰富的教师资源、实验室和设备。但是，由于国内爆发战争，高等教育的发展停滞不前，白俄罗斯理工学院的700余名教职工和学生成为保护祖国的卫士。1941年，F. A. 马雷舍夫从学院毕业，因在敌人后方出色地执行了战斗任务，被授予"苏联英雄"称号；250多名技术人员被授予勋章和奖章，他们的功绩在1967年被镌刻在人民广场的纪念碑上。1967年1月7日，为了表彰理工学院在国民工程人员培训和科学研究发展方面作出的贡献，苏联最高苏维埃主席团授予其劳动红旗。

1991年，这所白俄罗斯最古老的高等教育机构，被命名为白俄罗斯国家理工学院。在建立独立的白俄罗斯共和国的背景下，学校面临着解决与国家进一步发展相关的艰巨任务——确定白俄罗斯工业发展的未来，讨论保护材料密集型产业的前景与措施。在此情况下，学校不仅保留了所有主要的培训领域，而且提高了一些专业的入学率，以满足当时主要企业（如明斯克拖拉机厂、白俄罗斯冶金厂、佐迪诺和莫吉廖夫的汽车企业、戈麦尔农业机械制造厂、建筑工程设备和建筑业等）对工程师的需求。在实现这一愿景的过程中，通过配置必要的人力资源，确保了国家的经济社会安全。

2002年4月，根据当时的白俄罗斯共和国总统A. K. 卢卡申科的指令，白俄罗斯国家理工学院改名为白俄罗斯国立技术大学，并进一步建立和完善了研究部门、实验室、科技园区、技术转移中心、国际科技合作中心、企业孵化中心等组成机构。

自成立以来，白俄罗斯国立技术大学已从一所只招收数百名学生的理工学校，发展成为白俄罗斯最大的国家技术高等院校，并在国际社会获得了认可，这段历史值得我们铭记。2020 年 12 月 10 日，我校将隆重举办建校 100 周年校庆，这将会成为我校问鼎世界一流高校的新起点。

三、坚持合作与开放，高度重视教育国际化发展

教育国际化是重要的国际发展趋势之一。请问贵校在高等教育国际化方面取得了哪些成就？

谢尔盖·哈里同契克：对国际学生的培养是评价白俄罗斯国立技术大学教育水平高质量发展的一个重要指标。自 1960 年以来，大学已为 120 个国家培育了大约 8000 名专业人员。目前，有来自 50 个国家的约 1500 名国际学生在白俄罗斯国立技术大学学习深造，这个数量在我国高等教育机构中名列前茅。

自 2017 年开始，白俄罗斯国立技术大学进一步扩大了与其他国家教育机构的合作网络。仅 2018 年，就与乌兹别克斯坦、乌克兰、中国、秘鲁、波兰、意大利、德国和塔吉克斯坦签订了 8 项合作协定。学校还积极在国外建立新的联合教育机构，如与塔吉克技术大学建立联合工程技术学院。2017—2018 年，联合工程技术学院第一批 65 名塔吉克斯坦本地学生顺利毕业。又如，在斯里兰卡建立联合授权教育校园，2017—2018 年，开始对第一批学生进行工程技术、工业与土木工程方面的培训。该项目从 2019 年 9 月开始，在斯里兰卡和白俄罗斯境内，面向斯里兰卡公民用英语授课。与此同时，还在积极开发作为试点项目内容的在线教育课程。再如，同乌兹别克斯坦主要高等院校在教育和科学创新领域展开合作。2018 年，在塔什干伊斯兰·卡里莫夫国立技术大学设立了白俄罗斯—乌兹别克斯坦应用技术研究所，该项目以白俄罗斯国立技术大学的科研和技术为基础，在乌兹别克斯坦建立了一个联合技术园。

白俄罗斯国立技术大学还在"Erasmus +"计划框架内积极寻求国际合作，与欧洲国家（波兰、立陶宛、德国、西班牙、葡萄牙、保加利亚、土耳其、爱沙尼亚）之间的学术流动不断增加，使本科生、硕士生、博士生以及教师能够参加交流学习。2018—2019 年，白俄罗斯国立技术大学共参加了 11 个"Erasmus +"计划的教育和科研项目；与德国不来梅大学、伊尔梅瑙工业大学、德国学术交流服务局建立了长期伙伴关系。

当然，我们还与俄罗斯的高校建立良好的合作关系。我校是俄罗斯和白俄罗斯工程技术大学联盟的秘书长单位，每年会邀请学者、企业家、政治家和青年来访，以解决联盟国家在教育、科学和创新领域的战略问题与发展问题。

此外，我校还积极参与联合国教科文组织、联合国工业发展组织、独联体国家学者国际合作联合会等国际非政府组织的相关活动，依托这些平台，着力合作发展数字化大学建设项目，其核心内容是将现代信息技术和设备纳入大学的基础设施建设。

我校不仅对海外合作持开放态度，还在国内举办各种国际化活动。例如，为国际学生积极举办各类研讨会、展览等，以增加人才服务出口。2018 年，在国际大学毕业生协会的支持下，我校举办了大约 30 次国际研讨会和夏令营，来自越南、印度、阿尔及利亚、摩洛哥、伊拉克、西班牙、美国、伊朗、黎巴嫩、埃及等国的学生参加了上述活动。可以说，白俄罗斯国立技术大学在白俄罗斯高等教育国际化方面发挥了积极作用。

四、培养工程创新人才，重建服务白俄罗斯共和国经济发展的人力资源

作为理工科强校，请问在专业领域工程人才培养方面，贵校有哪些经验？

谢尔盖·哈里同契克：生产和实践的任务十分复杂，往往需要创造性

的探索和研究技能。因此，只有当工程人才在大学教育阶段能够切实参与创造和科学成果检验时，他们的专业技能才能满足未来生产需求。例如，以前建立新的拖拉机模型需要 8—10 年，而现在从开发设计到形成试验模型，再到试验完结和生产准备，大约只需要 1 年的时间，这就意味着技术生产周期在不断缩短，与之伴随的是高等教育的时间也在不断缩短。发生这些变化的原因中，最关键的是高技能人才发挥了加速作用。

因此，我们认为，未来的专业人才必须具备一定的创新技能，能够在工作中利用科学研究和实践中出现的所有新发现，不断提高技能，通过自己掌握的知识和技能，创造性地处理在实践中出现的各种问题，迅速适应生产环境。我校的现代教育制度是最大限度地培养学生迅速掌握获取信息的能力。换句话说，学生要有进取心、积极主动并且敢于承担社会责任。所有这些素质，都是通过学生积极参与日常的研究工作培养出来的。白俄罗斯国立技术大学设立学生实验室，是吸引学生参与实验和创新工作的一种有效方式。

现阶段，如果没有教育创新，就不可能培养出高素质的专业人员，随着现代社会信息化建设进程的加快和信息化意识的不断加强，教育系统必将面临新的挑战。为了应对时代的挑战，白俄罗斯国立技术大学发展了新的教育形式，通过构建国际远程教育研究所，充分利用信息技术的进步，对专业人员的理论和实践知识进行再培训，使他们能够不断满足市场生产的需要和国家教育标准的要求。

我校的任务不仅是培训专业人员，还要培养身体健康、智力发达、忠于自己国家的年轻人。只有这样，国家才能拥有高质量的科技支撑和智力支撑，促进白俄罗斯共和国实体经济发展的人力资源。

贵校培养的上述人才在白俄罗斯技术创新和经济建设等领域取得了哪些成就？

谢尔盖·哈里同契克：百年的大学发展历程表明，我校的毕业生在国内工业和国民经济的相关领域发挥着重要作用。让我们感到自豪的是，今天所看到的白俄罗斯美丽的街道、整齐的房屋、宽阔的道路，以及国家图书馆、总统府、奥林匹克综合场馆等建筑，很大程度上都是由我们的毕业生以其努力和智慧建立起来的。

此外，我校毕业生中还有汽车制造和汽车设计人才。比如，保罗·卢基扬诺维奇·马里耶夫是世界著名的白俄罗斯汽车制造企业的总经理，曾被授予"白俄罗斯英雄"称号。又如，30多年来，白俄罗斯生产的重型车辆一直由我校毕业生米哈伊尔·斯捷潘诺维奇·维约斯基担任设计师，他也曾被授予"白俄罗斯英雄"称号。

五、转向"大学3.0"模式，获得新资源和推动力

信息化社会的快速来临，刷新着世界各国家各领域的面貌。贵校是如何应对这种趋势的？

谢尔盖·哈里同契克：今天，白俄罗斯国立技术大学是在白俄罗斯共和国教育部实施的"大学3.0"模式的框架内探索发展的。向新模式过渡将使大学能够获得崭新的资源和进一步发展的推动力。

转向"大学3.0"模式只是白俄罗斯国立技术大学发展的一个新阶段，并不是新任务，因为我们已经具备了实现"大学3.0"模式的要素——白俄罗斯国立技术大学科技园。

科技园的活动旨在根据我校专家和学生的科研方向及创意，支持其进行发明和创造，并付诸系统化生产。目前，科技园有18家创新型企业，都是从大学的自有系统中孵化出来的，依托的基础力量就是白俄罗斯国立技术大学的科学家、教师、学生和国民经济诸多领域的专业人员——医生、工程师、技术员、设计师等联合研究的结果。通过与社会企业合作，我们在医学、金属加工、能源、环境、建筑、信息和加工技术领域开发并持续改进了50多种先进技术和产品。例如，正在开发的项目之一是制造世界上技术经济指标最好的医疗产品和设备，用于心血管手术、骨合成和

膝关节手术，以及皮肤癌的治疗。通常采用的模式是，先在大学的实验室和教研室对项目进行推演研究，对能够进行打模生产的项目，则先依托合作工厂进行样品实验，待检验合格后正式进园入孵。在此期间，学生们可以充分在科技园和试验厂参加实习、开展毕业设计，毕业后可以继续留在大学系统里工作。这不仅解决了学生的就业问题，而且通过校企合作，优化了大学的课程改革，并为其他新专业的开设寻求理论和市场依据。这就是"大学3.0"发展的主要模式，是白俄罗斯国立技术大学培养学生的新方式。我校现阶段的主要任务是进一步将教育、科学和创新结合起来，联合大学的各个部门，建立一个新型的大学生态系统。

大学实现进一步创新增长的潜力和前景是新的教育形式和创新活动。无论是学生还是需要进修的专业人员，大学需要优先培养个体的创新思维和创业能力。因此，我校现阶段的目标是在教育过程中创设更多的项目和支持办法，以培养学生的批判性思维、沟通和交流能力以及团队合作技能。而这一切，都可以通过进入科技园孵化的企业来进行实际检验。

六、共同克服语言障碍，继续加强高等教育合作

贵校与中国开展了哪些合作？

谢尔盖·哈里同契克：白俄罗斯与中国已经在许多领域建立了友好关系，特别是在教育、科学和技术领域。2013年12月5日，我校签署了关于建立白俄罗斯国立技术大学科技孔子学院的协议。2014年10月21日，白俄罗斯国立技术大学科技孔子学院在明斯克举行了揭牌仪式，这是全球第一所科技孔子学院。科技孔子学院的职能是：开展针对工程技术人员的汉语教学，提供必要的教学参考书；对白俄罗斯的汉语教师进行培训，并侧重科技汉语方面的教学；提供中国教育、文化、经济、科技、创新、社会制度等方面的信息；提供关于在中国高校学习的信息。

在此之前，根据国家间合作的优先发展规划，白中两国已经开始建

立以科学为重点的双边研究中心。2006 年，白俄罗斯国立技术大学成立了白俄罗斯—中国道路建设科学研究中心，其目标是研究合作以及掌握公路设计、建造和维护方面的新技术。目前，该中心的专业人员已经完成了价值超过 20 万美元的项目合同。该中心正在寻求同河南省新乡市工业界进行高级别联合培训。

白俄罗斯国立技术大学还定期举办白俄罗斯—中国系列学术研讨活动，如材料制作和现代加工技术研讨会、广州—白俄罗斯科技商业交易会、白俄罗斯—中国光子学论坛、明斯克市中国教育展览会等。这些活动正在逐步将中国与白俄罗斯的合作深化为科学和技术领域的合作。

在中白教育年的框架内，我校计划在中国举办青年学生交流会，创造白俄罗斯国立技术大学和中国主要高等教育机构的合作机遇。2019 年 3 月，白俄罗斯共和国教育部部长伊戈尔·卡尔彭科向在白俄罗斯国立技术大学和其他高等教育机构就读的中国学生授予了优秀奖章，我校中国学生古鹏豪、戴文基、侯雅博获此殊荣。最近，我校的新闻广播站"白俄罗斯国立技术大学的时光"开设了一个题为"外国学生访谈"的栏目，侯雅博在该栏目中介绍了她在白俄罗斯国立技术大学学习的经历，并分享了她眼中白俄罗斯国立技术大学的办学优势，她说："选择了白俄罗斯国立技术大学，就是选择了光明的未来。"

您觉得未来应该怎样进一步加强中白两国在高等教育方面的合作?

谢尔盖·哈里同契克：科技合作会议和谈判的成功在很大程度上取决于翻译的质量。实践表明，熟练掌握俄语和汉语技术语言的工程师，是非常重要且稀缺的。因此，语言问题还是目前阻碍白中深度合作的一个因素。

为加强同中方的合作，白俄罗斯国立技术大学通过了汉语工程师培养训练政策。自 2017 年以来，我校已开设汉语作为第一外语和第二外语的课程，向信息技术和机器人学院、自动化学院等学院的学生提供培训。该政策内容还包括允许以汉语为主要外语的学校毕业生继续在大学学习汉语，从而保持连续性。

我校的科技孔子学院每年举办一次"一带一路"科技翻译比赛。该比赛得到华为公司的赞助，由白俄罗斯国立技术大学、白俄罗斯国立技术大学科技孔子学院、白俄罗斯—中国大石油工业园等单位联合发起并组织，现已成为一项国际性的比赛。这个竞赛同时也是一次招聘会，白俄罗斯—中国联合公司、大学和研究所可以在会上评估每一位参赛者的语言水平和专业水平，以考虑为他们提供工作机会。

因此，白俄罗斯和中国要进行密切合作，培训懂汉语的工程技术人员，是两国共同实施大型科技和工程项目的一个非常重要的因素，也是需要我们共同克服的最大障碍。

您对在贵校学习的中国学生有什么建议？

谢尔盖·哈里同契克：在白俄罗斯大学学习成功的一个重要因素是俄语水平要高，这会为今后的职业发展创造很多机会。希望中国学生能够不断提高俄语水平，这是教育过程中最重要的一环。只要做到勤奋、耐心、不断完善，中国学生完全有理由取得成功。

我校有一个预科班，主要任务是帮助国际学生学习俄语。我校还与东北大学开展联合编写科技汉语词典、中俄术语词典等工作。

科学合作是一个独立的方向。今后我校计划设立中国技术学院。学校将竭尽全力确保中国学生接受更好的工程教育，这是白俄罗斯国立技术大学的品牌。另外，我们还要确保他们顺利完成大学学业，被授予本科生或硕士研究生工程师资格。

我建议中国学生要掌握一套系统的自学方法，这既是我校为学生开设的课程，也是科学工作和大学文化生活的一部分，这套方法会让每一名学生终身受益。白俄罗斯国立技术大学会全力协助中国学生发挥他们的创造力和专业潜力，使其成为将来参与白中项目合作的中坚力量。

教育信息化

新加坡教育信息化：理念、挑战与经验

——访新加坡教育部教育技术司副司长陈丽萍

自 1997 年以来，新加坡教育部已陆续出台了三部 ICT 教育规划（ICT Masterplan for Education），正是在这一规划持续实施的推动下，新加坡成为引领全球教育信息化发展的国家之一。在规划的实施过程中，教育实验室（Edulab）、未来学校（Future School）等具有变革意义的创新项目不断开展，并受到了全球教育信息化领域研究者与实践者的关注。为了解该规划在制定与实施过程中积累的有益经验、遇到的挑战及采取的应对措施，我们专访了新加坡教育部教育技术司副司长陈丽萍女士。

一、ICT 教育规划旨在使新加坡在教育技术领域保持全球领先地位

据了解，您所在的新加坡教育部教育技术司（Educational Technology Division）的工作宗旨是"以信息通信技术丰富学与教"，请简要介绍您所在的部门，以及您和您的同事具体负责哪些工作。

陈丽萍：我所在的新加坡教育部教育技术司主要负责新加坡 ICT 教育规划（ICT Masterplan for Education）的制定、执行和管理，ICT 教育规划为 21 世纪学习的信息化指明了战略方向，并最终使新加坡在教育信息化领域保持全球领先的地位。

我们部门探索教育技术在教学中的应用，并与学校合作探索及拓展融合了信息通信技术的教学方法，以支持学生的自主学习（Self–Directed

Learning，SDL）和协作性学习（Collaborative Learning，CoL）。我们努力在教师、学校领导者和其他关键人物之间建立一种"技术能在学习中发挥关键作用"的共识，并开展这些群体的信息化能力建设，以深化信息通信技术的教学应用，转变学生的学习方式。此外，我们还负责视频和音频的教学材料的制作与传播；评估有关信息通信技术在学与教中应用的新想法，并开展试点，将这些想法转化成可以在课堂中实践的方法。

ICT 教育规划引领着教育信息化的发展。1997—2002 年，ICT 教育规划为学校使用信息通信技术打下了坚实的基础，特别是在基础设施配备和教师将信息技术融入教学的能力培养方面。在这一阶段，人们对于信息通信技术在教育中的应用有了广泛的认同。2003—2008 年，我们探索了信息技术在教育中更加有效的和普遍的应用。例如，提高信息技术在课程中的融入度，制定和实施学生 ICT 基本标准，并在学校中普及信息技术在教育中的创新性应用。2009—2014 年，我们的工作重点是改变学生的学习环境，使其更加多样化，并培养学生在知识经济时代取得成功所必备的关键能力和品质。

二、新加坡在教育技术规划制定与实施中秉承的原则

从 1997 年开始实施至 2012 年，新加坡 ICT 教育规划已有 16 年的发展历程；2011 年，中国制定并开始实施《教育信息化十年发展规划（2011—2020 年）》。新加坡教育信息化发展规划的制定和实施可以给中国带来哪些经验和借鉴？您对于 ICT 教育规划的实施有何体会？

陈丽萍：在三部 ICT 教育规划的制定与实施期间，教育技术司在不断地进行探索和改变，但也一直秉承以下几个原则。

首先，我们相信，学生的学习和教师的教学应该是在教学法的指引下开展的，同时，学与教可以在适宜的技术应用的支持下开展。在信息通信技术规划的实施过程中，学校被赋予可采用各种方法的自主权，以根据

学生不同的情况，最大限度地满足他们的学习需求。

其次，信息通信技术有优化当前课堂实践的潜力，而且可以创新课堂实践，以提高学习者在课堂上的主动参与性。

再次，技术不断地进步，我们需要紧跟技术发展的步伐，并探索技术在教育领域应用的潜力。比如，通过将一小部分资源用在新型技术的尝试上，我们就有可能缩小学生间的学习差距。当然，新的文化和信息通信技术创新在教育体系中的发展和传播都需要时间和空间。

最后，教师能力的提高是实现信息技术在学与教中有效应用的关键因素。在提高教师利用信息技术开展教学的技能方面，为教师专业能力建设提供培训和辅导尤为重要。我们持续地反思和评估课堂中信息通信技术应用的效率，为的是确保其效率以及课堂实践与新技术的相关性。

三、新加坡教育信息化面临教师专业发展、基础设施建设和资金问题等多重挑战

各国在教育信息化的发展中都面临着各种各样不同程度的理念和实践上的困难及阻力。在实施三部 ICT 教育规划的过程中，新加坡遇到了哪些挑战？又是如何应对的？

陈丽萍：事实上，规划实施十几年来，我们面临的挑战有很多，比如在教师专业发展、基础设施建设、资金、信息通信技术融入课程、教学与评估等方面的挑战，以及如何应对学生网络成瘾现象等难题。

为了使学校在信息化发展中得到持续进步，学校领导以及其他关键人士需要得到系统化的专业发展，因为他们才是塑造学校文化、把握学校发展方向的人。教师的能力也需要通过接受指导和及时的培训来实现持续的提高。

一些教师存在这样的担心：在课堂上应用信息通信技术通常需要教师花更长的时间去备课和实践。对此，我们认为，课程、教学方法和评估的

协调与配合至关重要，将信息通信技术纳入评估对教学和学习有积极的作用。

在基础设施和资金方面，一些学校的信息技术设备配备齐全，因此，他们在设备使用方面就会比其他学校更有优势。这一点可以通过确保学校达到一定的生机比，以及配备更高速的网络来得到改善。由于技术的突破和更新总是在越来越短的时间内发生，设备的快速淘汰和资金的限制可能阻碍很多学校的信息化学与教的发展。当前，使用开源、免费 2.0 信息技术工具的趋势为打破资金障碍提供了可能性。然而，使用免费工具可能会带来其他的问题，比如个人隐私问题。

四、教育信息化工作需要群策群力，打好基础，重视教师专业发展

通过实施三部 ICT 教育规划，新加坡不仅建立起了教育信息化的基础，而且为解决学与教中的问题而实现了不断的创新，取得了丰硕的成果。在您看来，ICT 教育规划成功实施的主要原因是什么？

陈丽萍：实施 ICT 教育规划已经十多年了，这些年来，我们确实积累了一些经验，主要有以下几个方面。

首先，在将信息通信技术应用融入教育之前，需要将一些基础的工作做好。这包括：创新课程和评估，建设基础设施，开发学习资源和工具，促进教师专业发展，推动研发，培养高质量的教师和有远见的学校领导人。

其次，为使教师的专业发展学习具有可持续性，要给予教师持续的指导，同时鼓励他们改变课堂教学实践，以确保教师在教学时使用信息技术的准确度。

再次，教育信息化领域各利益相关方的通力合作，会加强教育部工作人员和各学校对可应用于教学和学习的新技术的探索能力。

最后，很重要的一点是，向别人学习。好的想法可能来自教师、研

究者、学校领导者或者产业界人士。有时，一些能够持续推动教育信息化发展的新想法的产生，或新的实践方法的采用，未必需要总是重新开发运作系统。动员各利益相关方的积极性，共同探索新的实践方法，这一点非常重要。

五、新时代的学与教应积极变革

第三部 ICT 教育规划提出，要利用 ICT 改变学习者，那么，未来的学习者应该具有怎样的特质？在信息通信技术不断融入到教育的过程中，学与教实践也在发生不断的改变，那么，您认为在这些变化中，学生和教师的角色有何变化？

陈丽萍：根据我的经验，在将信息通信技术融入到学与教中时，学生和教师有几个方面需要注意。

在信息化环境下学习，学生首先需要具有过滤信息的能力，即从大量信息中提取与他们有关的且对他们而言重要的信息。这一点非常重要，需要教师给予他们指导，培养他们辨别和过滤信息的能力。

教师还要承担起培养学生的社交能力和情绪能力的责任，使他们能够调整自己的情绪，建立积极的关系，并适应不断变化的社会环境。教师还需要帮助学生提高在社交媒体使用过程中的自我调节能力和在网络空间中的辨别能力，让学生了解自身应该具有怎样的言行。

此外，我们需要考虑一下将来。在学生的 21 世纪能力发展中，信息通信技术能力是一种基础能力，是成功的催化剂。技术发展迅速，教育者看到了自身适应发展的必要性，因此，教师必须要把这些能力传授给学生，帮助他们适应现实社会。最终，学生将会在未来的工作中使用到自己在学校所学的知识和技能。

教师也需要知道，学生之间是相互联系的，后者同时也与外部更大的世界联系着。这并非教师和家长能够一直控制的。因此，我们需要通过信息通信技术帮助学生开展个性化的个体学习和团队协作学习。学生的偏好和学生之间的关系，将会影响到我们开展教学的具体方法。如果教学得当的话，最终将会提高学生的学习参与度，促成更高水平的学习。

六、教育信息化领域工作者应不断探索与反思

可否和我们分享一下您在教育信息化领域工作的感想？

陈丽萍：教育信息技术迅速发展，环境不断发生变化。在这种大背景下，我经常会在工作中问自己一些问题，并反思一些问题。正是通过持续地寻求这些问题的答案，我努力使自己的工作有意义且目标明确。

21世纪的教学应该是什么样子？

我们如何才能知晓学生们已经具备了21世纪所需的素质、技能和性格？

如何评估和测试21世纪所需的能力？

我们如何能持续地调动学生的积极性，使其学习过程富有意义且帮助他们为将来做准备？

在日益复杂且快速发展的数字世界里，我们如何开展价值教育？

在教育中，技术的角色到底是什么？

希望以上这些能对大家有所帮助。

信息化时代的教师教育与教育环境

——访俄罗斯国立师范大学副校长米哈伊尔·普奇科夫

        2018 年 8 月 30 日，中国联合国教科文组织全国委员会、联合国教科文组织教育信息技术研究所与成都市人民政府合作主办的 2018 年都江堰国际论坛在四川成都开幕。论坛上，我们专访了俄罗斯国立师范大学副校长米哈伊尔·普奇科夫（Mikhail Puchkov）博士。普奇科夫博士从事在线学习趋势和工具研究，致力于为俄罗斯国立师范大学开发远程教育系统和发展俄罗斯现代教育安全环境。过去 10 年，普奇科夫博士在俄罗斯国立师范大学负责教育和信息技术相关项目以及俄罗斯全国师资培养项目。在采访中，普奇科夫博士介绍了俄罗斯国立师范大学在教师教育方面的优势与特色，对信息化时代下如何将新技术运用于教师教育和教师职业发展具有自己独特的见解，并阐述了俄罗斯构建和维护现代教育安全环境的方式。

一、俄罗斯国立师范大学的教师教育优势与特色

尊敬的普奇科夫教授，您好！很高兴您能够接受采访。首先，请您先为我们介绍一下俄罗斯国立师范大学的概况。

米哈伊尔·普奇科夫：俄罗斯国立师范大学是俄罗斯历史最悠久、规模最大的大学之一，它已在圣彼得堡市中心伫立了 200 多年。我们为不同类型的教育配备了专业的师资团队，而且其中大部分是学校全职教师。

        我们大学的一大竞争优势是学校设置了多达 20 所专业学院，覆盖的

专业领域较广，学生在其中可以学习到各种知识。毫不夸张地说，学校可以回答与教育有关的任何问题，如各种教学方面的新知识与新方法、教育法、教育经济学等。

当前，我们正筹划制定《俄罗斯国立师范大学发展规划（2019—2020 年）》，旨在促进大学在以下六个方面进一步发展：一是教育现代化；二是发展科学和开发创新活动；三是为学生的自我认知提供良好的环境；四是强化发展使自己跻身世界教育科学研究前列；五是强化学校本身与社会的联系；六是提升俄语在全世界的地位。

俄罗斯国立师范大学在教师教育方面有什么特色？

米哈伊尔·普奇科夫：教师教育质量的保障首先应从人才选拔开始。因此，在入学时，我们倾向于招收那些渴望成为教师的新生。为此，学校会与申请者进行良好互动，每年组织各类竞赛以吸引和接触最优秀的学生。在联邦政府的支持下，学校通过开展竞赛预备课程培训，为其中的优秀者提供优先入读大学的机会。有意到俄罗斯国立师范大学学习的学生，必须要提前做好各种准备，还要经过学校的层层选拔。

针对在职教师的继续教育也是本校课程的重要组成部分。俄罗斯国立师范大学积极为教师开展高级培训和再培训课程。这类培训课程有 16 个学时，很受教师欢迎。当今时代背景下的教师不仅要教学生如何学习，自身也要做好终身学习的准备。教师应该通过学习了解到新方法、新技术，还要将其发挥出最佳效果。

二、信息通信技术在教师培训和职业发展中的应用

随着信息通信技术的发展，该技术逐渐被应用于教师职业发展。在您看来，这些新兴技术的应用可能会对教育行业产生什么样的影响？贵校在教育中如何运用这些新技术？

米哈伊尔·普奇科夫：信息通信技术的发展和运用极大地改变了教师

培训和师生相处的方式。如果说以前学生学习的知识主要来源于教师的传授和图书馆的书籍，那么现在学生只要拥有一台智能手机就可以获得最新的专业知识和学习方法。

当手机成为大多数人生活的必需品时，周围的教育环境和自身的学习动机将决定学生如何使用这部手机。如我之前所提到的，我们看中申请者的职业意向。入读我校的每名学生都应该渴望成为一名好老师，在这种动机下，信息通信技术的应用将成为提高教育质量、完善教育内容的帮手。新技术使得制定新的教学质量标准、开发有效的电子学习方法、挖掘优质教育内容将成为师范类大学需要考虑的主要任务。同时，关于信息通信技术在教学、心理、生理方面产生的影响也被列入教育科学的研究范畴。

俄罗斯联邦科学与高教部于2018年统筹5所教育类院校成立一个协会，俄罗斯国立师范大学就是成员院校之一。该协会的目标是评估并完善已有的教育内容，并为教师培训课程制定新的标准。此外，俄罗斯国立师范大学于2018年尝试为那些不能到现场学习的教师额外启用新的平台——在线学习不同的课程，以满足不同教师的需要。

除了向教师进行电子授课，这些新技术应用还可以发挥什么用处？对于教师职业发展又会产生什么影响？

米哈伊尔·普奇科夫：举例来说，当我和学生讨论某项技术在某个活动领域的应用时，总会提醒他们要先确定使用这项技术是为了达成何种目标。一般会出现两种情况：一是新技术的应用节省了如时间、财力、劳动力等资源来生产相同数量的产品；二是新技术的应用提供了一种新的产品性能或者是一种新产品。

新的教育技术也是如此。一种可能性是用新技术培养更多的学生，让更多的人有受教育的机会；另一种可能性是新技术减少了资源的使用，提高了教育质量。只有这两种情况发生，我们在教学中谈论新技术才有意义。技术应用的目的比技术本身更重要。它可以是新的教学方法，如编写教科书的新方法，教科书也可以是电子的，所有课程都可以通过电子形式或在线讲座的形式被讲授。最重要的是要了解他们应用中有形或无形地达成了什么目标。

在信息化时代下，教师应该具备哪些职业素养？

米哈伊尔·普奇科夫：我认为一位优秀的教师不会让自己的教育方法过时。好教师不会停止学习，会不断增加自己的知识储备。即便一位教师完全了解其所教学科的全部知识，他也不一定就是真正的好教师。他还需要提升自己另外两方面的能力：一是"生活技能"，如处理个人问题、缓解压力、管理时间、理解各种指令、遵守规则、准备商业文件；二是"特定技能"，如主动处理文字和数字信息，提供非标准的解决方案，以便能够合理地解释自己的观点。事实上，教师在其执教生涯内必须做到以下六点：一是保持学习，提高个人素质；二是具备快速评估各种情况并有效处理的能力；三是了解自己；四是言出必行；五是适应不断变化的生活和工作条件；六是制定新的教学方式或完善之前的方式。以上这些都可以帮助一位教师紧跟教育潮流并积极完成工作中的各种任务。

三、建设安全的现代教育环境

目前俄罗斯与中国都尝试构建一种安全的现代教育环境。建设这种现代教育安全环境有什么意义？俄罗斯在这个过程中是怎么做的？中国可不可以从其中学习到一定的经验？

米哈伊尔·普奇科夫：建设一种安全的现代教育环境是非常重要和复杂的任务。教育系统的一大主要目标是确保学生有舒适的教育环境。这样学生才可以专心学习，不需要花费其他精力去适应环境。心理学家唐·柯克帕屈克（D. Kirkpatrick）曾指出，让学生进行有效学习的环境需要具备四个条件，其中第一个也是最基本的条件是在学习中具备积极的态度。安全的现代教育环境需要很多基础条件，如安全、温暖并且光照充足的场所。这些都可以让学生产生安全感。上述条件有助于培养学生形成良好的心态，从而使其更容易学习知识和技能。教育管理的任务之一是要将这些条件在文件中正式化。

在俄罗斯，为了能建设安全的现代教育环境，基础教育规划中明确列出了人员、财务、物质、技术等方面的量化指标。俄罗斯各州的学校都必须符合这些标准。这些标准也会与时俱进不断更新以建设更安全的现代教育环境。

2018 年，俄罗斯联邦政府批准了名为"教育发展"的国家项目，包括 9 个联邦优先计划。这些项目旨在促进学校发展，完善教师培训系统，加强教师与家长的沟通，为学生创造现代化的教育环境。当前，中俄两国的师范类大学对构建安全的现代教育环境这一议题都需要深入研究，两国学校在自身文化背景和历史传统的基础上，可就该议题开展相关的合作。

信息通信技术：促进教育公平的有效工具

——访俄罗斯教育科学部副部长卡冈诺夫·维尼阿明·沙耶维奇

2015 年 5 月 23—25 日，由教育部和联合国教科文组织合作举办的国际教育信息化大会在山东青岛召开。大会由"信息技术与未来教育变革的行动方案和推动因素"的教育与信息技术领导者论坛、4 次全体会议和 9 次分组会议组成。第二次全体会议，即部长圆桌会议邀请多国教育部部长就"有关包容性和适切性的终身学习"展开讨论。俄罗斯教育科学部副部长卡冈诺夫·维尼阿明·沙耶维奇先生以"信息通信技术在俄罗斯教育领域的应用"为主题做了演讲。在大会举办期间，我们就信息通信技术对教育的影响和中俄两国在教育领域的合作情况，对卡冈诺夫·维尼阿明·沙耶维奇先生进行了专访。他表示，信息通信技术对于促进教育公平和提升教育质量的影响巨大，俄罗斯大力支持教育信息化发展；联合国教科文组织的相关项目对教育信息化理念的传播起到了重要的推动作用；中俄通过教育交流深化了两国关系，合作前景广阔。

一、积极参与 UNESCO 相关项目，助力教育信息化理念与实践传播

作为联合国教科文组织的会员国，请问俄罗斯在参与教科文组织有关教育信息化的项目中有什么样的收获？

卡冈诺夫·维尼阿明·沙耶维奇：60 年来，俄罗斯一直是联合国教科文组织举办的各项活动的积极参与者。我们积极和联合国教科文组织各

个成员国加强合作，进行实践创新。我们有一些非常成功的项目，通过这些项目，可以参与到联合国教科文组织在提升信息通信技术能力、师资建设以及获取相关资源等方面的努力之中。在这个过程中，联合国教科文组织和相关的机构能够给我们提供一些教育信息化方面的专业知识和项目支持。

目前，联合国教科文组织进一步加快了此类活动的落实，提升了项目运行的效率，包括建立一些可持续的教育体系、促进信息通信技术和教育的进一步融合等措施。这些项目提供了相应的信息通信技术方面的建议，使得信息通信技术能够更加有效地融入到教育体系当中。这对俄罗斯、联合国教科文组织的其他成员国来说，具有很大的借鉴意义。

二、大力支持教育信息化发展，促进教育公平和质量提升

众所周知，俄罗斯是一个科技大国。随着科学的进步，信息通信技术发展尤为迅速。请问，您是如何看待网络学习、虚拟学校、慕课等信息技术在教育领域的应用的？

卡冈诺夫·维尼阿明·沙耶维奇：如今，俄罗斯在信息技术发展方面有了很大变化，在教育领域的应用方面有了很大提高。教育信息化非常有助于我们完成在这个领域中想做的事情，促进交流与发展。在这个过程当中，俄罗斯对教育信息化发展提供了很大的支持，促进新的教育理念的传播。

对于一些不能到学校上学的群体，信息技术能够帮助他们在家里学习。比如，一些非政府组织通过远程教育支持残障儿童进行学习。俄罗斯政府颁布了相关法律以保障残障儿童接受教育的权利。为提高对这类学生的教育的有效性，地方政府也制定了相关细则。2014 年，我们制定了针对残障儿童教育的规划，使俄罗斯所有残障儿童都获得平等的受教育的机会。我们向他们提供远程教育，以满足其学习的需求，也使他们可以通过

远程的方式参加考试、参与社区活动等。又如,人们越来越重视信息技术与远程教育的结合。一些参加职业教育的青年人、教师等通过远程学习获得我们提供的资源,从而满足他们的职业需求。

在信息通信技术的帮助下,俄罗斯在教育领域取得了哪些重大成就?

卡冈诺夫·维尼阿明·沙耶维奇:现阶段,俄罗斯在保障教育机会平等方面取得了非常重大的成果,普通教育和补充教育体系发展迅速,学前教育基础设施建设大力推进,全纳教育和矫正教育得到持续完善,现代教育技术获得广泛应用。在高等教育方面,国际教育交流和合作开展顺利,统计数据显示,2015年来自175个国家的超过15万名大学生赴俄留学。而且,俄罗斯和金砖国家建立了富有成效的合作关系,诸多科学领域的青年学者和专家之间的交流获得了飞速的发展。2015年下半年,俄罗斯将启动"世界俄语使者志愿者"项目。该项目旨在在全球范围内传播俄罗斯语言和文化,希望越来越多的国家的俄语学习者帮助我们推广俄罗斯语言和文化。

在全球化的今天,各国之间互相借鉴,能否请您为我们介绍一下俄罗斯在教育信息化方面取得的先进成果,如比较成熟的网络平台?

卡冈诺夫·维尼阿明·沙耶维奇:目前,我们的教育平台都是俄语的,只适合于俄罗斯学习者使用。教师会教学生如何使用这些平台。对于孩子来说,登录该平台是非常方便的,而且十分实用;对于大学生来说,网络分享帮助他们直接从图书馆获得想要的信息。这些网站可以提供大量的信息,包括文化、历史、地理、体育等,一些平台还可以让更多人在网上学习俄语。因此,学生和教师都可以共享这样的资源,提高自己的知识和技能水平。

三、深化彼此了解，加强中俄教育合作

此次中国之行，哪些见闻令您印象最深刻？

卡冈诺夫·维尼阿明·沙耶维奇：我印象最深刻的还是青岛这座城市。虽然青岛不是中国的首都，也不如上海繁华，但来到这里之后，会感觉青岛非常美丽。青岛给人的感觉很像俄罗斯的圣彼得堡，所以来到青岛能产生熟悉的感觉。青岛的国际化水平非常高，我期待能有机会与这边的学校有进一步的合作，共同实现我们对未来教育的展望。通过这次会议，我收集到的信息量是非常大的，需要进一步归纳和分析，把所学到的知识带回我的国家。随着信息技术的发展，教育质量不断提升，我们会为更多学生提供更加优质的教育。

中俄两国在很多领域有着良好的合作关系，那么，请问接下来在教育方面会有哪些新的合作吗？

卡冈诺夫·维尼阿明·沙耶维奇：首先，以学生交换为主，因为中国学生在世界上占有非常大的比重。其次，进行教师互换，特别是派俄罗斯的教师到中国学习。值得一提的是，金砖国家建立了富有成效的合作关系，诸多科学领域的青年学者和专家之间的交流获得了飞速的发展。最后，促进文化交流，非常欢迎中国学生去俄罗斯参加表演，我们也会派俄罗斯的学生到中国参加活动。我们会共同举办这样的汇演，让中俄两国的学生加深对彼此的了解。

智慧教育之先锋　终身学习之路径

——访阿联酋哈姆·本·穆罕默德数字化大学校长、联合国教科文组织教育信息技术研究所理事会主席曼苏尔·阿瓦尔

　　阿联酋哈姆·本·穆罕默德数字化大学是一所研究型大学，引进针对传统大学教育范式转型的智慧教育，通过移动学习、在线课堂、游戏教育、社交网络等，提供全新的学习体验。作为校长，曼苏尔·阿瓦尔教授对阿拉伯新一代学子的教育充满殷切期盼，他专注于推动智慧教育发展，认为智慧教育是教育的未来，是实现全民教育、终身学习的有效途径。曼苏尔·阿瓦尔教授担任联合国教科文组织教育信息技术研究所（IITE）理事会主席。IITE 作为一个卓越的研究机构和技术支持的提供方，旨在帮助成员国提升教育信息化的能力。在接受我们采访的过程中，曼苏尔·阿瓦尔教授介绍了哈姆·本·穆罕默德数字化大学的情况，包括学校如何发展以学生为中心的教学环境，如何将传统大学教师培训为数字时代的教员等，以及 IITE 的作用、面临的挑战、合作的愿景等。

一、服务于全民终身学习的智慧校园

　　哈姆·本·穆罕默德数字化大学（Hamdan Bin Mohammad Smart University）成立于 2002 年 2 月，是阿拉伯联合酋长国（UAE）的第一所数字化大学。请您简单介绍一下贵校的情况。

　　曼苏尔·阿瓦尔：这所大学的建立源于阿拉伯联合酋长国的副总统

兼总理、迪拜酋长谢赫·穆罕默德·本·拉希德·阿尔·马图（Sheikh Mohammed Bin Rashid Al Maktou）的远见。他的设想是能够重新定位高等教育，以满足下一代人的需求。智慧教育是一个新领域。我们是第一所在阿拉伯世界被高等教育委员会认可的数字化大学。作为先行者，我们向世界展示了如何利用信息通信技术进行智慧教育。这所大学是我们重塑阿拉伯世界的高等教育的例证。

重塑高等教育意味着改变其四大支柱。我们都知道教育有四大支柱，分别是学习者、教师、课程、教育环境。而这所大学使这四个方面的角色都发生了改变：学生变得积极主动，他们主动获取信息，而不是教师向他们灌输信息；教师作为辅导员，其工作是为了帮助学生，而不仅是教授他们知识；课程内容全部都能在线获取，内容开发将成为教师面临的一大挑战；教育环境的改变使得无论学生在哪里，都能灵活地安排上课时间。智慧教育还使教育成为在经济上可负担的。教育必须是在经济上让所有人，或者说绝大多数人能承受的。我们说教育的目的是为了所有人，如果它不是可负担的，那就是在进行精英教育。事实上，智慧教育是在摒弃精英教育。教育应该对所有人都适用，每个人都必须拥有接受教育的权利和途径。

能否给我们举个例子，说明贵校是如何建立、发展以学生为中心的教育环境的？

曼苏尔·阿瓦尔：首先，智慧校园是一个高度集成的学习管理系统，应用程序非常多。我们并没有开发应用程序（应用程序是本来就存在的），我们团队所做的是将这些应用程序整合起来，使其成为对学习者更加有效的工具。我们有很多整合器（Integrator），它们可以连通所有设备，无论是 IOS 系统，还是安卓系统。其次，我们设计并建立了一个社交网络。例如，在教育领域应用类似迷你推特（Twitter）的社交网络。这种尝试取得了非常好的效果，使我们受到了激励，因此现在我们采用了"游戏教育"的方式，使学习变得有趣。无论你是谁，当你在玩游戏的时候，都会被吸引。我们是世界上第一所将游戏应用于整个机构的教学方法的大学，而不只是应用到一个基于游戏的课程，它是一个整体的方法，一个学习者都参与的活动。智慧校园实际上为每个人都提供了个性化的辅导。从某种程度上讲，当学习者用自己的密码进入智慧校园时，就拥有了自己的世界，有课程、笔记以及满足其学习所需的一切。而且，这个智慧校园将会一直存在于学习者的生活中，无论什么时候去任何地方，学习者都不需要带着书本，也不需要带着笔记，在他们的整个生命里，智慧校园将一直相伴。

二、培训传统大学教师转型为数字时代的教员

数字化大学选择教师的标准与传统大学不同，贵校是如何选择教师的？

曼苏尔·阿瓦尔：我们从传统大学选择教师，但不直接让他们任教，而是让他们参加培训，我们称之为电子教员（E-Faculty）培训。如何将传统教师转变为电子教员？为了与智慧校园的平台紧密合作，我们会培训他们如何设计课程、开发课程等。他们必须接受长达 6 个月的培训，这是在哈姆·本·穆罕默德数字化大学与教师签署的协议中强制性的规定。培训结束后，教师必须获得证书，才能证明他们具备成为电子教员的资格。在认证之后，因为技术发展得很快，所以每年都会安排电子教员参加"更新课程"（Refreshment Course）培训。因此，即便取得了证书，电子教员们也不可以松懈，否则就会被落下。在"更新课程"上，我们会聚集所有的电子教员，为他们提供新的知识、新的工具、新的应用，以帮助他们适应快速更新的技术。

信息通信技术被认为是教育的变革性力量，在您看来，教育的哪个因素是最难以被改变的？

曼苏尔·阿瓦尔：我认为最难以被改变的是教职员工。在任何地方，我们都会被自己原来的做事方式所禁锢。就像在我们的家庭中一样，父亲

通常不喜欢孩子们换新风格，除非孩子们长大，重新建立起他们自己的生活方式。同理，我们的教职员工都受到传统方式的影响，形成思维定式。一所大学的教员，他们已经按照同样的方式教学了15年、20年，甚至30年，现在你告诉他们，不再使用以前的教案，不再用灌输式的授课方式。他们会问："我们不教书，那我们做什么？"你要让他们成为一个辅导员，成为一个训练员，成为一个提供帮助的人，这是比教书更难的工作。在过去，他们通常都有自己保存并使用了很多年的教案，而智慧学习就通过真正的考核让电子教员每学期（每3个月）都需要在线更新教学内容，使他们必须接触新知识，而这就是发展的力量。这就是为什么我们为电子教员设立认证制度，让教师在智慧校园中得到最大限度的检验。此外，我还要说，有时无知会使人站到了一场伟大的变革的对立面，但当通过检验的电子教员真正面对200—300名学生听众之后，就能感受到切实的收获，他们会非常受学生的欢迎。

三、智慧教育将会成为最好的选择

在您看来，智慧教育最本质的特征是什么？例如，是什么使智慧教育有别于其他教育形式？

曼苏尔·阿瓦尔：智能服务和其他领域的区别主要有三个。第一，可访问性。这项智能服务是否容易获取？操作过程是否复杂？用户友好度如何？这些都是衡量的标准，因为如果它太复杂，人们就不会乐于访问，也就不能称之为"可访问"了。第二，灵活性。如果我无法负担全日制的费用，而且白天必须工作，那么是否可以为我提供这种灵活性？如果学习的时间、位置无法变动，它不灵活，就不智能。第三，也是最重要的一点，就是可负担的。智能服务应该是人人都能负担得起的。教育就应该是人人都可以负担的。当然，"可负担"这个词也是相对而言的。在迪拜，人人可以负担得起的不一定在青岛人人都可以负担得起，在青岛人人可负担的在非洲却不一定。因此，可负担性要满足所有人的需求。这是任何智能服务，也包括智慧教育所必须具备的三个特征。

数字化大学会取代传统的大学吗？您认为数字化大学的未来发展如何？

曼苏尔·阿瓦尔：在过去，智慧教育还只是存在于科幻小说中；而在今天，它不言自明，对一些人来说，是他们主动选择了智慧教育，而另一些人是因为别无选择；但在将来，智慧教育将是最好的选择。为什么我会这样预测？ 20 世纪前，飞机是人们不曾拥有过的交通工具。在如今的中国，如果你想从青岛到香港参加商务会议，你告诉别人"我要乘船去"，会被笑话。将来我们也会这样看那些去传统学校的人，人们会相信最好的选择就是智慧教育。

四、推动教育信息化发展的 IITE

请您谈一下 IITE 在全球推广教育信息化的作用？

曼苏尔·阿瓦尔：我认为 IITE 在全球所有希望推动教育信息化发展的利益相关方中扮演着推动者的角色。联合国教科文组织成立 IITE 的初衷就是为了让其能够在国际社会上扮演这样的一个角色，像"伞"联系起所有关心教育和在教育中使用信息通信技术的组织。IITE 致力成为人们在研究、培训、内容开发、与所有联合国教科文组织的成员国交流和共享知识等方面的促进者和推动者。

在您看来，IITE 目前面临的最大挑战是什么？

曼苏尔·阿瓦尔：目前我们最大的挑战是如何提升 IITE 在全球的知名度。我认为，IITE 做得非常出色，但仍需要拥有更高的知名度。这就是为什么理事会非常希望 IITE 在全球范围占有一席之地，成为一个真正的全球性的伞状组织，成为所有希望在教育领域推动信息通信技术发展的机构的坚实后盾。正因为联合国教科文组织赋予 IITE 的定位，IITE 拥有资源，比如说很好的网络平台，所以我觉得在未来它有很大的潜力发展成为一个在国际上发挥重要影响力的组织。

您认为 IITE 发展面临的主要挑战是什么?

曼苏尔·阿瓦尔：财政问题是一个全球性的问题。联合国教科文组织也有财政状况方面的困扰。一旦联合国教科文组织面临财政困扰，那么其所有的分支机构也会受到影响。对于 IITE 来说，俄罗斯正在考虑对其进行慷慨资助。目前，理事会也正在制定筹资战略，即所谓的预算外资金。理事会成员所拥有的关系网络将有助于 IITE 克服资金问题。因此，从我作为理事会主席的角度来看，IITE 足以应对财政挑战。

您对那些中国潜在的合作伙伴有哪些合作愿景?

曼苏尔·阿瓦尔：不仅是在中国，我一直在向阿拉伯世界的同事以及欧洲、北美和世界各地的同事传达同样的信息。作为联合国教科文组织的成员国之一，中国在利用信息通信技术方面具有很大的潜力。我认为 IITE 可以帮助中国人、中国企业在全世界范围内提高知名度。我认为中国企业和 IITE 具有巨大的合作潜力，中国企业应该支持、回应 IITE 的活动，在此过程中，中国企业也有机会向全球公众展示自身形象，我认为这是一种互利的机会。我认为我们为中国企业提供的机会越多，它们就越能够从专家的意见中、从 IITE 对信息通信技术的研究中获益，这对所有人来说都是有价值的。

智慧课堂需要智慧教师：技术发展助力教师专业成长

——访以色列雅典娜基金会创始人尤里·本·阿里

在互联网时代，全球都面临同样的挑战：学生越来越多地从互联网获取知识，教师角色正在变化。"未来教师是否会被人工智能替代？"这一问题引起教育领域相关人士的关注。在山东青岛举办的教育信息化大会中，我们对雅典娜基金会创始人兼主席尤里·本·阿里（Uri Ben Ari）先生进行了采访。在采访中，尤里·本·阿里先生对雅典娜基金会的创设初衷作了具体阐释，对基金会在学校、政府等多方群体中所扮演的角色进行了说明，并就基金会所寻求的合作伙伴、新技术为教师带来的优势（包括教师培训）、传统课堂与智能课堂之间的区别以及对教师培训的期待表达了自己的观点。此外，尤里·本·阿里先生还表示，智慧课堂就是智慧教师，反之亦然。因此，在当今科技飞速发展的时代，应将平板电脑等先进的设备应用于教师的专业成长中，尤其是在特殊教育领域。

一、科技助力教师和学生成长

请您谈谈设立雅典娜基金会的初衷是什么？

尤里·本·阿里： 首先，为教师提供必备的数字技能，以帮助他们应对数字时代的新挑战，是我建立该基金会的原因之一。我从公司退休之后，就开始想接下来我能够为我的国家做点什么。我知道这对我来说必定是一件很重要的事情，尤其是在教育领域。作为从事互联网行业 20 余年的人，我希望人们能够进入互联网时代。然而，我遇到过一些不理解互联网重要性的人，我也在教育领域中看到了那些没有融入数字时代的教师。我认为教师是我们社会的重要支柱，未来属于教师们所教的孩子，孩子能将自身所学带向未来。因此，教师如果不具备必要的专业知识和技能，就无法在当今世界有效竞争。尤其是，当我们意识到随着科学技术的进步，未来将有很多的职业被取代，我们却仍然在教授一些不知道未来是否还需要的专业知识时，我们应该为教师们提供一些正确的技能——数字技能，以便让他们有效应对教学中所遇到的新挑战。

其次，促进教师地位的提升是我建立该基金会的第二个原因。我认为互联网时代的来临在一定程度上使教师失去了他们在教学中的主动权。在互联网时代之前，教师是学生获取知识的来源；但当数字革命和互联网革命开始，知识的普及化现象使教师失去了他们作为学生知识来源的独特地位，也在一定程度上影响到教师的发展，甚至他们的工资水平。实际上，除少数国家非常欣赏和尊重教师之外，还有一些国家的教师社会地位很低，也没有得到足够的尊重和相应的工资水平。因此我觉得，我应该利用自身的相关经验以及在互联网行业所具备的资源去做点什么，改变这一现状，以帮助和鼓励教师发展。因此，我便在我的国家发起了一个项目——为以色列的每一位教师提供一台个人电脑和 120 小时的专业培训，希望以此帮助教师明晰他们在数字时代的正确定位，促进他们对未来世界的理解，也让学生明白他们的教师具备一定的数字素养，教师值得被尊敬。

在过去的几年里，随着该项目的具体落实以及个人电脑在课堂中的使用，我们也做了一些关于教师地位变化的研究。研究发现，教师与学生及其家长之间有了一种更加良好的沟通方式。这些原本对技术十分陌生的教师，开始慢慢地对互联网技术精通起来。也有人告诉我，有可能教师会用这些电脑做与教学无关的事情，但我当时说，这种现象不会发生，教师们会用电脑进行教学。实践证明，我是对的。

最后，助力教师与学生的成长是我建立该基金会的第三个原因。令人惊讶的是，许多国家的政府尚未意识到电脑对于教师的重要性。事实上，很多国家的政府雇员都配有电脑，否则他们就无法工作，但在大多数国家，虽然作为政府雇员的教师在教学过程中同样也需要电脑来讲课、保存课堂记录、整理课堂材料等，但却未给他们配个人电脑。这就是当下的一个悖论。因此，我们的使命由此产生——我们想为每位教师提供一台电脑，我们想提高教师的社会地位，让他们得到真正的尊重。

出生在数字时代的孩子对新事物的接受能力特别强，学习速度也很快。我的孙女今年 6 岁，她从两三岁就开始使用电子产品。当孩子进入幼儿园或学校时，他们的数字化装备或许比教师更加齐全，这就是当前存在于师生之间的一项明显差距。因此，雅典娜基金会的发展动力就是：要让师生在技术上处于同等的水平。正如你所看到的，我们花了 10 年的时间才达到今天的水平，但我们仍在不断成长与发展。

在我最近的一次演讲中，有一段雅典娜基金会制作的视频，我们希望这段视频，能够真正地向教师展示这个项目的好处，特别是对于那些特殊教育教师。在特殊教育领域，教育技术发挥的作用非常明显。例如，一位无法用口头表达的残障孩子，有一天忽然能够在平板电脑上写下"妈妈，我爱你"；一个几乎看不见、不能说话的孩子，如果他学会了使用电脑，将是一件伟大且有意义的事情。我们坚信，这就是未来，这就是我们希望借助于科技帮助教师和学生成长的原因。

二、明晰定位，牢记使命

您认为雅典娜基金会在教育领域中发挥着什么样的作用？

尤里·本·阿里：我们有一些战略合作伙伴，其中，以色列教师联盟（Israeli Teachers Union）是我们主要的合作伙伴之一。该联盟提供教师培训服务，我们提供电脑设备，旨在支持和帮助教师发展。我们还与其他一些组织和基金会合作，共同资助这个项目。目前，该项目的资金规模已经超过 2000 万美元，未来几年将超过 3000 万美元。

此外，我们还正在开发一个规模更大的项目，我认为该项目向政府传达的信息是："别让你的教师掉队"——首先，每一位教师都应该配备一台个人电脑；而后，电脑的使用要与教师的专业发展结合在一起。

此外，我们发布的相关报告显示，个人电脑已经改善了教师的生活，影响了学生的生活。电脑是一种交流和教学的工具，教师需要电脑来进行工作，特殊教育教师也需要平板电脑来与他们的学生进行交流。促成并帮助教师做到上述几点，就是我们的使命。

我将自己归为一个社会企业家。首先，我是一个有多年商业经验的商人，我了解这个国家的需要——当然，这也是我的社会责任——我做的事情是为了我们的下一代。以色列是一个仅有 800 万人口的小国，国家当中的每一个人都需要成为优秀的公民，国家才能真正富强。70 年前，犹太人被纳粹屠杀，我们不得不为生存而战。如今我们已经建立了自己的国家，也在一定程度上获得了世界的尊重。但为了更好地生活，今天的孩子们必须学习数字时代的相关技能，以便在未来二三十年的竞争中能够有效参与。而现在，唯一能让孩子们做好这个准备的人就是教师。因此，我们必须加强对教师的重视和培养，为他们提供必备的工具。我相信，那些把自己的生命奉献给教育事业的教师们是十分值得我们尊重的人，他们没有挑剔这份职业的薪水或地位，他们选择这条道路仅仅是因为他们内心的伟大使命。因此我希望政府能够提供支持，让他们成为最好的教师。

联合国教科文组织的一位代表曾问过我这样一个问题："为什么你认为教育很重要？"我认为，战争或者侵略，主要源于那些无知的人，正是因为他们的无知，才导致了一个恶劣而充满敌意的环境的出现。我认为，当人们拓宽他们对这个世界的视野之后，他们会看到更多美好的事物，他们会去学习，他们会去发展一些好的技能，他们不想失去这些机会。因此我认为，我们的人民受教育程度越高，我们的战争就越少，我们就能拥有一个更美好的世界。

因此，在我看来，教育的存在不仅仅是为了谋生或其他经济原因，它更是为了追求一种更加和平、美好的生活，为了世界的可持续发展。我们的使命是帮助教师，是培养世界上最好的教师。我已经在我的国家做出了一些尝试，我希望其他国家也愿意了解并实践。

我与首善京师教育集团总校长、"3.0学校"的全球共同首倡者和实践者梁国立教授保持着密切联系，他是一位我很尊敬的学者。我从他那里了解到，中国对于残障人士设有比较完善的制度，对自闭症儿童的重视还需加强。首先，我认为对于自闭症儿童来说，技术能够改变他们的世界。他们能使用计算机，开发软件，做任何他们想做的事。因此，我们可以帮助他们拥有一个更加光明的未来，使他们在未来能够成立家庭、维持生计。这对于自闭症儿童、患有唐氏综合征或智力低下的人群来说都是至关重要的。每一名有着特殊需求的儿童都是特别的，他们都是唯一的，都是需要教师关注的。我们有特殊学校，有时在普通学校里会设有为特殊孩子设计的专门教室，有时也会让孩子们在普通的班级里同其他孩子一起学习。这些孩子不应该因为某些原因而待在家中，他们不应该被忽视，他们身上的潜力需要我们去发掘，他们也应该有机会取得成功。因此，我的任务是：说服各国政府和人民看到孩子们的潜力。也许我们无法帮助所有孩子，但我们至少需要试一试，这也是我们促成这一项目开展的重要原因。

在以色列，一些特殊的孩子能够参军，并从事那些只有他们才能从事的特殊工作。这些孩子中有些具备特殊的智力——也许比我们的智力高，也许与我们的智力不同。技术的应用可以向世界展现这份不同，并且，在了解这类孩子之后，我们可以给他们的未来增加一种可能性。当然，也不仅仅是他们。总之，这些新的教育技术改善了孩子们和他们所在家庭的生活。这就是技术所拥有的潜力，我们要帮助教师利用这些技术，开发技术的潜力用于教育领域。

三、发展项目，寻求合作

您是如何发展您的合作伙伴关系的，例如您与国际开放和远程教育理事会（The International Council for Open and Distance Education，ICDE）**的合作伙伴关系是如何发展的？您正在寻找什么样的合作伙伴？**

尤里·本·阿里：我们在以色列发起了一个特殊教育教师节，以表彰从事特殊教育的教师。以色列总统于 11 月 27 日在他的家中为这些出众的特殊教育教师举行庆祝仪式。我提到这点的原因是我计划发起一个国际特殊教育教师节。我已经将这个想法和许多联合国教科文组织成员国的代表沟通过，如果在中国可以找到一个合作伙伴，我很希望也能在中国实现这个倡议。我知道中国有教师节，但我希望为特殊教育的教师们发起一个特别的节日。这是我的目标，我相信这也将带动其他节日的发起，在世界范围内增强人们对特殊教育教师的认可。

中国是一个美好的国度。相比于只有 800 万人口，人口数量仅为中国一个中等城市的以色列来说，中国有着 14 亿人口，是一个文明古国，也是当今先进的国家之一。中国已经领先于许多国家。具体来说，一方面，中国在技术、教育、医疗方面十分先进。我曾作为以色列智慧城市的专家受邀去广东佛山演讲，我发现佛山有很多采用先进技术的自动化工厂。另一方面，我认为中国民众有着谦逊平和的心性、丰富的知识、巨大的潜力，取得了灿烂的成就。

记得我曾接受过一位中国电视台记者的采访，当被问及"你能怎样帮助中国"时，我答道，与其说是帮助，不如说是学习。当下的中国正在塑造世界，开创未来。我们可以和中国开展相关的合作，我也相信我们能够从中国学习到很多东西。例如，我之前在北京遇到了梁教授，我认为"学校 3.0"是一个很值得研究和开展的项目，因为它是我目前见过的最先进的学校系统，我正试图与他们开展合作，期望将这个项目带到以色列及其他国家。

谈及合作这一话题，我想就未来的合作方式与我们当下的使命这两方面再谈谈自己的看法。其一，关于未来的合作方式。以我自身为例，我只知道一两个中文词语"你好""谢谢"，不过我们能够进行交流。即便你不会英语，我不会中文，我们不能面对面用语言沟通，我们也能通过翻译软件用微信联系。这就是未来——使用不同语言的新一代年轻人能够使用各自的语言交流，但是如果没有好的老师，就无法实现。其二，关于我们当下的使命。我们也必须从父母的角度来谈谈教师这一话题。那些刚刚为人父母的青年一代。他们没有时间照顾自己的孩子，孩子从早上8点到下午4点都在幼儿园或者在学校。当孩子回到家，父母准备晚饭，晚饭后就快到孩子睡觉的时间了。第二天一早又开始重复同样的作息。因此，孩子每天8—9个小时都和教师在一起。我认为教师在塑造未来，我们应该重视教师，提升教师的待遇。

四、教育技术提供教学形式上的多种可能性

与传统的教学形式相比，您认为新技术支持的教学形式有什么优势？

尤里·本·阿里：我们需要记住技术提供的是一种可能性，而不是主要的关注点。技术能帮助我们呈现更好的效果，更高效地传输和分析数据，但它不是焦点。我们要将教育和教学区分开——教育包括价值观、行为准则等，这些关于生命的哲学，如行为端正、善待他人、尊重生命等，自古以来就没有改变过；而教学的整个体系在不断改变，技术只是在这个过程中提供更多可能性。也许同样的教学内容，在虚拟现实中观赏效果更好，但这也只不过是让你学到基本知识的一种方式。例如，教学工具从竹简、印刷的书籍，到现在我们广泛使用的互联网和视频影像。你可以看谷歌地图、3D视频，可以在课堂上给非洲的孩子放视频看心脏是如何跳动的。

技术带来很多便利，但也产生一些问题，如隐私问题。但是，你无法阻止这种进步。正如照相机的广泛使用，即使人们会担心照相技术泄露隐私，但它也给我们提供了更优质的生活。因此，这是平衡的。我认为技术的发展是无法阻挡的，我们要接受新技术，同时也要注意，我们需要技术是因为它带来的更好的生活。

请您谈谈平板电脑在特殊教育领域中扮演着什么样的角色？以及在传统课堂与使用平板电脑的新课堂之间有何不同之处？

尤里·本·阿里：平板电脑改变了教师、残障儿童、父母之间的交流方式。平板电脑是一个推动者。在我们看来，它的确有一定的优势，但这些优势并不是永久的。我不是在推销平板电脑，我们需要它，是因为目前它是最好的技术工具——它们足够智能，让所有人都能方便地使用这台机器，能够切实帮助到残障人士。

对于有特殊需求的孩子来说，用平板电脑进行滑动、听、看，会更加简便、直观。需要明确的是，它并未改变课堂，它所代表的教育技术的作用是改变教师。人们过去常说智能教室、白板、智能板等，人们谈论的也总是我们的未来一代——孩子，少有人谈论教师，但必须明确的是，智慧课堂必须要有智慧教师。因此，为教师提供正确的技术工具和必要的培训之后，我们才能在一个智慧课堂上完成所有的智慧教学及学习事项。

五、提高教师英语水平，重视女性的力量

您对将新技术应用于未来的教师发展有什么样的期望？

尤里·本·阿里：在给每位教师提供个人电脑的基础之上，我还有以下两点期望。第一，加强教师英语学习。首先要确保每位教师的英语能力。英语是世界上最通用的交流语言，为了有效地使用先进的技术，包括互联网，你必须懂英语。如果当前我只说自己国家的语言，我就不能和你顺利交流，我们便不能成为朋友，不能合作。当然，翻译技术能够解决这

些困扰，但它仍然需要更多的发展，才能实现真正完美的交流。因此，无论是当前还是在未来的几十年里，英语都是至关重要的。因此，教师必须加强对英语的学习。

第二，重视女性的力量。据我了解，大多数国家中有 80%—85% 的教师是女性。这也是为什么我将我们的组织定名为"雅典娜基金会"的原因。雅典娜是希腊神话中的智慧女神，我认为女性拥有强大的力量和智慧，尤其在今天。我们看到越来越多的女性出现在管理岗位、领导阶层、大学院系。尽管在与技术相关的领域里，男性依然占多数，但我相信，在未来 20 年里，如果我们采取正确的行动，就将会有越来越多的女性跻身技术、研究领域。因此，我认为我们必须让教师意识到这一问题，我们不应该忘记是他们正带领着我们的孩子走向未来。

务实育人才

学术的名殿　精英的摇篮

——访俄罗斯人民友谊大学副校长拉丽莎·伊万诺夫娜·叶弗列莫娃

创立于 1961 年的俄罗斯人民友谊大学被认为是世界级政治家的摇篮，其为全世界特别是亚、非、拉美地区的国家，培养了大量的各种专业人才。从该校毕业的学生中，已有十几位成为国家元首，如圭亚那前总统巴拉特·贾格迪奥、乍得前总理优素福·萨利赫·阿巴斯等；几十位部长及大使等。联合国原秘书长安南曾在人民友谊大学建校 40 周年时专门发电祝贺，他在贺词中写道："俄罗斯人民友谊大学建校的目的是非常好的，教学质量是非常高的。在建校 40 年中对世界和平与发展作出了重大贡献，祝今后取得更大成绩！"对于这所新兴的、以研究国际关系和世界文化为主的著名学府，其独到的办学优势是什么？其对世界级名校的冲刺中，又设立了怎样的战略任务？在教育国际化的进程中，中国大学在友谊大学的国外合作伙伴中，居于什么样的位置？带着这些问题，我们在莫斯科对曾任卡尔梅克共和国教育部副部长、俄罗斯联邦教育与科学部国际合作处副主任的俄罗斯人民友谊大学副校长拉丽莎·伊万诺夫娜·叶弗列莫娃进行了专访。

一、改革创新是大学发展的不竭动力和永恒追求

尊敬的叶弗列莫娃副校长，非常感谢您能够接受本次专访。在您看来，俄罗斯人民友谊大学是一所怎样的大学？它的优势是什么？

叶弗列莫娃：俄罗斯人民友谊大学是一所由苏联领导人赫鲁晓夫创立于 20 世纪 60 年代的高等院校，原名为国立帕特里斯·卢蒙巴（Lumumba）人民友谊大学，是为纪念全非民族英雄卢蒙巴而创立的，当时专为第三世界国家培养年轻共产党员。

后来，大学凭借着在教学过程中设立社会急需学科、引进创新教学技术、努力开展科学研究、积极探索改革创新及广泛的国际交流合作，在短短的 50 多年时间里，发展成为一所不仅在国内，而且在全世界都享有盛誉的大型学术科研中心，这是极不容易的。众所周知，50 多年的时间对于一所大学来讲，是非常短暂的，因为大学需要的是沉淀和积累，比如欧洲的一些大学，动辄是近千年的办学历史，这是俄罗斯人民友谊大学所不及的。

然而，令我们引以为傲的是，经过 50 多年的创新发展，今天的人民友谊大学，有来自全球 150 多个国家的 3 万多名本科生、研究生及短期培训者。他们在我们的校园内接受不同程度的教育，提高自己的专业技能，这个数字是多年来一直保持且略有增长的。目前，大学拥有超过 4500 名的教职工，其中约 2800 名是一线的教育工作者，包括 500 多名教授和副教授，1400 多名博士和副博士。

需要强调的是，俄罗斯人民友谊大学今年向学生提供了 400 多项高等教育人才培养计划，涵盖本科学位、硕士学位、博士学位、专家学位、临床实习计划这五个学段。值得称道的是，其中有 40 多项硕士、博士、专家学位的教育课程，均实现了英语、西班牙语、法语授课，这在很大程度上拓宽了接收学生的广度。

人们对人民友谊大学感兴趣的原因，除了历史和师资力量之外，还

有课程设置。人民友谊大学的课程设置涵盖了基础学科领域和应用研究领域两个方面。在基础学科领域，国际政治、经济学、法律学、数学、化学、医学、国际关系、自然资源利用、语言学等专业，历来都是我们的强项；在应用研究领域，我们设有电子信息系统、数学控制、药理学、微生物医疗技术、热带农业、宇宙知识等前沿性学科。

在人民友谊大学求学的学生，就读期间可以同时拿到多项毕业证书——主攻专业毕业证、1—3个外语能力等级证书、第二高等教育辅修毕业证、辅修职业教育毕业证。人民友谊大学的教育质量可以由9万多名毕业生来佐证。几乎世界上的所有国家中都有我们的毕业生，他们之中有总统、总理、部长、著名的政治家、成功的商人等。多年来，人民友谊大学为发展中国家人才培养作出了积极贡献，被联合国教科文组织授予金质奖章。

根据俄罗斯总统的指示，人民友谊大学被授予自主开发和实施其高等教育大纲的权利，这使得学校可以自主地、大幅度地扩大教学范围，提高教学水平，不仅可以为学生传授基础的学科知识，还可以培养学生现代化的职业技能，帮助他们增强在未来社会中的适应性和竞争力。

目前，人民友谊大学和国外大学及科研院所签订了250多份常规性的合作协议，这其中包括独联体网络大学的普通高等教育机构。作为多年来一直位居俄罗斯最好的高等院校之列的人民友谊大学，通过不断的改革创新和探索发展，一直着力于提升自己的综合实力和国际影响力，赢得了当之无愧的崇高声望，这是实至名归的。

二、务实重行是走向世界名校的必经之路和战略选择

贵校于 2016 年举行了建校 55 周年庆典。请问贵校在 2016 年都取得了哪些成就？要成为世界级的院校，人民友谊大学制定了怎样的战略任务？

叶弗列莫娃：在这一年里，可能大家最为感兴趣的是，友谊大学重新设计了校徽。这样做的目的是为了让人们更好地识别和记忆。校徽作为学校的品牌形象之一，必须要具备和彰显的特征是学术性、全球性、务实性、研究性，俄罗斯人民友谊大学的新校徽充分考虑并综合运用了这些要素。

2016 年，人民友谊大学 98% 的药物学和口腔学专业的毕业生通过了俄罗斯国家卫生部的初级专家资格认证，这是俄罗斯第一次在高校中对某一专业的应届毕业生进行该领域的资格认证，值得我们重视。

为了保证学校录取到全球更具素养和才华的青年，也为了让国际学生能在来俄罗斯之前，就对友谊大学的课程有所了解，帮助他们做好准备，2016 年，人民友谊大学在包括中国在内的国家中举办了物理、化学、生物、数学、俄语水平的比赛；在厄瓜多尔、约旦、中国分别建立了俄语和预科学习中心；并在约旦、中国、厄瓜多尔、哥伦比亚、秘鲁、智利、越南分别设立了 10 个专长班。

2016 年，人民友谊大学在国际绿能网站（UI Green Metric）上的综合排名有了一定的提升，从第 256 名提升至第 115 名；从单项指标来看，人民友谊大学在基础设施方面同样取得了巨大成就，在全世界大学中居于第 26 名。有可能中国的读者更熟知的是 QS 世界大学排名、《美国新闻与世界报道》和《泰晤士高等教育》世界大学排名，对国际绿能网站关注较少。这个机构以全球每所大学在绿色计划与可持续发展方面取得的成绩为依据，评选出前 516 所世界大学并予以公示。这一排名的目的是评定校园的生态发展情况，并在全球高校中建立起绿色环保、高效节能的发展模式。

人民友谊大学所取得的排名在2016年俄罗斯参选的23所院校中最为靠前，且是历年来俄罗斯高校取得的最好的排名结果。

当然，从2016年开始，人民友谊大学也开始正式参加英国《泰晤士高等教育》世界大学排名。而在QS世界大学排名中，有这样一个有趣的现象。2015—2016年QS世界大学排名报告显示，俄罗斯人民友谊大学和中国人民大学分别位列第468位和第477位，两者排名差距不大，且都是所在国家中人文社会科学领域高等教育的旗帜，在两国都具有很强的科研实力和社会影响力，都培养出了大批杰出的政治家、商业领袖、文化名人、各界精英人士。

2016年，人民友谊大学最重要的事件之一还有召开"宗教反对恐怖主义"国际大会。这次会议的与会者包括世界各宗教组织的代表、各个国家的外交官、政治家、社会活动家、学者和专家等，共同讨论了极端主义的全球威胁和可采取的反制措施。同年，学校支持并申请加入了诺贝尔和平奖得主里卡多·瓦伦蒂尼教授所提出的以"共享遥感和地面观察数据—分析并模拟绿化区生态功能"为主题的科学竞赛项目。2016年，人民友谊大学还成立了医学信息和远程医学教研室，吸引着俄罗斯、美国、印度、巴西、中国、加拿大以及欧洲国家的优秀专家前来讲课。此外，我校的女子排球队成为"Euro Valencia—2016"的世界杯得主，游泳队夺回了"2016欧洲马德里"赛事的金奖。

人民友谊大学制定的发展战略就体现在上述各项事件的细节上——从国家的支持，到自身品牌意识的提升，再到进一步扩大国际交流合作，主动参与全球活动，组织和参与世界话题讨论等，人民友谊大学就是这样在一步步、踏踏实实地扮演着自己的角色。这些努力与付出，自然会为大学综合实力的提升增彩不少。

三、产学研结合与信息化建设是大学软实力的特色与力量

人民友谊大学在产学研相结合方面有哪些成功经验？

叶弗列莫娃：要论人民友谊大学的科研实力，学校所处的学术排名即可说明。这些排名主要是以大学学术论文的发表数量和在俄罗斯或世界学术出版物中的援引指数这两者为评价指标。就前者而言，人民友谊大学在俄罗斯所有学术和教育机构中（总共 10500 多所）位列第 6 名，在莫斯科位居第 5 名；就后者而言，其在俄罗斯居于第 18 位，在莫斯科居于第 10 位。

同时，为了吸引更多的科研人员、教育工作者、大学生积极加入到优势学术领域的学术、研究、设计等工作中来，我们做了很大的努力。这是一项与俄罗斯科学院的众多科研机构及其他不仅在俄罗斯而且在世界领先的学术机构密切合作的活动。

另外，我想中国的读者和我们将来的准大学生们也可能会对与太空探索相关的方向感兴趣。尽管我们在这个领域的教育和学术发展历史并不悠久，但我们已经获得俄罗斯宇航局的大力支持。以杨利伟为代表的中国航天工作者，就曾在人民友谊大学中接受俄语培训。

还有，人民友谊大学为转型成为全方位的研究型大学，于 2016 年新成立了 3 所科学学院：尼科里斯基数学院、应用数学和电子通信学院、化学研究联合学院，这 3 所学院将在科研领域进一步为学生的教学和实习提供平台。

人民友谊大学在教育信息化领域取得了哪些成果？

叶弗列莫娃：众所周知，教育信息化是以在教学教育过程中引入不同的信息手段和全新的教学技术为基础的。因此，学校积极致力于实现以运用信息通信技术（ICT）为依托的信息化过程。人民友谊大学以此为目标采取措施，创造有利条件获取教学和学术信息，通过信息化技术的应用，强化教育过程中参与者的互动，利用 ICT 技术提高教育质量。通过这些举措，学校在教育中不仅引入了帮助学生更高效掌握知识的新的电脑技

术，同时还开发出了新的教学质量监控方式。此外，大学还一直尝试建设电子课本、电子文章、电子教育计划体系。

需要指出的一点是，2004 年，人民友谊大学在教育信息化领域所取得的成就受到了独联体成员国政府首脑理事会的表彰。理事会赋予学校相应的组织资格，以处理在独联体成员国友好邦交地区内的教育领域信息化的发展问题。从这一时期开始，人民友谊大学开始组织撰写并定期出版《教育信息化》公告。到 2017 年，这份印刷刊物已经发行了 40 期。2016 年，人民友谊大学图书馆获得授权，可以共享俄罗斯总统图书馆的电子阅览室。如今，友谊大学的每一名师生都可以方便快捷地使用这项资源。

四、深化国际合作是顺应世界发展趋势的必然走向

在教育国际化进程中，人民友谊大学有哪些可供借鉴的方法和实践经验？这些方法对贵校将来的发展有何影响？您是如何看待中国大学在人民友谊大学的国外合作伙伴中的位置的？

叶弗列莫娃：我们很自豪的是，在 56 年的发展史中，人民友谊大学赢得了一定的世界知名度，并进入了俄罗斯传统大学领跑者的行列。这一点可以从人民友谊大学被纳入 QS 世界大学排名榜的 22 所俄罗斯高等院校之列得到佐证。在该榜单中，人民友谊大学位居俄罗斯众多高校国际化程度的首位。根据 QS 世界大学排名，人民友谊大学是金砖国家中排名前百强的大学。

作为世界院校的合作中心，人民友谊大学将基础学科的学习和预科的学习有效结合，结合方向从人文科学、社会经济学到自然科学、工程技术学、医学、农业等，这使得在人民友谊大学接受技术型高等教育的学生，同时还可以掌握政治、经济、社会、文法等学科的专业知识，并可以在医学、物理、化学、技术和工艺领域内，了解和研修人民友谊大学已经取得的现代化知识成果。

在国际交流方面，人民友谊大学不仅与国外大学进行合作，而且和

国际组织保持多元化的接触。人民友谊大学是国际大学协会、欧亚大学协会、欧洲大学和欧洲国际教育协会的成员。此外，人民友谊大学还一直积极参与欧盟、联合国教科文组织、经济合作与发展组织的各项活动及项目，与250多个国外的大学及科学中心有合作协议。俄罗斯人民友谊大学还是独联体国家网络大学之一，上海合作组织网点大学（由5个成员国中的75所大学组成）之一。许多国际和俄罗斯的政治和社会活动家、优秀的学者都获得了俄罗斯人民友谊大学的荣誉博士学位。

对于人民友谊大学的未来发展，我想最为重要的是能够吸引到最优秀的学生资源。那些才华横溢的高中毕业生，才是保障人民友谊大学实施新的教育计划、推动学术流动、参与国际赛事、扩展生源国、应用远程教育技术、发展新的科研中心和实验室、进行人才储备计划的重要基础。

当前，学校发展战略的核心任务是：到2020年，将人民友谊大学外国学生比例提高至40%。为此，我们的注意力就需要转向对国际学生的录取方面。对于学校来说，录取国际学生优先考虑的地区是亚洲、拉丁美洲、非洲、欧洲（特别是独联体国家）。学校将非常欢迎加入上海合作组织、亚太经合组织等组织成员国的青年学生前来学习。

对于中国大学在人民友谊大学的众多合作伙伴中的位置问题，我首先很高兴地指出，中俄两国在教育和科学领域间的合作，一直保有良好的传统，并且有不断加强的态势。这一点首先体现在俄罗斯和中国高等院校伙伴关系的扩展中。近年来，在俄罗斯联邦规定的限额内，俄罗斯高校对中国公民的录取数量得到了相当大的提升。

我想，教育领域的长远和建设性关系的持久发展，有利于中俄两国的发展前景。这些关系涉及教育机构之间的直接联系，涉及对具有国际学术流动性活动的广泛参与。当然，中俄教育合作中很重要的一点就是在俄罗斯教育机构中，学习讲授中国语言文学与在中国教育机构中学习讲授俄罗斯语言文学之间的互动。

目前，人民友谊大学与中国的35所大学和组织签有50多份合作协议，有 600 多名来自中国的学生正在我们学校就读。进入短期进修班学习的中国学生，大部分学的是俄罗斯语言文学。如果想要到我们这里学习其他专业的话，我们当然会非常欢迎。除高质量的教学外，我们还为中国留学生提供了方便舒适的生活环境。

人民友谊大学的使命是培养"维护世界和平，让世界更美好"的精英人物。为实现这一目标，人民友谊大学创建了尽可能完善的必需条件，其中包括发达的基础设施。在地理位置上，人民友谊大学坐落在莫斯科最好的大学生城中心，它的校园是俄罗斯最美丽的校园之一。而所有这一切，都是为了创造更好的条件来充实青年学生的生活，使他们能够真正成长为未来的世界精英。

融合时代使命与国家责任：从自我成功走向国家卓越

——访俄罗斯康德波罗的海联邦大学校长亚历山大·费德罗夫

  康德波罗的海联邦大学位于俄罗斯西部地区的中心加里宁格勒，是俄罗斯联邦西北区高等教育和研究中心之一。2011 年年初，经俄罗斯教育部批准，总统梅德韦杰夫签发命令，将康德国立大学升级为联邦大学，更名为康德波罗的海联邦大学，位列俄罗斯几所联邦大学之一。2013 年，该校入选俄罗斯"5—100—2020"项目（类似于我国"985 工程"），获得俄罗斯联邦教育部财政重点支持。康德波罗的海联邦大学的历史，可追述到普鲁士公国时期创建的著名学术中心——柯尼斯堡大学。1544—1945 年，柯尼斯堡大学培养了伊曼努尔·康德、古斯塔夫·基尔霍夫、阿诺德·索末菲等享誉世界的学术大家。1945 年第二次世界大战结束，根据《波茨坦公告》，柯尼斯堡划归苏联所有。1946 年，为纪念刚逝世的苏联最高苏维埃主席团主席米哈伊尔·伊万诺维奇·加里宁，柯尼斯堡更名为加里宁格勒。作为架设俄罗斯—欧洲高校的桥梁，康德波罗的海联邦大学正面临着全新的发展机遇。为探究其从自我成功走向国家卓越的发展目标，我们专访了俄罗斯国家教育项目专家委员会成员、康德波罗的海联邦大学校长亚历山大·费德罗夫博士。

一、使命崇高：融合时代使命与国家责任——从自我成功走向国家卓越

尊敬的亚历山大·费德罗夫校长，您好！很高兴您能接受我们的专访。首先，请您介绍一下贵校的历史，贵校的教育使命和办学宗旨是怎样的？

亚历山大·费德罗夫：康德波罗的海联邦大学是 1967 年在加里宁格勒国立师范学院的原址上创建的，而加里宁格勒国立师范学院自 1947 年成立以来，已发展成一所古典的苏联式大学。当然，如果说要追溯这所大学的源头，其"历史前身"可上溯至 1544 年的柯尼斯堡大学——中欧和东欧最著名的高校之一。柯尼斯堡大学被广泛认为是欧洲启蒙运动的发源地之一，众多世界杰出人士均毕业于此，包括作家和文化活动家克里斯蒂安娜·多纳莱斯蒂斯、西奥多·戈特利布·希佩尔、恩斯特·西奥多·阿玛迪斯·霍夫曼；哲学家约翰·格奥尔格·加曼、约翰·戈特弗里德·赫德等。其中，有柯尼斯堡大学"星中之星"之称的康德，曾在这里度过了其人生中一段最美好的时光。他的名字一直是和这座城市、这所大学乃至整个人类文化历史联系起来的，已成为该地区独一无二的名片。

当然，大学也有自身的发展历程和责任使命。因处于加里宁格勒这个特殊的区位，架设俄罗斯高校和欧洲高校之间的桥梁就是这座城市赋予我们的重要职责之一。康德波罗的海联邦大学在俄罗斯众多高校中以其广泛多元的国际活动而著称，它与全球 50 多个国家的高校保持着合作伙伴关系，同时也是各地区和欧洲高校协会的成员单位。2005 年，在柯尼斯堡—加里宁格勒隆重举行建城 750 周年之际，俄罗斯联邦政府正式以伊曼纽尔·康德的名字命名这所大学，以寄托其架设俄罗斯—欧洲高校桥梁的办学使命。康德，这个名字是一种责任，影响着学校的自决权与进一步发展道路的抉择。

今天，在高校生存与发展面临新的历史机遇下，我们为自己设定的

发展目标是"融合时代使命与国家责任——从自我成功走向国家卓越"，全校的师生正在为实现这个目标而努力奋斗。

二、战略目标：一流大学、一流学科、一流课程和一流人才

2011 年，贵校升格为中央级大学，此后，学校的定位方面发生了什么样的变化？贵校在世界一流大学建设方面做了哪些规划和努力？

亚历山大·费德罗夫：首先，联邦大学工作的重点聚焦在培训人才、提升技能以及为国家和地区的创新发展和实现其地缘政治利益而研发科技和提供解决方案。在高科技领域内的高水平科研是教育服务高质量与现实性的重要保障。具体来说，我校的战略目标是培养具有竞争力的人才，以实现加里宁格勒州和俄罗斯西北联邦区域的社会与经济的快速发展。我校的发展原则是集聚现有资源，创新设计科学与教育项目，注重能力培养，精简管理机构，专注俄罗斯与外国之间的交流与合作，为科学和创新蓬勃发展的环境创造解决方案。

从参与联邦高校发展规划以来，康德波罗的海联邦大学已配备了最好的科学与教育实验室，我们可在全球范围内开展科研工作。我们的一些设备是俄罗斯联邦高校特有的，比如正在使用的集体协作中心。

说到教育，值得一提的是康德波罗的海联邦大学为学生提供了高质量培训课程，该类课程覆盖了我们地区的各个年级，如中等职业教育（培训）、本科、硕士、博士，总共有 160 多个教学大纲。从申选课程的数量来看，本科阶段最受欢迎的课程是"医学实务""师范教育"（英语和汉语作为教学语言）、"语言学""翻译实践与翻译学""信息系统与信息技术""软件与信息管理系统""文学""应用数学与信息学"。硕士研究生阶段受欢迎的课程有"法理学""管理学""商务管理创新学""应用数学和信息学""地域品牌：区域广告和公共关系推广"等。这里我要特别提出的是硕士课程"自动化工业项目软件的开发"（"应用数学和信息学"方向）和"自动化

生产信息系统"（"软件与管理信息系统"方向）的成功。这两门课程是由我们大学与世界工业巨头 ABB（Asea Brown Boveri）一起合作开设的，是我们校企合作的典范之一。ABB 不久之前在加里宁格勒开设了世界一流的工程中心。这些由高校与工业伙伴合作举办的课程对学生的要求比较高，一般每五人仅有一人可被选上，竞争之激烈可见一斑。

目前，我校正在努力扩大外国留学生的培养规模。2019 年，来自 33 个国家的学生首次考入我校，第一批学生主要是来自欧洲国家和波罗的海地区，以及哈萨克斯坦、印度、拉脱维亚和立陶宛等国家的学生。其次，是来自对我们来说并不陌生的国家的学生，如中国、日本、希腊、越南、瑞典。外国留学生最喜欢的课程是"医学实务""信息系统与信息技术""交通运输流程""师范教育""文学"和"语言学"。

加里宁格勒是一座舒适的海滨城市，适合学生学习和生活。这里地理位置优越，气候温和，基础设施便利，文化环境丰富，这就是为什么我们有越来越多的外国学生报考的原因之一。因招生规模扩大的需要，2019 年，我校决定在校园内立即开建 5 栋宿舍楼。第一栋宿舍楼将于 2020 年建成开放。到 2024 年，我校将为"神经哲学"专业建设一个新的校园，以开展生物医学、生物技术、神经认知科学等领域的教育和研究工作。

三、国际合作：集俄罗斯和欧洲教育传统，做东西方文化知识传播人

我们知道，加里宁格勒是俄罗斯的飞地，被西欧诸国环绕。如此便利的国际交流环境，贵校与欧洲国家的大学和科研机构有哪些合作？具体有哪些促进合作的举措？

亚历山大·费德罗夫：加里宁格勒地理位置优越。作为欧洲中心，这所大学不能不成为欧洲教育市场的积极参与者。迄今为止，康德波罗的海联邦大学签署了 168 个伙伴关系合作协议，其中有 135 个协议是与

欧洲高校和协会签署的。此外，最富有成效的合作是与德国、波兰、芬兰、西班牙、法国的高校开展的。这些合作方式包括：共同参与设立教育科研计划、积极介入项目合作（如和德国、法国高校合作的双学位项目、"Erasmus +"计划下的学生互换与学历互认、承担欧洲国家和俄罗斯政府合作支持的区域性重大研究课题、参与由立陶宛和波兰主导的教育跨境合作等）、组织开展重大国际学术活动等，如为纪念以伟大的哲学家康德的名字命名学校的2024年世界康德大会。

我将重点列举几个与欧洲高校成功合作的国际项目，我认为这些项目对康德波罗的海联邦大学的发展至关重要。目前，欧洲高校协会作为欧洲最大的高校交流平台，已纳入了47个国家（地区）的高校，正在实施"高校现代化进程中的创新实践交流"（EUIMA）和"高校教职员工与学生的流动交换"（MAUNIMO）项目。在这个平台的支持下，我校发起筹办了波罗的海地区高校网络联盟（BSRUN），联盟有来自8个国家的40个波罗的海地区高校作为成员单位，这使得我们有机会与邻国一起实施师生联合流动交换项目、双学位项目和跨境科研项目。目前最成功的教育项目有我校与波兰格但斯克工业大学共同合作的以英语授课的硕士课程——"功能纳米材料"；与德国马尔堡大学合作的欧洲法学双学位项目和与德国基尔大学合作的师生交换流动项目。此外，我想强调的是，康德波罗的海联邦大学与德国最大的粒子物理研究中心DESY（德国电子同步加速器）、法国格勒诺布尔市的欧洲同步加速辐射中心（ESRF）、法国于利希市研究中心（AVRJülich）之间保持着合作，共同开设X射线固化、同步辐射源和相干光学器件领域的科研专业；康德波罗的海联邦大学现在正为开发同步而研究真空系统。我们与瑞士保罗·谢勒研究所、乌尔普大学也建立了合作关系，共同开发一项利用激光技术生产薄膜材料的联合项目。还有，瑞士洛桑大学和英国布里斯托尔大学的主要研究人员也是康德波罗的海联邦大学生物信息学和人类基因组计划的管理人。

另外，我校还特别重视暑期班的培训项目。康德波罗的海联邦大学暑期班每年都招收来自世界各地的大学生(其中大多数学生来自欧洲高校)入校学习纳米技术、物理学、新闻与公共关系、数字人文科学、法律与经济学、康德哲学,当然还有俄语和文学。2019 年,我们决定应中国伙伴的要求,高度重视暑期学习班的筹备工作,如在联合科教项目计划内,安徽医科大学的师生将来康德波罗的海联邦大学进行学习技能提升。2021年,我们将按照"镜像法则"(也称"完全一致规则"),在安徽合肥的伙伴大学继续开展这种模式的合作。

我校是典型的枢纽型大学,集俄罗斯和欧洲的教育传统于一身,是东西方文化知识的传播人。

四、服务社会:实现国家战略导向下的大学功能

贵校在社会服务方面有哪些突出贡献?

亚历山大·费德罗夫:目前,提升俄罗斯高校全球竞争力的国家规划"5—100—2020"(Russian State Project 5—100—2020),是我校发展和引进资源的主要依据。该规划旨在使俄罗斯高校适应国际标准并融入国际教育环境,康德波罗的海联邦大学参与实施这一规划已有 5 年时间。在此期间,我校聘请了 140 多名年轻的科研教育学者,他们均具有在国外和俄罗斯著名高校、先进科研院所工作的经验。另外,还有 22 位自然科学、数学和人文科学领域的世界一流学者。"5—100—2020"项目可为如下 5 个科研中心提供资助:"国际 X 射线光学科研中心""波罗的海区域研究中心""新型磁性材料实验室""波罗的海免疫学、细胞生物学和生物工程学院""哲学与伦理学学院"。

2017 年,我校入选俄罗斯联邦教育和科学部下属的"高等教育机构工程中心创建与开发项目"中标人名录。该项目的成果是创建了"波罗的海机械制造工程中心",其主要目标是利用康德波罗的海联邦大学的科技潜能来提供工程技术服务,例如工艺流程数学建模、研发和优化机器人工

艺及机电一体化技术、构建数字生产模型等。

高校业务活动的重点领域之一是与实体经济中的企业进行互动，包括人才的培养与培训。2019 年 10 月，康德波罗的海联邦大学与 GS 控股集团签署教育项目开发协议，为加里宁格勒州古塞夫市最大的私营科技园"GS 科技城"培养现代工程技术、电子技术和信息技术人才，GS 控股集团为先进高技术研究中心和高科技实验室的创建提供了有利条件。同时，在 GS 科技城集群内建设大学校园也是合作中最重要的一步。

我们与企业合作获得的另一个"红利"是：我们的学者与俄罗斯最大的农业控股公司"大豆联盟"合作，发明了化学饲料抗生素的植物类似物。该公司现在正研究一种粗豆油中非水合磷脂的测定方法以及粗豆油和水合油中磷测定的快速方法。

在促进科教融合、产教融合方面，贵校建设了科学研究中心、科学研究实验室、技术园区、企业孵化器，请您介绍一下这些机构在科教融合、产教融合方面发挥的作用。

亚历山大·费德罗夫：科学、教育和生产的融合是一个开放的多元系统，对全球的影响力极大。在瞬息万变的世界中，这些融合过程决定了人类在面对重大挑战时做出及时响应的高效性。我们生活在文明发展道路的另一个转折点，即第四次工业革命。同时，尽管存在可预见的趋势，但我们不能说多年后将需要具备什么能力。所以，我们不应表现出过多的自信，而是要宣传未来的教育应具有什么实质性成分。但是，我们可以准确地说，未来的人才应该具有创造力、灵活变通的智商、高度的自信心、心怀世界的胸襟。

但是，如何在科学与教育过程中追随信息自动化的"脚步"呢？当前的高等教育系统处于现代化与改革的永续迭代状态，主要原因是现代技术的超前发展与未来专家的培训水平之间存在着不匹配。在联邦大学的基础上，科学、教育和生产的融合对于提高毕业生的竞争力以及确保劳动力市场的需求至关重要。

我们现有的分布式科学与教育中心网络，参与教育流程的技术园区和企业孵化器，正在倾力服务学校更多的创新活动，从而将大学转变为对社会负责的现代化高校。这对于高等教育尤为重要。因为高校只有在新的经济和社会环境下培养出专业性人才，才能开展创造性工作。康德波罗的海联邦大学为积极响应国家与社会需求创造了一切可行条件，因此我们可以对外宣称——我们的毕业生是未来的人才，他们既能改变周围的世界，又能创造新产品，提供新服务！换句话说，他们能够创造出新的有形与无形的价值！

五、"一带一路"：推动形成全球精英汇聚加里宁格勒的新潮流

在打造留学品牌方面，贵校有怎样的创新做法？

亚历山大·费德罗夫：为了推广我们的教育理念和教育资源，招收优秀的学生，我校安排专人定期参加在世界各地举办的教育展览活动。此外，我校积极利用俄罗斯联邦科学与高等教育部的网站，积极宣传推介我们的招生计划。

需要单独说明的是，我校已经连续两年以在线交流的方式举办开放日活动，世界各地的学生均可对我们招生计划中涉及的录取与课程设置提出问题并获得解答。通过我校的官方网站，新生可以轻松获取我校所有必要的电子服务：招生办公室工作人员的反馈表、招生规则、专业设置、学费与住宿费等，他们还可以远程提交申请文件。

我校以模块化方式教授外国学生本科和研究生阶段的课程，确保学生深入学习本学科的专业内容并加强理论培训。此外，根据企业的用工要求，高校资源中心还广泛开设以实践为导向的实践培训课程。外国留学生将和本国学生一样，从大学一年级开始，就被陆续派驻企业，在高级专家的指导下学习实践技能。培训工作的一个重要方面是在所有本科课程中增设选修模块"辅修"，这使大学毕业生有机会学到跨学科专长，为培养个

性化的学习道路创造条件。

我要特别说明的是，康德波罗的海联邦大学作为"5—100—2020"工程的参与者，有权通过俄罗斯联邦委员会或以远程方式监督外国留学生的入学考试。我校还是全球高校协会研究生组国际奥林匹克竞赛"门户开放"项目的参与者。

中国推动"一带一路"建设，致力于打造"一带一路"教育共同体。您认为这是否为贵校提供了合作机会？

亚历山大·费德罗夫：不可否认，中国的"一带一路"建设为我校提供了很多机会。众所周知，丝绸之路的北部走廊支线途经波罗的海地区后通往欧洲，而加里宁格勒州和我校正处于这一核心地区。长期以来，康德波罗的海联邦大学一直是俄罗斯和欧洲国家之间的学术合作桥梁，"一带一路"倡议将为我们把合作范围拓展到亚洲的东方。"一带一路"框架下的各类项目加强了彼此之间的联系，包括学术文化合作、专家协作、技术开发与法律权益维护。在当前形势下，康德波罗的海联邦大学作为欧亚高质量教育资源互利合作的平台，可以为广大优秀的中国学生提供从本科到博士阶段的教育，共同培养未来人才。我们已经和中国的多所高校与社会组织之间建立起了长效合作机制，以确保人才的流动能够实现长期性和有效性。

展望未来，我们将重点致力于研究波罗的海地区的全面发展问题，以及这一地区作为沟通欧亚大陆的桥梁为"一带一路"建设能够发力的领域。我相信这一定能引起中国科学家对"丝绸之路"欧洲部分的建设与开发的研究兴趣。还有，到2020年，我们努力筹建的孔子学院希望能在中方合作伙伴的大力支持下，获得成功，它将会为更好地构建具有生命力的丝绸之路注入新鲜血液和力量源泉。

坚持全球化特色　培养国际化人才

——访新加坡国立大学校长陈祝全

在 2014 年 5 月出炉的 QS 亚洲大学排名榜上，新加坡国立大学（National University of Singapore，NUS，以下简称"国大"）实现了历史性突破，首次名列榜单第一位。为深入了解新加坡国立大学的办学特色、国际化战略等情况，我们对校长陈祝全教授进行了专访。

2008 年 12 月，陈祝全教授被任命为新加坡国立大学校长。在出任校长的 6 年中，陈校长带领国大进行了一系列变革与创新，学校实力与国际声誉稳步攀升。目前，陈校长还担任新加坡科技研究局副主席，以及杜克—国大医学研究生院管理委员会的高级顾问。作为一名肾内科医生，陈校长相继在新加坡国立大学和英国牛津大学学习、研究，是新加坡生物医学计划自 2000 年成立以来的主要领导者，2003 年因在战胜"非典"斗争中的杰出贡献获得新加坡公共服务勋章，2004 年作为卫生部医药总监获得新加坡公共行政金奖，2008 年被授予国家科学与科技奖章。此外，陈校长曾担任牛津大学英联邦医学研究员。他是英国爱丁堡大学皇家内科医师学会、伦敦皇家内科医师学会、美国医师协会资深会员，同时也是波兰医学院和英国皇家地理学会资深会员。在访谈中，陈校长指出，在全球化背景下，大学发展趋于同质化，但新加坡国立大学应适应时代要求，发扬自身特色，努力成为立足亚洲的全球性大学；培养学生融入多元化群体的能力、跨文化的沟通合作能力；从过于狭隘的注重专业培养转为强调广度的博雅培养，鼓励本校学生走出去，欢迎国际学生走进来；吸引全球优秀师资，重视长期的、战略性的国际合作，特别

251

是与中国高校的合作；努力建设谦虚协作、不断进取的校园文化，推动国大持续稳步发展。

一、新的定位：立足亚洲，走向全球

新加坡国立大学是一所"古老而年轻"的大学，其前身可以追溯到1905年设立的一所小型医学院和1928年设立的莱佛士学院。这两所学院于1949年被合并为马来亚大学，并在1962年改名为新加坡大学。1980年8月，新加坡大学和1956年成立的南洋大学正式合并成立新加坡国立大学。

在全球化时代，很多大学因具有国际化视野、杰出的师生、在科研和思想领域的领导力而成为全球性大学。陈校长为国大提出的发展愿景是："成为立足亚洲，影响未来的世界级顶尖大学。"他认为，立足亚洲的定位对国大来说至关重要。因为在全球化的时代，众多优秀高校都努力成为全球性大学，仅凭这一点并不足以成为独特之处。

新加坡既是一个国际化的国家，也致力于维持其作为亚洲主要教育中心的地位，国大也有类似的定位。对国大而言，以亚洲为起点的全球化战略是其核心竞争力的一部分，也将国大与其他全球性大学区别开来。陈校长说："立足亚洲体现为采用全球认可的视域、方法与标准，来探讨对亚洲发展意义重大的问题。例如，国大杨潞龄医学院研究亚洲患者常见的疾病；商学院讲授家族企业等具有亚洲特色的商业运作模式；社会科学学院的学生学习亚洲的移民、宗教等问题；哲学系在研究西方哲学的同时将其与中国、印度哲学进行比较分析。"陈校长希望到国大学习的学生一方面能够体验到丰富多元的国际化氛围，另一方面也能感受到自己身处亚洲的中心，沉浸在亚洲特色的文化之中。

二、全球社区：功能交融，多元共享

2013 年正式投入使用的大学城（University Town）是陈校长治校期间的一项重大工程。这个学生社区多元、开放、活跃、便捷，融合了住宿学院、教育资源中心、咖啡厅、食堂、健身房、游泳馆、音乐练习室等建筑设施，并面向全体学生 24 小时开放。陈校长说："大学城不仅满足了学生对文化、体育、学习、食宿等各方面的需求，也很好地促进了不同学生群体之间的融合。咖啡厅、音乐练习室、健身房等不同类型的活动空间被安排在同一栋建筑中，为兴趣各异的学生提供了彼此认识、相互交流的机会。"

大学城的重要组成部分之一是 4 所寄宿学院（Residential College），其特色是把来自 30 多个国家不同年龄和院系的学生安排在一起住宿与学习。每个学生都拥有一间单人间，每 6 个单人间组成一个小社区，不同背景的学生被随机分配其中。除了食宿，寄宿学院也是学习的场所。寄宿学院里的学生们需要修读 5 个单元的课程，平均每个班有 15 名学生。陈校长对寄宿学院有很高的评价，他认为寄宿学院为不同背景的学生们提供了交流互动的机会，使他们能够真正体验到多元的学习和文化环境。陈校长认为，这与国大的人才培养目标一致。他希望在全球化环境下，国大的毕业生能够具备融入多元文化群体的技能，且具有与不同背景和文化的人协作的能力。

三、全球公民：博雅开放，国际培养

在过去的 20 年中，国大在学生培养方面从过于狭隘的注重专业教育转型为强调广度的博雅教育。陈校长认为，全球化的大学旨在培养负责任的全球公民。对全球公民而言，知识的广度非常重要。他说："我们的毕业生应对不同学科均有一定的理解，以便在将来能够处理不同领域的问题，找到整体性的解决办法。"在陈校长治校期间，国大对学生的国际化培养体现在两个方面：第一，鼓励国大学生走出新加坡，从而保证每一名国大毕业生对不同国家，特别是亚洲国家的文化和发展有很好的认识，并有能力参与其中；第二，成立耶鲁—新加坡国立大学学院（Yale—NUS College，以下简称"耶鲁—新加坡国大学院"），为来自全球的学生提供博雅教育。陈校长在访谈中反复强调，新加坡是一个很小的国家，学生如果一直留在国内就会对其他国家或地区的事物缺乏足够的认识。因此，他鼓励学生走出国门，体验新加坡之外的文化。在国大，70% 的学生有海外学习、访问的经历，30% 的本科生参与了为期半年或半年以上的交换生项目。

同时，陈校长也鼓励国大学生到中国交流学习，并尽可能深入地体验中国社会与文化。虽然交换生可以在北京大学学习英文授课的课程，但是陈校长鼓励学生选择中文授课的课程。每年到北京大学交换学习的国大学生中，至少有 2—5 名学生是在全中文的课堂上进行学习的。虽然这样大大增加了学生学习的难度，但在陈校长看来，这也为学生提供了难得的学习中文的机会，以更加中国化的视角来深入理解中国文化。

除了让学生选修用当地语言授课的课程外，陈校长还给国大的交换生们提出了两点建议。首先，陈校长希望年轻人珍惜海外游学的经历，因为他觉得学生在越年轻的时候出国，对异国文化的感受与体悟就越强烈。其次，海外经历固然重要，但更为重要的是时不时停下脚步，对这段经历进行反思。陈校长的感受来自于自己从年轻时开始的背包客经历，他认为在一个陌生的环境中，应该时常反思自己对环境的适应情况、对自我的认识、与人相处的能力等。经过反思的经历才会沉淀在生命里，才能从中得到最大的收获。陈校长发现，当今社会中每个人都过于忙碌，马不停蹄地追赶着一个又一个目标，却常常忘记停下来思考和总结。这样导致大家越来越忙，也没有意识到自己性格上的长处和弱点。因此，他建议交换生们培养反思的习惯，这样既有助于更好地享受交流学习的时光，也有助于个人的发展和成长。国大国际化教育的第二个重要体现是耶鲁—新加坡国大学院的成立。该学院由耶鲁大学与国大联合创办，为有志接受博雅教育的学生提供涵盖人文、社科、理工的通识教育项目。陈校长说："耶鲁—新加坡国大学院的合作项目是前所未有的概念，也是首次在新加坡，乃至世界范围内尝试发展这种形式的博雅教育。学院于2013年招收了第一批来自全球的学生，且第一年的项目运作情况非常好。"陈校长对学院学生寄予厚望："这些学生接受了中西交融、文理贯通的博雅教育后，可以通过西方和亚洲的视角更清晰地观察亚洲，更全面地理解世界。"

四、吸引教师：共同愿景，行胜于言

建设全球性大学离不开优质的全球教师资源，陈校长介绍了国大吸引全球优秀师资的三点措施。首先，学校需要提出新颖而有意义的愿景，吸引具有共同目标的教师前来实践。例如，虽然国大创办耶鲁—新加坡国大学院时受到了一些质疑，却让很多教师感到"很有趣，值得一试"，由此吸引了一批志同道合的教师参与其中。其次，学校要保证将愿景付诸实践，让大家看到"这是一所说什么就做什么的学校"。行胜于言，只有高质量地完成一个又一个目标，教师们才有信心来到国大并留在国大。最后，面对全球激烈的人才竞争，国大会用具有竞争性的薪酬和优质的资源吸引优秀教师。但陈校长认为，最关键的是给优秀人才一个可以实现价值的平台，一旦有足够多的优秀人才汇聚于此，将会吸引更多的精英，因为他相信"优秀的人总会吸引更多优秀的人"。

五、全球伙伴：放眼未来，战略共赢

国大历来重视国际合作。陈校长说："国大重视长期的、战略性的合作伙伴关系。"这意味着，国大会在充分考虑双方利益的基础上放眼未来，制定规划，并通过较长的时间增进信任，最终达成持久的合作关系。陈校长认为，耶鲁—新加坡国大学院就是一个成功的范例，因为双方都有兴趣探索一种新的博雅教育模式，且愿意为之努力。在国际合作中，陈校长认为，最关键的是两校要有共同的目标，而且相互理解，彼此信任，共同努力，携手发展。谈及国大与中国合作伙伴的关系时，陈校长表示，中国的社会与文化对新加坡的影响很大，国大非常珍惜与中国高校的密切合作。他相信这种伙伴关系将促进国大和中国高校的共同进步，也希望未来在更多领域与中国伙伴加强合作。

六、全球挑战：与时俱进，把握方向

陈校长清楚地认识到，全球化浪潮为国大及当今高校带来了很多挑战。首先，激烈的全球竞争促使大学对自身重新定位，不断地提升自我以更好地吸引优秀生源与师资。其次，陈校长观察到社会对高校的预期产生了变化，"大学从人才培养的殿堂，逐渐变成了经济增长的引擎"。因此，大学需要更加注重将科技转化为生产力，将研究服务于公共事务，为社会发展创新作出更多具有实用意义的贡献。最后，在全球化进程中，政治、经济、技术均变化迅速，然而学术领域的发展速度往往比较滞后。在高速变化的环境中，高校一方面需要加快步伐；另一方面，需要健全治理体制，以保证学校在正确的方向上快速发展。陈校长说："全球化带来挑战，也带来全新的机遇。那些相对而言变革更加迅速、反应更加及时、更有吸引力的高校，将拥有更广阔的发展前景。"

七、国大文化：谦虚协作，不断进取

除了全球化的项目、生源与师资，一所顶尖的全球化高校也离不开校园文化的建设。虽然对国大非常熟悉，陈校长仍然喜欢观察学校中的人和事，以小见大，从细节中看文化。在访谈中，陈校长通过两个小故事讲述了他观察到的国大文化。第一个故事发生在 2014 年年初。那时，新加坡遭遇了 49 年不遇的大旱天气。由于缺乏降水，国大校园中很多地方的青草变黄、树木枯萎。在此期间，陈校长收到一位同事发来的照片，照片上五彩缤纷的花朵让他感到诧异而惊喜。原来，他的同事利用干燥的天气，尝试用特定的浇灌方法，让一些热带灌木开出了漂亮的花朵。这位同事很骄傲地说："看，我们的校园依然很美！"在陈校长看来，虽然这是一件小事，但从中可以看出国大员工的主人翁意识以及对学校深厚的自豪感，即使在干旱的季节里，他们也要想办法让学校变得漂亮。这体现了一种对学校的认同与关爱，也是国大能够不断进步的基础。

第二个故事发生在国大的招生开放日。这是国大每年都会举办的一项活动，现场有来自不同院系的师生举办宣讲会和娱乐活动，向有意向报考国大的学生进行宣传。陈校长每年都在现场进行观察，每一年他都会发现新变化。例如，2014 年的开放日现场新增了很多黄色指示牌，帮助来宾更好地辨别方向。陈校长说："这体现出国大谦逊而进取的精神。尽管每年都做同样的事、举办同样的活动，但是我们每做一次，都必须比之前做得更好，和过去有所不同。"这种永不满足、追求创新的文化也渗透在国大发展的各个方面，使国大从良好走向更好，从更好走向卓越。

除了不断进取的精神，国大也非常重视团队合作的能力。陈校长认为，正如球队中不仅需要天赋超群的球员，还需要能够传球给队友进球的球员，国大不仅鼓励个人不断进取的精神，更重视团队的整体协作，这在科研领域主要体现为跨学科领域的合作。这种合作文化的培养需要从领导层开始，因此，陈校长在选拔领导时比较注重个人才能和合作的意愿，也通过演讲和资助政策释放信号，鼓励国大师生进行跨学科交流与合作。正如陈校长所说："全球化的竞争最终是文化的竞争，因为文化是最重要的，也是最具长期影响力的因素。一旦高校培养出良好的文化，并使其生生不息，这所大学将在未来的很长时间内稳步发展。"

"博洛尼亚进程"影响下的匈牙利私立高等教育发展

——访匈牙利布达佩斯城市大学副校长焦尔基·图里

  "博洛尼亚进程"是 29 个欧洲国家于 1999 年在意大利博洛尼亚提出的欧洲高等教育改革计划，该计划的目标是整合欧盟的高教资源，打通教育体制；促进欧洲各国学生流动，消除流动障碍；努力提升欧洲高等教育吸引力；建立统一的欧洲高等教育框架。"博洛尼亚进程"的各签约国希望：到 2010 年时，各签约国大学生的成绩和毕业证书都可以获得其他签约国的认可，实现欧洲高等教育一体化，建成"欧洲高等教育区"（European Higher Education Area），进而实现真正意义上的欧洲一体化。2010 年 3 月，"博洛尼亚进程" 46 个成员国的高等教育部部长，分别在奥地利维也纳和匈牙利布达佩斯举行了"博洛尼亚进程"十周年纪念大会。纵观十年来的发展情况，"博洛尼亚进程"基本实现了如下目标：建立起了欧洲高等教育区；建立起了清晰透明和可比较的学位制度；实行了学分制；实现了学历学位学分的互认；建立起了高等教育质量保障体系；终身学习的理念得以贯彻等。在"博洛尼亚进程"的影响下，欧洲各国的私立高等教育也得到了长足的发展。在匈牙利，《高等教育法》保障了私立高等教育发展所需要的政策要求和经费支持，赋予了他们承担高等教育院校运营的权利和义务。私立高等院校同样要接受高等教育认证委员会、高等教育规划委员会、全国博士生学术委员会、国家科学学生研究理事会等机构的评估、审核与鉴定。

  为了进一步探究匈牙利私立高等教育的发展概况，我们专访了布达佩斯城市大学副校长焦尔基·图里（György Túry）博士。焦尔基·图里于 2007 年在佩奇大学获得文学与文化研究博士学位，现任布达佩斯城市大学副校长。

一、依托布达佩斯城市优势，发展私立高等教育机构

尊敬的焦尔基·图里博士您好，您能先给我们介绍一下学校的发展历史吗？为什么要以"城市"命名？

焦尔基·图里：首先感谢中国教育部主管的《世界教育信息》杂志对我以及我所在的大学进行专门采访，由此不难看出中国在实施"一带一路"倡议时，对沿线国家教育制度、教育发展状况等方面深入了解和研究的重视程度、诚意以及决心。这对促进彼此之间的教育协同发展、共享优质资源、促进学生流动等，都是非常有意义的。

匈牙利现有 74 所高等院校，其中 21 所国立大学，11 所国立学院，8 所非国立大学，34 所非国立学院。布达佩斯城市大学是非国立大学（学院）里面最大的一所。大学原名 Budapesti Kommunikációs és Üzleti Főiskola（BKF）——布达佩斯通信与商业学院，成立于 2000 年，同年获得国家教育部认证。自 2001 年开始，大学在应用通信和商业科学领域，向社会提供国际和欧盟认可的高标准的高等教育、成人教育和高等职业培训课程，第一批学生仅有 126 名。2003 年，大学成为有权颁发欧洲计算机操作证书（European Computer Driving Licence）的培训与考试中心。除此之外，学校的语言系（致力于建成正式的托福考试中心）还开设了专门的英语语言课程，以帮助接受高等职业培训的学员顺利走向就业岗位。

2004 年，大学新开设了欧洲公共服务和商业管理专门课程，为配合课程开展，主校区实现了 Wi-Fi 网络的全面覆盖。截至 2005 年第一届学生毕业时，得益于欧盟出资的近 10 亿福林的首个单体教育投资援助项目，大学对校区及主要教学楼、学生活动区、校园周边环境进行了大范围的翻

新与美化，为学生们提供了完善的学习与生活环境。

2006年，大学开始根据《博洛尼亚宣言》规定的原则展开教学活动。同年，国际经济、公共服务、商业管理、通信和媒体研究四个研究生学位课程的授予权获得教育部批准，大学更名为布达佩斯通信、商业与艺术学院。在校人数超过2000人。

2009年，随着对赫尔法卡斯经济与旅游学院的合并，大学成为匈牙利最大的私立高校。除新增加了旅游管理、艺术创意与设计两个专项领域的课程之外，大学还获得了两个校区，分别坐落于布达佩斯14区和7区，以支持超过6000名学生的学习与生活。同年，大学正式命名为布达佩斯城市大学（METU）。

到2012年，布达佩斯城市大学的国际合作伙伴高校超过了180所，分布于6个大洲的七十多个国家。这些国际合作伙伴高校为布达佩斯城市大学提供了丰富且有质量的教育资源，使得我们的学生可以方便地实现学分转化与流动学习。

关于您的第二个问题，为什么要命名为"城市大学"，我想说的是：地理位置对于高等院校的发展影响至关重要。布达佩斯不仅是匈牙利的首都和最大的城市，也是中欧地区的重要城市。这座城市有着悠久的历史，其原住民最早可以追溯到古罗马人。大学位于布达佩斯本身就是一种无形的资产，我们不仅意识到这一点，而且还试图充分发掘和利用它，让这个城市为我们的学生提供丰富多元的成长资源，也让我们的学生能够有机会参与这座城市的未来发展。您应该知道，布达佩斯一直位于全球交换生和教师交流最佳目的地排行榜的榜首。

二、依法治校，保障私立大学权益

作为一所私立大学，贵校是如何筹款的？学校的资金运行机制是怎样的？

焦尔基·图里：要阐述完整的匈牙利私立大学办学经费的筹措问题，我想有必要先从国家的《高等教育法》说起。1993 年 7 月，《高等教育法》通过国家议会审核颁发，成为匈牙利历史上第一部高等教育法案，给高等教育的未来发展提供了保障。《高等教育法》规定：高等院校的办学经费以各类教学、科研以及学生基金等多种形式予以发放；设立部分以竞争为前提的基金拨款，激发高校开展教学和科研活动的积极性；同意高校可以通过其他合法形式，获取办学经费。

1999 年以后，匈牙利开始参与旨在推动欧洲高等教育一体化改革的"博洛尼亚进程"。为了扩大教育开放和高等教育在欧洲的竞争力，促进高等教育机构组织变革和职能转换，作为欧盟新晋成员国的匈牙利，于 2005 年年底出台了新的《高等教育法》。在高校的管理权方面，该法案明确规定增加各高等教育机构的现行权利，使其在自身运作、教学、科研活动以及内部管理章程制定等方面，拥有决策权；同时，该法案赋予所有高等教育机构相当大的财政独立性，并成立专门的经济理事会，充分保障高校财务的管理和运作。除此之外，该法案对于较为贫困地区的教育机构，政府加大财政投入，保证其基础设施、住宿以及福利条件逐步达到欧洲标准。

虽然布达佩斯城市大学成立时间还不足 20 年，但作为匈牙利最大的私立大学，它获得了前所未有的发展机遇。依据《高等教育法》的规定，大学可以收取学生学费，可以广泛地接受国际留学生（国际留学生缴纳的学费相对本地学生要高一些），可以申请政府的财政补贴，也可以接受来自欧盟以及其他国际组织的捐助，比如我们的新校区建设，就是由欧盟出资 10 亿福林完成的。

学校的资金运行由董事会负责监督，所以外部来源资金的独立性由其所有者担保合法性并监管使用。总体来说，布达佩斯城市大学是一个在中欧地区非常健全和安全的大学，不仅在资金方面。

三、欧洲学分转换系统促进学生国内外流动

我们了解到贵校采用的是 ECTS 学分制教学，请您介绍一下这种学分制以及这种教学形式在贵校的运用情况。

焦尔基·图里：ECTS 是欧洲学分转换系统的简称。根据《博洛尼亚宣言》的规定，建立"欧洲学分转换系统"将是促进学生在国内国际间流动的重要手段之一。按照这种新的学分计算体系，25 个学习小时为一个 ECTS 学分，其中包含上课时间 5 小时，教师辅导 7 小时，课外作业与社会实践 12 小时以及 1 小时的考试。

截至 2019 年，欧洲已有 90% 的高校在学士和硕士阶段采用了 ECTS 学分制度，布达佩斯城市大学也不例外，这就意味着，每个学生一学年必须修满 60 个学分。这种学分转换体系打破了院校、国家之间的障碍，使高等教育学历在欧洲各国之间的相互比较与认可成为可能，在促进学生流动的同时，也为高校毕业生在欧洲各国自由就业提供了保障。那些想在布达佩斯城市大学攻读硕士学位的国际学生，他们需要先提供一定数量的学分，作为进入 METU 硕士课程的先决条件之一。他们可以通过转移他们在之前学习阶段获得的一些学分来满足这一要求，该系统的使用，使我们的国际学生在布达佩斯城市大学继续学习变得更加容易和顺利。

四、高等教育国际化引领大学发展

贵校的国际学生非常多，充分突出了国际化特色，您对高等教育国际化是如何认识的？如此多的国际学生，学校采取了哪些措施保证教育质量？

焦尔基·图里：我们可以肯定地说，布达佩斯城市大学是中欧地区开展国际合作最丰富多彩的高等院校之一，我们为此感到自豪！截至 2019 年，全球有 180 多所大学能够为我校的学生提供一到两个学期交换学习的机会。以我们的通信工程专业为例，布达佩斯城市大学与奥地利、比利时、保加利亚、克罗地亚、捷克、法国、德国、意大利、立陶宛、波兰、罗马尼亚、西班牙与荷兰等 13 个国家的 29 所高校之间保持着密切合作与学分转换渠道。

同时，我们的大学一如既往地欢迎来自各个国家的国际学生，因为我们坚信，他们将会以许多有意义的方式，为在一个美丽的欧洲大都市的中心建立起一个真正的全球化的校园作出特殊的贡献。我们非常密切地关注着国际高等教育的发展趋势，我们不仅是这次变革的追随者，而且在某种意义上，也是全球高等教育改革创新的引领者。我们不断更新有关当代高等教育发展的学术文献，定期参加世界各地的专业和学术会议，确保所有同事都能了解最新的教育动态。在此进程中，我们的教学质量始终接受匈牙利认证委员会（Hungarian Accreditation Committee，简称 HAC）和欧洲高等教育质量保障注册机构（EQAR）的质量监督，高质量的学历保障一直是大学优先考虑的因素。因此，我们的所有课程不仅在匈牙利，而且在欧洲也全部获得了欧盟认证，这对我们颁发的文凭具有非常好的附加价值。

五、平衡学生学习与就业，激励教师参与科研工作

作为一所年轻的大学，有着怎样的发展规划来奋起直追？在科研管理领域，又有哪些特色？

焦尔基·图里：布达佩斯城市大学作为一所以发展应用科学、培养应用型人才为主的高校，在发展目标方面，始终以"密切关注全球的经济变化和全球劳动力市场快速变化的现状，以尽可能地保障所培养的学生不仅在其原籍国，而且在全球范围内成为成功求职者"为根本要务。这是我们大学最务实的发展规划。大学会定期监控和修改教学大纲，确保每个学生学习到他们所需要的知识，以便在全球市场上成为优秀的年轻人。我们还尽可能地启发学生在选择追求职业生涯的同时，能够进一步坚持学习与研究，坚持终身学习。平衡好这两者之间的关系，是我们优先考虑的事项之一。

作为一所应用技术型大学，科研注定不是我们的最强项，但即便如此，我们的教师依旧积极参与各类科学研究与学术写作。我们的教师队伍里，就有多个参与过 Fulbright（富布赖特项目）的学者和研究员，他们由此获得了丰富的科研经费来出版学术专著及定期参加国际会议。此外，多项"Erasmus +"（伊拉斯谟）奖学金项目对学校全体人员的能力建设意义重大。基于此，我们建成了一个内部的、覆盖整个大学的学术监督与管理系统。这个系统由咨询委员会、决策委员会和道德委员会组成。咨询委员会负责向外部专家征求关于科研选题的指导意见和建议；决策委员会是一个具有特定任务的控制机构，决定学校学术研究的侧重点；道德委员会负责学术研究的总体质量、实用性与职业操守。以道德委员会为例，它由一名非教学人员和学生代表担任常任理事，由两位教师、两位博士出任委员会成员，以此行使它的监管权限。

六、创业知识和技能培训促进学生成为成功的求职者

在学生的创业教育方面，贵校有哪些措施？

焦尔基·图里：加强对学生创新创业方面的教育，是我们最自豪的领域之一。作为高校，我们始终强调的一点是培养我们的学生成为全球市场上成功的求职者。为此，我们在这方面努力的核心要素就是向学生介绍创业的知识和技能，包括但不限于以下内容：将这些领域的知识有机地整合到课程中，强化实习；定期邀请来自商界的讲师对学生进行授课，明确市场对人才的需要；组织学生广泛参加国内、国际竞赛，丰富阅历；建设学校所属的"孵化器"和"METU 服务站"，积累经验。这些措施使学生的平日课程设计训练更深入，知识掌握较全面，动手能力突出，善于、乐于采用模型推敲方案，具有显明的主观能动性，容易被劳动力市场接纳。20年来，这些措施为提升布达佩斯城市大学学生的就业、创业水平发挥了积极作用，培养了学生科学甄辨、客观应对匈牙利乃至整个欧洲的经济发展态势的能力，我想，这是我们的教育最成功的地方，也是将来需要进一步发扬光大的地方。

高校人才培养的历史使命与未来发展

——访匈牙利佩奇大学校长阿提拉·米塞塔

　　阿提拉·米塞塔（Attila Miseta）教授是美国密西西比大学医学中心的博士后研究员，自 1990 年起任职于佩奇大学医学院，擅长于全科医学、检验诊断和卫生保健管理。39 年以来的努力付出，使他得以于 2018 年升任佩奇大学校长，执掌始建于 1367 年的匈牙利最古老的高校。在 650 余年的建校历史里，佩奇大学已经和佩奇城有机地融为一体。布满浮雕的医学院研究所守护着全民的安康，巍峨古老的法学院主楼捍卫着人民的权利，建筑工程学院广场上的古老碑文倾诉着城市的发展。这所在匈牙利的高等教育体系中扮演着不可或缺的重要角色的高校，为匈牙利培养了一大批拔尖人才。为了进一步探究这所古老院校的发展历程，借镜其丰富的办学经验，我们专访了阿提拉·米塞塔教授。

一、佩奇大学是一所发展历程颇为曲折的高等院校

　　尊敬的阿提拉·米塞塔校长阁下，您好，非常感谢您接受我们的采访。贵校作为欧洲第七所最古老大学，佩奇大学有着怎样的历史，有哪些重要发展阶段，哪些校长在学校的发展进程中起到了关键作用？

　　阿提拉·米塞塔：匈牙利作为欧洲中部的内陆国家，有着悠久的高等教育历史，经历了漫长的发展历程之后，最终形成了一套完备的高等教育体系，这也使得匈牙利成为世界上人均获得诺贝尔奖最多的国家。佩奇大学所在的佩奇市，位于匈牙利西南部多瑙河和德拉瓦河之间，是一座极具

历史风貌的文化名城。这里的高等教育历史，可以追溯到 1367 年路易斯大帝在当时的主教城佩奇市建立的一所大学。在经历了几个阶段的整合之后，佩奇大学正式成立，并逐渐成为匈牙利西南部地区教育领域中认可度最高、最负盛名的高等学府之一。

佩奇大学在经历了数十年的发展之后，在 15 世纪进行了重组，并分为了两所学院：法学院和神学院。大学在奥斯曼帝国占领期间几乎停止了发展的脚步，然后在 1785 年再次迎来发展的机会——约瑟夫二世将匈牙利皇家学院由杰尔市迁至佩奇市。但是在 1802 年，弗朗西斯一世下令将匈牙利皇家学院迁回了杰尔市，佩奇的高等教育发展因此再次停滞不前。直到 1833 年，由佩奇主教与城市参议院共同商定创立了一个由法律系和哲学系组成的佩奇大学。

如今的佩奇大学组建于 1912 年，最初的校址位于曾经的波若尼市（现斯洛伐克首都布拉迪斯拉发市）。1921 年，大学迁至佩奇市，并一直沿用至今。1951 年，佩奇大学医学院从大学中独立出来，直到 2000 年以独立的医科大学的身份服务匈牙利社会。

2000 年 1 月 1 日，詹纳斯潘诺尼乌斯大学、佩奇医科大学及德克萨德依耶什久洛教师培训学院合并而成今天的佩奇大学。2006 年 9 月，欧盟发起的现代高等教育培训体系被匈牙利引入，称为"博洛尼亚进程"（Bologna Process），该体系为学生提供了一个在动态发展、可变的欧洲高等教育体系中继续学习的机会。自此，佩奇大学成为一所以欧盟高等教育体系为指导、法律法规为准则、监督机制为保障、培养国际化人才为目标的高等学府。2017 年是佩奇大学历史上特别重要的一年，全校上下共同庆祝了佩奇大学（匈牙利第一所大学）成立 650 周年校庆。在校庆期间，大学组织了一系列活动，这其中就有孔子学院少儿舞蹈队和功夫队的积极参与。

佩奇大学的孔子学院是 2014 年 8 月 27 日，由华北理工大学合作建设的。孔子学院自建成以来，在佩奇大学的教学平台上提供了英语和匈牙利语授课的中医理论、中医养生和中医健身等领域的大学学分课。利用佩奇大学健康学院具有授予针灸行医资格的条件，孔子学院还参与了针对西医博士的针灸培训。此外，孔子学院开展的中医文化宣传进中小学课堂活动，如气功健身法、中医穴位以及中草药知识，都是学生非常欢迎的项目。这对于佩奇大学这所在医学方面本身就具有独特优势的高等院校，又是一次极大的发展助力。我们期盼着随着中医学体系的引入，能够对欧洲当地传统医学的发展，起到一定的启示作用。

二、唯有重视创新，方能秉承传统

欧洲中世纪是大学游走于王国与教会的时期，在匈牙利国家的发展中，佩奇大学起到了什么样的作用？

阿提拉·米塞塔：当路易斯大帝将建立佩奇大学的委任书交给奥尔班五世教皇时，当时的委任书上这样写道："佩奇大学是非常适合播种知识种子的肥沃土壤"。

我们的大学代表着传统的价值观，同时又成功地适应了当前和未来社会的挑战。作为匈牙利最重要的科研型大学之一，佩奇大学是多瑙河南部地区的创新知识基地。基于对创新的正确理解，除了大力发展基础研究之外，佩奇大学的任务还包括培养具有创新意识和创新能力的专业人士。

佩奇大学非常重视教育的质量，并始终秉承"培养出优秀的学生就是对学校最好的宣传"的宗旨，不断提高教师的专业水平和提升基础设施建设。我们努力为学生提供各种他们需要的知识，并且支持他们走出校园，参加全欧洲范围内的各类实习和交流计划。因此在过去的十年里，学校一直保持着高速的发展，众多学科领域的教师和研究人员为佩奇大学及其附属机构提供了丰富的专业背景。目前，佩奇大学有近 2000 名教学和研究人员以及包括医学、人文、商业与经济、法律等在内的 10 个院系，为匈牙利和来自 114 个国家的学生和科研人员，提供了全方位和高质量的学习与深造机会。

佩奇大学是匈牙利排名最高的公立大学之一，因此无论从哪个角度和方面来看，它都为匈牙利国家的发展作出了突出贡献。佩奇大学也是匈牙利第一个实行学分制的大学，学分在欧洲所有大学都被认可，这也是佩奇大学能够吸引众多外国留学生的主要原因。佩奇大学毕业的学生广泛被欧盟国家承认。佩奇市是匈牙利人口最密集的城镇之一，也是一座真正的大学城，是区域发展的引擎，佩奇大学一直都在认真地认知和执行它的使命。

三、追求独立精神，培育学生成才

学校培养出了哪些著名的人士，您认为大学培养出的学生应具备哪些品质?

阿提拉·米塞塔：截至目前，我们大学培养了许多在各行各业取得了杰出成绩的知名校友，包括著名的艺术家、教育家、科学家、政治家和运动员。他们有的已经毕业，有的正在我们的大学学习。比如匈牙利共和国前总统绍约姆·拉斯洛教授、2011年神经科学领域的诺贝尔奖——The Brain Prize获得者乔治·巴萨基教授、伦敦奥运会射击选手索菲亚·琼卡等。

我校的荣誉博士包括了许多著名的人士，他们在科研与教育中都展现了很高的专业素养，比如著名歌唱家普拉西多·多明戈、何塞·卡雷拉斯、欧洲理事会主席唐纳德·图斯克、瓦萨雷利基金会主席皮埃尔·瓦萨雷利、著名作家甘特·保利、社会心理学家吉尔特·霍夫斯塔德、微软应用软件集团负责人和匈牙利著名航天员查尔斯·西蒙尼、诺贝尔化学奖得主乔治·安德鲁·欧拉等。

如果希望成为一名成功的佩奇大学的学生，最基本也是最重要的能力是要有独立精神，能够管理自己的学习任务，按时出勤，并积极参与到课程的探索与学习中来。如果学生不能按时上课或完成课业，他们可以很快发现成绩下滑甚至不及格。真正优秀的学生所做的功课远比学校要求的多出很多，从而才能顺利完成既定的目标，取得优异的成绩。优秀的学生往往会勤学好问，事实上，这是学习的最佳途径，因为只有这样，老师或者其他同学才能帮助你更好地解决问题，并且在解决问题的过程中受益深远。当然，除了在学业上取得好的成绩之外，我也希望他们在佩奇大学的每一天都可以充实和快乐。

四、致力兼容并包，力图更好发展

新的佩奇大学是由三所大学合并而成，经过整合后的佩奇大学是如何运行的？

阿提拉·米塞塔：佩奇大学在合并了詹纳斯潘诺尼乌斯大学、佩奇医科大学和德克萨德依耶什久洛教师培训学院后，不仅在匈牙利国内，甚至在世界范围内，成为一座知识的宝库。这三所院校的合并也使佩奇大学在匈牙利和国际高等教育机构中享有了更大的声誉和话语权，也使得佩奇大学成为匈牙利最大的科研型大学之一，并且享誉海内外。当然，这种转变是很艰难的，并且需要一定的时间来适应新的环境并建立适合每个人的管理体系，不过经过一段时间的适应之后，目前我们的大学运转得非常好。同时，我们坚信每个人都与佩奇大学一起，不断发展和完善自我。

佩奇大学是一所国际公认的研究型大学，我们正在尽最大的努力使我们的大学成为优秀科研人员工作的最佳选择，而不仅仅是事业上的一个起点或中转站。我们鼓励学校最受尊敬的同事通过内部拨款计划来取得更好的成绩。在注重基础科学研究的同时，佩奇大学同样重视通过应用科学的研究，来发展我们的产业关系。

目前，佩奇大学正与佩奇市一起，进行着一项"现代城市计划"，这其中不仅有新建筑的设计与建设，还有对古老建筑的可持续改造，以及在人力资源方面的培养等。值得一提的是佩奇大学的建筑学院，这所由匈牙利赫赫有名的建筑大师、卓越教育家 Zoltan Bachman 院士一手创建的学院，其专业课程涵盖范围非常广，不仅着眼于建筑科学大类本身，还与人文社科、工程管理、景观生态等多种学科交叉。在佩奇，每一位建筑系新生都需要学习一门叫"佩奇建筑"的课。这是一扇观赏佩奇城市优秀建筑的窗户，通过这门课可以实地了解城市中特色建筑的建造知识、建设中遇到的问题及建筑背后的故事。学生在认识佩奇的同时，也能从中体会到：每一座城市都有自己不可复制的历史与发展轨迹，倘若连自己每天生活地方的建筑都不进行"深挖"，又何谈去肩负设计别人生活场所的重任。

佩奇大学建筑学院的课程设计题目强调真题，使学生立足于真实环境解决现实问题，有的放矢地深入设计各个阶段。学成归来的学生至今难忘被带到工地砌砖的经历。学生自己动手砌砖、弯钢筋、支模板、体验错缝拼接与通缝拼接的优劣，对于课堂所学的构造书面知识有了直观深刻的体悟。但凡经历过这样实践过程的学生，都会将实践经验整合到个人的设计素养中，使实践经历与设计活动形成一种良性的循环。这种考虑建筑落地性、可操作性以及后期维护便捷度的设计思维方式，在这里被培养成一种习惯，而这样的习惯在踏入未来实际工作岗位中显得尤为重要。

佩奇大学由欧洲传统管理机构、领导机构、大学校长和副校长组成，这种大学管理体制是如何形成的？

阿提拉·米塞塔：佩奇大学是由一位校长、一位财政部部长和三位副校长来共同领导及管理，每位副校长都负责大学生活的不同领域。各学院由院长领导，各个系有自己的系主任。院系下设不同的部门，负责日常与学生保持沟通并负责教学事宜。校长和其他校领导要求各院系需要和教职工进行有效的合作，鼓励学生进行有纪律的学习，并给予他们充分的支持。另外，大家都知道佩奇市是一个小城，而佩奇大学又是一所规模很大的高等学府，住在佩奇市的市民们都认为自己是佩奇大学的一分子，佩奇大学的教职工和学生同时也都认为自己是佩奇市的一员，大学亦是城市的主导因子。

五、走好"一带一路"，促进共同发展

随着中国"一带一路"倡议的不断深入和"一带一路"建设的广泛开展，您认为中匈两国在高等教育领域，有着怎样的合作前景？具体到您所在的大学，您认为有哪些可以合作的机会？

阿提拉·米塞塔：众所周知，匈牙利是第一个和中国签署"一带一路"合作文件的欧洲国家，也是中东欧地区唯一一个提出"向东开放"政策的国家。作为中国在中东欧地区第三大贸易合作伙伴，匈牙利和中国有着广泛且深入的合作。

作为 2018 年首届中国国际进口博览会中东欧地区唯一的主宾国，匈牙利一直积极推动产品向中国出口。2017 年，中匈双边贸易额达 101.4 亿美元，同比增长 14.1%，双边贸易额创历史新高，首次突破 100 亿美元大关，并签署了 22 项经贸合作协议。这一系列数据都表明了两国非常重视发展双边关系。

随着中国"一带一路"倡议和匈牙利"向东开放"政策的进一步落实，中匈两国化工、通信、汽车、物流、金融等多领域合作深入发展，文化、教育、体育、旅游等人文领域交流丰富多彩，两国人民的友谊进一步加深，匈塞铁路项目、北京至布达佩斯直航航线的开通等，都是中匈关系平稳发展和匈牙利方面怀有强烈合作意愿的最佳例证。

在世界多极化、经济全球化趋势的影响下，匈牙利和中国对世界政治、经济格局的理解和认知有着相同或是相近的认知，新兴国家已经具备较强的竞争力和话语权。因此，作为"一带一路"的欧洲门户，加强与中国的交流与合作，不仅是匈牙利国家层面，更是佩奇大学全体师生共同的期待。佩奇大学同中国高校建立了广泛的伙伴关系，与中国近三十所学校签署了一系列合作协议，很多有意义的合作项目正在开展和实施中。

目前，中国在匈牙利已设立 4 所孔子学院，其中佩奇大学中医孔子学院是欧洲大陆第一所中医特色孔子学院，这所孔子学院的建立，不仅在

推广汉语教学、传播中国文化方面发挥着积极作用，同时也将中医药这一凝聚着深邃的哲学智慧和中华民族几千年的健康养生理念及其实践经验传播给了匈牙利民众。中国同匈牙利之间的合作，还有附加值较高的机电和高新技术产品，以及匈牙利在基建、产能、经贸等合作领域，都有意愿深度参与"一带一路"倡议及建设。佩奇大学在这些学科领域都有着非常深入的研究，以及创办了一些非常符合"一带一路"倡议和适合两国发展战略的联合项目和学位课程，培养了大批的专业化国际人才。这些项目的实施和人才的培养，一定会为双方未来的发展带来益处。佩奇大学也一定会在匈牙利与中国乃至中欧的发展进程中发挥重要的作用。因此，我希望越来越多的中国学子来到佩奇大学学习，同时我们也会推荐匈牙利的优秀学生到中国交流学习，共同为中匈两国世代友好贡献力量。

激发学生与生俱来的创造力　培养具有好奇心的终身学习者

——访以色列 ORT 布劳德工程学院董事会主席达利特·施陶贝尔

作为世界上公认的创新强国典范，以色列的创新创业人才培养经验非常值得借鉴。近日，我们就创新创业人才培养、创新成果转化、教育信息化实践等问题对以色列 ORT 布劳德工程学院董事会主席、以色列教育部前秘书长达利特·施陶贝尔（Dalit Stauber）女士进行了专访。施陶贝尔女士详细介绍了布劳德工程学院的两个科学技术转化平台，企业如何参与院校治理，ORT 布劳德工程学院在培养学生创造力方面的具体做法，以及以色列教育信息化发展战略与实践案例。在此基础上，施陶贝尔女士表示 ORT 布劳德工程学院正考虑与中国高校合作开展创新指导项目，并指出中国的世界一流大学和一流学科建设的关键在于找准自身定位。

一、探索工程教育产教融合之路

尊敬的施陶贝尔女士，感谢您接受我们的专访。众所周知，以色列的高校在创新、科研和技术转化方面都取得了令世人瞩目的成就，请为我们介绍贵校的相关情况。

施陶贝尔：ORT 布劳德工程学院（Ort Braude College，以下简称"布劳德工程学院"）是一所工科院校，努力吸引年轻人从事技术领域的研究与学习，鼓励他们成为技术行业不可或缺的优秀人才，满足以色列经济发展对人才的巨大需求。我校被公认为是一所优秀的大学，这得益于我们的校长——阿利·马哈沙克（Arie Maharshak）教授的悉心指导。我们建立了两个旨在将科学技术的发展与当地产业相融合的先进平台。一个是创新创业中心（The Center for Innovation and Entrepreneur Ship），该中心为学生提供支持，帮助他们实现自己的科技创想，中心指导人员既包括拥有扎实理论知识的学术导师，也包括拥有丰富实践经验的产业工人。而且，学校会为开发了有价值的原型（Prototype）、运算法则（Algorithm）、应用程序（Application）的学生授予证书。另一个是学校的商业化公司。该公司通过协助处理知识产权问题，以及将创新的产品和系统转化为合适的工业应用，支持教职员工的创新。

在我们学校，企业参与了学校诸多方面的运转，我们也非常欢迎和鼓励企业的参与。例如，一些企业参与了各个系所的"咨询友谊"（Consulting Comities）活动，为学科课程的制定建言献策；一些企业在学生和教职员工的研究和项目研发过程中，提供了外部指导和帮助；企业为新项目的议定提供支持，以使项目获得以色列高等教育委员会（Israeli Council for Higher Education）的批准；学院还会邀请一些以创新精神闻名的著名实业家开办研讨会和课程讲座。

在产教融合的国际化发展方面，我们期待与中国院校、企业的合作。国际合作伙伴的有效选择有助于汇聚全球智慧和理念。此外，全球合作将促进创新产品的制造和营销。这种合作不仅有利于学生，也有利于整个行业。比如在创业教育领域的合作方面，我们正在考虑为中国学生提供2—3个月的创新中心指导项目，帮助学生在创新项目的开发上获得以色列高新技术产业高级工程师的指导。

二、培养富有创造力的终身学习者

学生应该具备哪些知识和技能，才能成为有创造力的人才？

施陶贝尔：每一所高校为了培养和保有其优秀人才，都应紧跟相关知识和研究领域的最新发展。当今时代，最新的技能包括控制能力、理解能力，以及通过最佳方式使用信息通信技术（ICT）的能力。然而，除了这方面的知识，我们必须给我们的学生新的机会来发展和实践被称为"21世纪技能"的软技能。我们必须训练他们持续使用批判性和创造性思维的能力，以及高层次的思维能力。他们必须学会团队工作。同时，由于当今很多团队是国际化的团队，学生需要学习沟通技能和外语知识，并培养宽容以及包容不同文化和宗教的能力。我们应该引导学生发展环境意识和世界资源意识，并对发生在我们身边的变化保持敏感。作为教师，我们应该允许失败，并将失败阐释为发展创造力过程中的一个阶段。如果不允许失败，我们将永远不会获得创造性的发展和成果。如果我们成功地做到上述几点，我们将有望培养出充满好奇心的终身学习者，他们具有灵活性、创造性、适应变化的能力和对世界产生影响的热情，以及人道的态度和价值观。

具体来说，您如何激发学生的创造力？ 哪些特质是具有创造力的学生所必需的？

施陶贝尔：我相信，创造力与生俱来。看看我们周围的世界，证据无处不在。不幸的是，传统的追求秩序和纪律的教育制度扼杀了人们的创造力，我们之前一直在教授学生只适用于 19 世纪的知识。幸运的是，创造力就像是我们大脑中的一块肌肉，我们可以通过工作和锻炼来开发这一特质，这已成为在 21 世纪生存的关键。为了给创造力的开发提供有效支持，我们的教育工作者（包括家长和教师）都要了解自身的角色和任务，同时要接受培训。我总是认为，我的学生们都具有改变世界并使之更美好的热情。我帮助他们培养自身的能力，并确保他们的价值观会引导他们主动采取行动，使我们的世界变得更美好。我教会他们质疑，用批判的思维看待我告诉他们的一切。我向他们提出开放式的问题，并鼓励他们提出更多的问题。通常，我只提供给他们一部分参考书目，因为这样做会使他们的阅读量远远多于规定的参考书目。学生会通过精彩而有创意的小组展示与班级中的其他同学分享他们阅读过的书籍。小组活动和创造力会作为学生成绩的一部分。在备课时，我会将研究和实验数据与现实世界和最新时事相结合，我要求他们在生活和工作中运用课堂上谈论的知识，并记录他们的经历。在第一次课上，我感觉学生会试探我是否真的会坚持这些要求，但当我获得他们的信任后，他们逐渐变得越来越好奇、大胆、协作和独立，并能够意识到，学习和个人发展过程是一个终身的使命，这将在未来帮助他们保持健康、快乐和高效。

三、以信息技术引领教育变革

请您简要介绍一下以色列教育信息化领域的相关政策。

施陶贝尔：以色列大约在 10 年前就已经意识到学校不能与现实世界脱节。学生的家庭以及每一个工作场所都配备了技术设备，年轻人正在发展 ICT 技能。那些不具备 ICT 技能的人将无法支持国家的经济发展，也无法保障自己的幸福生活。然而，在当时，学校教授给学生的仍然是适用于 20 世纪的知识技能，而无法适用于充满活力、快速变化的 21 世纪。因此，以色列教育部规划并实施 ICT 改革，缩小学校和现实世界之间的鸿沟，使教学过程变得更有趣、更实际、更个性化，让学习者更好地满足时代需求、应对时代挑战。改革内容涉及网络的可获得性、为学校提供必要的技术支持、学习教材的适应性和发展性，以及教师培训和能力发展。改革的过程也是非常重要的，它需要强大的财力支持、持久性和耐心。但是很明显，我们的教学体系将在未来发生重大变化。尽管教师是一个相对保守的群体，但如果教师想要与学生和国家经济紧密相连，那么这个群体就不得不成为终身学习者，并以灵活的方式不断发展、更新和调整。

以色列有哪些让您印象深刻的教育信息化实践？

施陶贝尔：以色列有许多令人鼓舞的发展。除了教育部之外，私营部门和很多成功的企业，以及高新技术产业和院校都致力于支持年轻有才华的学生，不仅培养他们的 ICT 技能，更传授他们将想法付诸实践所需要的实用知识。在全国各地，我们通过创建孵化器，为学生创业的各个阶段提供支持，教授学生所需要的知识，帮助他们在与真实世界相似的创新过程中提高自身技能。学生和行业中掌握前沿技术与信息的顶尖人才一起工作，后者义务担任他们的导师。这一举措使得许多年轻人得以创造出非凡的产品，并提供一流的服务。

教师在促进教育信息化方面的作用非常关键。请问，在提高教师使用 ICT 的主动性和相关能力方面，您有什么好的建议？以色列有什么好的做法？

施陶贝尔：以色列将 ICT 很好地整合到了日常教学之中。例如，信息通信技术中心定期为教师举办讲座，促进技术在教学过程中的融合；在设备齐全的课堂中进行主动学习，使教师能够通过由一系列先进的软件构成的 ICT 系统，轻松、有效地进行教学演示；广泛提供在线课程；推进教学和学习促进中心（Center for Advancing Teaching and Learning）完善基础设施，进一步促进学术团体之间的沟通。

四、中国高校发展应找到合适定位

中国的高校正在努力建设世界一流大学和一流学科，以提升竞争力。在您看来，世界一流大学和一流学科建设的基础是什么？

施陶贝尔：我认为，无论是"一流大学"还是"一流学科"，都要以找到一个合适的定位（Niche）为基础。通常情况下，这一定位反映了特定学科的典型的、传统的需求，这一需求在近几年来通过适当的学术基础建设而得到优化。例如，以色列以农业产品、农业服务，以及国防系统而闻名，这两个领域在近年来展现出了非常复杂的本地需求。为此，以色列学术界成功地开发了合适的学科，来满足当地的需求。

产教融合深化创新型工程人才培养

——访以色列 ORT 布劳德工程学院校长阿利·马哈沙克

以色列 ORT 布劳德工程学院（以下简称"布劳德工程学院"）成立于 1987 年，位于卡米尔市，是以色列北部领先的工程学院，也是该地区高科技产业发展和进步的重要推动力量。阿利·马哈沙克（Arie Maharshak）教授曾在以色列一家高科技公司担任高级研发和市场营销职务；曾在斯坦福大学航空航天高级机器人实验室担任研究助理；与他人共同创建了以色列电信工作协会，并获得以色列创新与创意奖。同时，阿利·马哈沙克教授也是一位高科技企业家，积极从事新产品开发，拥有 10 多项专利，在期刊和会议论文集上发表了 40 多篇论文。在采访中，阿利·马哈沙克教授简要介绍了布劳德工程学院的发展愿景和使命宣言，以及学校工程师培养方案及其创新创业生态系统。

一、产教融合创新工程人才培养模式

请您简单介绍一下贵校的情况，包括学校愿景、使命等。

阿利·马哈沙克：我们的愿景是成为以色列领先的工程教育学院。我们有两大使命：第一，通过教育弥合社会经济差距；第二，通过落实工业 4.0 的理念来提高以色列工业的生产力。

我校的最大特色是工程教育。具体来说，第一，我们是以色列唯一一所将为期一学期的实习整合到课程中的学术机构（学院）。我们鼓励学生积极进入工程行业，并在高级工程师的指导下开展实习，同时配备一

279

名高级教员担任其导师。第二，我们为每一位毕业生配备了一个必不可少的工具箱。除工程课程之外，我们还向学生提供各种软学科（如经济学、法学、文化等）的课程学习，以拓展他们的视野。布劳德工程学院的建立初衷涵盖多学科理念（Multidisciplinary Philosophy），我们认为，拥有多学科的视角对学生未来职业生涯的成功至关重要。第三，我们强调掌握英语口语和书面语的重要性。当我担任校长时，我要求每个学系提供一门英语必修课。如今，我们已有80多门课程使用英语授课，并在其作业和期末考试中均使用英语。英语的应用促进了学院向世界开放，我们有来自中国、美国、欧洲等国家和地区的学生。第四，我们的教师来自不同的行业，既包括高科技行业，又有传统行业。当确定某个行业的工程师是其所在领域的专家时，我们会邀请他以兼职的方式进入学院工作。除了理论知识的教授之外，上述专家还能切实地向学生展示如何将想法转化为真实的、实际的产品——包括有形的和智力的。第五，我们会邀请产业界的专家加入学院咨询委员会，并为课程设置提供建议。

此外，我们还强调团队合作、表达技巧、营销技巧等。因此，我们在以色列因工程教育、国际化和一流毕业生而闻名。

二、校企合作打造创新创业生态系统

请谈谈贵校开展创新创业教育的初衷。

阿利·马哈沙克：学院的创新创业中心最初由我牵头设立。首先，对学生而言，创新创业中心通过雇用有经验的工程师，能向学生教授相关的工程概念及如何开展市场实践。学生可以通过参与创新创业中心的相关课程或项目来获得学分。在布劳德工程学院，要成为一名工程师，就必须在四年内获得160个学分，即平均每年40个学分，平均每学期20个学分。当学生将其想法转化为产品时，可获得4—6个学分。其次，对教师而言，在创新创业中心，当教师带着一个想法来到中心授课时，他们自身也能得到进一步的发展与思考。更具体地说，我们与许多公司签订了全球性协议。如果教授有一个原创的想法，但由于高昂的成本无法实现或发展这一想法时，我们会为其提供帮助。我们学校的律师负责与跨国公司谈判，并在教授和公司之间达成协议。最后，对社区而言，创新创业中心与社区保持密切联系，注重对社区儿童、老年人等提供适当的帮助。在提供帮助时，我们的相关部门负责研究社区或其成员面临的困难，并提出个性化的、量身定制的解决方案。因我校对社区的贡献而获得了高等教育委员会的奖励。

对于学校或者教育管理者，您认为应该如何评估创新创业教育的有效性？

阿利·马哈沙克：我们评估、监控从概念到市场的全过程。一方面，学院自身会对潜在的企业家进行评估，考察其是否完成了创新创业过程中的所有必要步骤，如市场调研、竞争分析、原创性考察等。为了在全球市场上保持竞争优势，我们必须非常精确地执行所有必要的步骤。然而，即使一个人经历了所有必要的阶段，成功率也不会超过 10%。因此，另一方面，我们会邀请专家进行评估。他们会针对市场调研、竞争概况、同类产品情况、产品独特性等问题进行评估，这些数据对于评估该产品能否进入市场是必要的。

关于贵校创业教育的未来发展，您有哪些考虑？

阿利·马哈沙克：事实上，这个问题一直困扰着我们，例如，如何更好地与其他学校合作、与其他实验室合作等。在我们的全球活动中，我们与中国的大学有着紧密的联系，但与中国的行业联系较少。如果合作伙伴愿意，我们期待与其一起为创新而合作。德国有一个名为弗劳恩霍夫（Fraunhofer）的研究所，他们与 60—70 家工厂开展了合作，在学术界和工业界之间架起了一座桥梁。我们想成为以色列的弗劳恩霍夫！

三、着眼未来社会需求培养国际化创新型人才

贵校认为什么样的人才是符合未来社会需要的？需要具备什么能力和素质？

阿利·马哈沙克：符合未来社会需要的人才应当是开放的、能理解国内外社会需求、能意识到特定发展趋势、能认识到工作环境是在不断变化的、保持终身学习、善于表达与沟通、拥有团队合作精神与能力、能有效应对失败的人。

首先，我认为终身学习的能力十分重要，即"活到老，学到老"。未来社会，技术的革新将会越来越快，因此，即使从学校毕业后，一个人也需要有意识、有能力继续学习。其次，一个人必须有能力在团队中工作。当今社会，一个"爱因斯坦式的天才"（Einstein— Like Genius）不会独自在"黑暗的房间"（Dark Room）里工作，团队合作至关重要。再次，未来人才必须掌握有效的表达和沟通技巧，要能流畅地运用不同的语言表达自身想法并参与沟通——雄辩是关键。最后，同样重要的是，我们接受失败。我们相信，有时候为了成功，为了从错误中吸取教训，需要允许失败存在，失败是生活中常见的组成部分。

培养沟通世界人才　搭建国际合作平台

——访乌兹别克斯坦塔什干国立东方大学校长若荷斯耶娃·古丽伽珂拉

根据 1991 年 7 月 15 日乌兹别克斯坦共和国第 186 号内阁决议和 1991 年 7 月 26 日乌兹别克斯坦共和国教育部高等和中等职业教育委员会的决定，结合当时培养高技能东方学家的要求，在塔什干国立大学东方系的基础上，塔什干国立东方大学得以成立，以更深层次地研究东方国家的历史和文化，更好地发展国际关系。20 多年过去了，年轻的塔什干国立东方大学发展如何，又面临着怎样的发展形势？ 带着这一问题，我们专访了该校校长若荷斯耶娃·古丽伽珂拉。

一、塔什干国立东方大学的成立背景

塔什干国立东方大学成立于 1991 年，当时正值苏联解体，请问成立这样一所大学的背景和意义何在？

若荷斯耶娃·古丽伽珂拉：1991 年，在乌兹别克斯坦共和国宣布主权独立之后，乌兹别克斯坦的东方学家们面临着新的国家任务——培养高技能东方学家，以便更深入地研究东方国家的历史和文化，更好地发展国际关系。根据 1991 年 7 月 15 日乌兹别克斯坦共和国第 186 号内阁决议和 1991 年 7 月 26 日乌兹别克斯坦共和国教育部高等和中等职业教育委员会的决定，在塔什干国立大学东方系的基础上，塔什干国立东方大学成立了。乌兹别克斯坦的东方学教学与研究有着悠久历史，最早可追溯到

1818 年 11 月成立的亚洲博物馆东方手稿研究所。

1918 年，安德列耶夫（M. S. Andreev）、巴托尔德（V. V. Bartold）、施米德特（A. E. Schmidt）、马洛夫（S. E. Malov）、法廖夫（P. A. Falev）等多位科学家在塔什干成立了土耳其斯坦东方研究学院，由安德列耶夫担任首任院长。该学院的成立是当时科学和教育领域的一件大事，开创了培养东方学科领域专家的先河，专门针对东方语言和文学、国情学、民族志学等开展研究。该学院开展了东方学的研究工作，并培养了许多优秀专家。根据 1922—1923 学年的官方数据，当时在土耳其斯坦东方研究学院有 210 名学生、5 名教授、21 名教师。这所学院的第一批出版物是名为《东方》的杂志，其主编是著名作家舍维尔丁（M. I. Scheverdin）。此后，许多东方学家、历史学家、民族志学家、语言学家纷纷在该学院讲授课程。

1924 年以来，土耳其斯坦东方研究学院作为一个独立的系隶属于中亚国立大学。在这所大学中，大师级学者云集，包括著名作家，如阿维佐夫（Mukhtor Avezov）、依斯梅里（Mirzakalon Ismaili）、沙依萨德（Maksud Shayzad）等；著名的语言及东方学家，如波洛夫科夫（A. K. Borovkov）、基森（I. Kissen）、列舍托夫（V. Reshetov）、尤达欣（K. K. Yudakhin）等；著名的历史学家、东方学家和民族志学者，如伊万诺夫（P. P. Ivanov）、马森（M. E. Masson）、什什金（V. A. Shishkin）、苏哈廖娃（O. A. Sukhareva）等。

第二次世界大战期间，几乎整个俄罗斯科学院东方研究所的科学人员都被撤退到塔什干。1944 年，作为中亚国立大学的一部分，东方系重新建立。该系邀请著名的东方语言和文学专家教授开展教学工作。他们基于教学实践为科学界提供了越来越多的与东方学研究相关的新成果。

直到 1947 年，东方系设有 4 个教研室：伊朗语言学教研室（从 1955 年起更名为伊朗—阿富汗语言学）、印度语言文学教研室（东南亚语教研室的前身）、近东和中东国家历史教研室、东土耳其斯坦文献学教研室。不久之后，在该系的基础上开设了博士研究生班，从此东方系具备了培养东方学专家的能力。随着时代的发展和公共教育的需要，东方语言教师、顾问、翻译人员的培养成为一项重要任务。

随着对阿拉伯语、普什图语、印度语、乌尔都语、汉语、维吾尔语、土耳其语的深入研究，东方系在拓展和改进的过程中也加强了对英语、俄语、乌兹别克语研究的重视。为更深入地研究东方国家的古典和当代文学，1965 年，在著名东方学家沙穆哈迈多夫（Sh. M. Shamuhamedov）的领导下，成立了东方文学系；后又建立西欧语言教研室。此外，为了更深入地研究东方语言，该系开始邀请东方国家的外籍专家前来工作。

二、塔什干国立东方大学的学科建设

经过这些年的发展，您所在的大学在学科建设方面有哪些进展？

若荷斯耶娃·古丽伽珂拉：目前，塔什干国立东方大学较为成熟的学科包括语言学、外国经济与国情学等。以外国经济与国情学系为例，学生主要研究中国经济、生产力和经济关系、区域因素对经济增长的动态影响以及中国对外和对内经济政策等。该系的毕业生会在中乌合作机构中任职。

自 2008 年以来，大学开辟了新的汉学专业方向。该专业学生的研究对象是经济发展的规律及趋势，区域一体化进程，中国社会经济发展的现状、存在的问题，中国的科学、文化、语言、历史、社会经济制度等。毕业生可以担任翻译、经济学家、经理助理、国际经济组织专家、研究机构研究员、教师等职务，他们可以参与投资项目、国际经济关系领域的项目，提供咨询服务，提出社会经济发展建议，参与制定与国际商业有关的战略和计划等。如今，研究所正在积极发展，通过引入先进教育技术和行业领先专家来提高教育质量。塔什干国立东方大学对毕业生的就业情况进行年度监测，及时掌握各方面人员需求的动态，以便制定长期的人员培训计划。

当下，塔什干国立东方大学共有 5 个系、25 个教研室，其中东方语言学系下设阿拉伯语言学、伊朗—阿富汗语言学、突厥语言学、日本语言学、南亚语言学、东方文学、古典文献学、翻译学教研室；汉学系下设汉语文学、中国政治历史和经济、教育学与心理学、英语教研室；韩学系下设韩国语言学、韩国政治和经济、韩国历史与文化教研室；历史与哲学系下设外国历史、中亚人民历史与文献学、东方哲学与文化、社会学、西方语言教研室；外国经济与政治学系下设世界政治与国际关系、外国经济、国际经济关系、经济理论、数学与信息技术教研室。同时，该校有语言学和语言教学（东方语言、传统语言）、翻译理论与实践（东方语言）、历史（东方国家和地区）、世界政治（按照地区）、东方哲学与文化、外国经济与国情学（按照国家和地区）等本科专业；文献学（东方语言）、语言学（东方语言）、文本和文学来源研究、比较语言学与语言学（东方语言）、历史学资料研究及历史研究方法（中亚国家）、国际关系与对外政策、东方哲学与文化等硕士研究生专业。

在塔什干国立东方大学的研究生中，有 50 多名副博士生（DSc）正在攻读语言学、历史学、政治学、哲学和经济学方向的博士学位（PhD），其研究方向包括世界历史学、资料研究和历史研究方法、经济理论、世界经济、哲学史、亚洲和非洲语言与文学等。塔什干国立东方大学设有两个专业学位授予委员会。自 2013 年 7 月以来，已有 50 多篇博士学位论文通过答辩。

三、塔什干国立东方大学的国际合作

大学与国际上的高校及其他组织之间有哪些合作？与中国有哪些合作？请重点谈一下孔子学院的建设情况。

若荷斯耶娃·古丽伽珂拉：目前，有来自 9 个国家（俄罗斯、吉尔吉斯斯坦、乌克兰、韩国、日本、哈萨克斯坦、土库曼斯坦、阿富汗、中国）

的33名外国学生、实习生和研究人员在塔什干国立东方大学读书和交流。塔什干国立东方大学与世界上许多国家的知名大学和政府组织有着密切合作，包括中国、日本、韩国、俄罗斯、印度、伊朗、马来西亚、印度尼西亚、越南、匈牙利、德国、英国等。

中华人民共和国是最早承认乌兹别克斯坦共和国独立的国家之一。深入研究中国是汉学家的一项重要任务。为了发展汉学，乌兹别克斯坦共和国总统于2014年9月3日发布了关于在塔什干国立东方大学开设汉学系的"PP-2228"号决议，制定了完全符合新的国家标准的学科项目和课程。

塔什干孔子学院是2005年在乌兹别克斯坦共和国开办的第一所孔子学院，也是中国在中亚国家开办的第一所孔子学院。中国兰州大学和塔什干国立东方大学分别是这所孔子学院的中方和外方合作伙伴。

塔什干孔子学院的成立是为了执行2004年6月15日由乌兹别克斯坦共和国高等和中等职业教育部与中华人民共和国教育部签署的"关于在塔什干合作开办孔子学院"协议，以及为了实施乌兹别克斯坦共和国内阁于2004年7月19日批准通过的第338号"关于进一步发展与中华人民共和国合作的措施"的决议。

上述国际协议委托塔什干孔子学院执行以下任务：汉语教学，其中包括给学习中文的学生与汉语教师提供帮助；汉语教学及研究支持；举办汉语比赛；面向学生及老师组织汉语水平考试（HSK）；举办文化和语言交流；为申请中国大学奖学金的学生提供帮助与支持。

塔什干孔子学院最主要的任务是教授乌兹别克学生（中学和大学）汉语，为乌兹别克斯坦汉语教师提供培训，编写汉语教材，加深乌兹别克人民对中国历史、文化、文学等方面的了解。

至今，有26名高素质的汉学家、8名来自中国的志愿教师和18名塔什干国立东方大学的教师在孔子学院教授汉语。已有8000多名学生曾在塔什干孔子学院学习汉语。孔子学院每年接收超过800名来自小学、初中、高中的学生，还有各国外交官和商务代表的子女。

四、塔什干国立东方大学的国际化办学举措

学校在办学过程中有哪些国际化的特色举措？

若荷斯耶娃·古丽伽珂拉：我校不断扩大东方语言学科研究，东方国家的历史、文化、哲学和经济研究；培养能够促进和发展国际关系的东方学人才；引入基于现代科学的、由世界顶尖大学创建的、最新的教育、评估、管理方法；建立教授东方语言的专业学校。

教师发展方面，借助由世界顶尖大学提供的教育技术，吸引各国专家来学校参与教学过程，建立更加专业的学科；有针对性地派遣青年学者和教师赴国外大学、国际研究中心进行实习和科研；邀请各国顶尖大学的知名教师来我校开展大师课，举办国际性的研讨会和科学对话活动。

管理和科研方面，在教育、生产、管理、科研过程中引入基础研究和实践研究的基础知识、科学研究成果等；定期在我校科学期刊上发表外国科学家的论文，并吸引他们成为我校的评论家；加大对国际科学项目和科学奖学金的参与力度。

课程建设方面，在国外大学教师的参与下，引进外语和其他专业的高级课程模式；联合制订教育项目计划，创建以东方语言和英语为主的硕士课程；开设（双学位）校际文凭课程，并与世界其他顶尖大学联合实施该课程。

五、乌兹别克斯坦在高等教育方面的改革

乌兹别克斯坦近几年在高等教育方面有哪些新政策？

若荷斯耶娃·古丽伽珂拉：众所周知，乌兹别克斯坦共和国的所有社会部门正在进行大规模的改革，教育领域也不例外。如前所述，塔什干国

立东方大学作为在中亚地区极具代表性的高等学府，是共和国培养东方学家、经济学家、历史学家、政治学家、精通东方语言的哲学家的摇篮。

国家改革的动态变化直接影响着学校的发展。作为世界一流的高等教育机构，塔什干国立东方大学必须满足时代变革的要求，这就是我校未来的发展计划。为了实现这一目标，我们制订了一个目标宏伟的计划，那就是学校的领导和全体教职人员要致力于提高学校的综合排名，努力使之达到国际标准。

2019—2020 学年，乌兹别克斯坦的高等教育机构将引入"学生成绩——评估教授和教师教学水平的主要标准"原则。"关于提高高等教育机构教育质量和确保积极参与国家大规模改革的措施"总统令也明确了这一点。

根据以上法规以及"个体—国家与社会—持续教育—科学—生产"的原则，我们形成了新的人才培养模式。针对经济和社会领域，共建立人文方向、社会方向、经济和法律方向、生产和技术方向、农业和水利方向、卫生和社会保障服务方向 6 个行业人才培养模式。

纵观整个乌兹别克斯坦的教育改革发展，不能脱离其与国际教育的积极对接。在独立后的十几年里，我国建立了十几所新的高等教育机构。目前，全国共有 58 所大学，其中包括 7 所国外领先大学的分校，合作院校包括威斯敏斯特大学、新加坡管理大学、都灵理工大学、俄罗斯石油天然气大学、莫斯科国立大学、俄罗斯经济大学、韩国仁荷大学。这些大学培养机械制造、石油和天然气、信息技术、经济和企业管理、财务管理、商业和旅游等方面的专业人才，他们的文凭是世界公认的。未来我校也将积极吸引国外优质教育资源对我们的支持与促进。

还需要指出的是，在独立后的这些年里，我们从根本上对师范教育进行管理，对师范人才培养等领域进行了审查，审查教育过程及教育服务市场发展的情况。这项工作改变了教学系统和人才培养系统，教师的继续教育和专业提升系统得到了国家的大力支持，为社会发展提供了保障。

六、乌兹别克斯坦与"一带一路"倡议

请谈一谈"一带一路"倡议与中乌高校合作展望。

若荷斯耶娃·古丽伽珂拉：两千多年前，古丝绸之路开启了人类历史的新篇章。"丝绸之路"的精神是人类文明最宝贵的遗产，包含开放包容、和平合作、学习借鉴、互利共赢等理念。"一带一路"倡议接过"丝绸之路"的接力棒，并以上述原则为基础。

2017 年，应邀参加"一带一路"国际合作高峰论坛的乌兹别克斯坦共和国总统沙夫卡特·米罗莫诺维奇·米尔济约耶夫与习近平主席进行了成功会谈，就深化中乌友好、加强各领域的合作达成重要共识，两国关系进入崭新时代。

塔什干国立东方大学汉学系也正是在远东国家语言系的基础上，于2014 年 9 月根据乌兹别克斯坦共和国第一任总统卡里莫夫的命令建立的。汉学系包括汉语和中国文学，中国政治、历史、国际关系，中国哲学，中国经济 4 个教研室，有 500 多名大学生。每年，塔什干国立东方大学汉学系都会举办"汉学研究"学术研讨会，旨在讨论汉学问题及相关的学术成就。近年来，乌兹别克斯坦汉学家的学术成就越来越多。我相信，随着乌中在各个领域深入交流和务实合作的不断推进，两国在各个领域的发展必将取得新的丰硕成果。

其　他

信息通信技术创新与应用　助力视障人士适应社会

——访俄罗斯盲人协会文化和体育康复中心副主任谢尔盖·潘金

　　2018 年 8 月 30 日，中国联合国教科文组织全国委员会与联合国教科文组织教育信息技术研究所及成都市人民政府合作主办的 2018 都江堰国际论坛在四川成都开幕。论坛以"2030 年教育背景下的城乡教育统筹发展"为主题，直面我国教育改革与发展中的重难点问题以及联合国在实施《2030 年可持续发展议程》教育目标过程中面临的挑战，围绕推进城乡教育一体化发展、信息技术助力发展优质教育、职业教育与技能人才培养、生态文明建设与可持续发展教育等议题开展对话交流，分享与会各国在促进教育公平、提高教育质量等方面取得的进展和经验。论坛上，我们专访了俄罗斯盲人协会文化和体育康复中心副主任谢尔盖·潘金（Sergei Pankin）先生。潘金先生专门从事与视力受损人士和盲人相关的社会活动和康复治疗活动，其中包括运用信息通信技术（ICT）开展相关活动。潘金先生在帮助视力受损人士和盲人的领域已有 20 年工作经验，曾任全俄盲人协会文化运动康复中心"视力残障人士复健信息化技术"副总干事。在该组织工作期间，主持开展多项全国和国际项目，并担任视力残障人士教育材料的专家和合著者。在采访中，潘金先生介绍了俄罗斯盲人协会，具体介绍了其下属的文化和体育康复中心开设的 ICT 教育课程、建立的合作伙伴关系、举办的国际会议等。他指出了 ICT 在促进视障人士参与社交、获得额外的职业教育、提高社会适应性等方面的作用，表达了通过应用 ICT 创新合作形式与方法的愿景。

一、扩大视障人士参与社交的机会，助其综合康复

首先，非常感谢您接受我们的专访。能否请您先简单介绍一下俄罗斯盲人协会及您所在的文化和体育康复中心。

谢尔盖·潘金：俄罗斯盲人协会（以下简称"协会"）成立于 1925 年，旨在保护视障人士的权益、社会支持和康复治疗。协会包含文化和体育康复中心、疗养院、导盲犬训练学校以及分散在俄罗斯联邦 67 个地区的 153 家工厂。目前，协会联合了 75 个地区及 767 个地方组织，拥有超过 20.9 万名注册会员。现任协会主席是亚历山大·纽迈瓦金（Alexander Neumyvakin），他是欧洲盲人联盟第一位副主席、世界盲人联盟执行委员会成员。

我所在的文化和体育康复中心（以下简称"中心"）于 2003 年成立，现在它是协会规模最大的子部门（Subdivision）。该中心致力于有组织、有条理地开展服务于视障人士综合康复的实质性工作，每年组织和举办超过 20 项国内外文化和体育活动。中心最重要的任务是让盲人和青少年视障人士参与社交活动。在俄罗斯，几乎每个地区都成立了青年理事会，并且他们正在积极开展工作，举办区域活动。中心拥有一个社交网络广播电台，内容涵盖视障人士的日常生活、区域活动、社会适应等各个方面。

二、接受 ICT 教育课程，提升视障人士社会适应性

ICT 应用于教育领域为视力残障学习者带来了哪些新的机遇？

谢尔盖·潘金：中心通过执行以下 ICT 课程来实现视障人士的教育：一是《适用于微软操作系统的视障人士 JAWS 计划》（*Program for the Visually Impaired JAWS for Windows*），旨在帮助视障人士掌握获取软件和互联网的技能；二是《定向和移动卫星导航》（*Orientation and Mobility with Satellite Navigation*），通过使用安卓（Android）和 iOS 传感器设备在

城市和乡村地区进行卫星定位和移动；三是《传感器设备的非视觉可访问性》（*Non—Visual Accessibility of Sensor Devices*），旨在帮助视障人士掌握在 iOS 和 Android 平台上使用触摸设备的技能；四是《培训师和导师的传感器设备的非视觉可访问性》（*Non—Visual Accessibility of Sensor Devices for Trainers and Tutors*），这是为致力于教授 ICT 课程的人员提供的一项培训计划；五是《计算机配置》（*Computer Arrangement*），掌握创建配置及使用乐器和声乐制作录音制品的技能。上述课程的目标包含以下三点：一是帮助盲人和视障人士获得额外的职业教育；二是帮助他们融入现代社会，提升社会适应性；三是提高他们在劳动力市场的竞争力。

请问贵中心如何在会员中推广创新实践？

谢尔盖·潘金：中心的一个特殊分区是能力中心，它负责开展教育活动及与其他中心的交流合作，以收集最佳的实践经验。根据中心专家的意见，该能力中心有助于盲人或视障人士了解 ICT 的相关信息和应用。从这一点出发，中心的管理层于 2018 年年初决定在协会区域组织的基础上建立一个能力中心网络。2018 年 3 月，联合国教科文组织教育信息技术研究所（UNESCO Institute for Information Technologies in Education，IITE）成为该中心的合作伙伴，以期实现能力中心网络的建成。中心和 IITE 制定了一项名为《在视障人士康复和适应中的信息通信技术》的计划，时间为 2018 年至 2020 年。该计划的目的是基于 ICT 工具的使用，创建一个可访问的信息和教育环境，确保每个国家的视障人士个人能力的实现。该计划的组织机构包括由 IITE 负责的策展中心（Center of Curation）、由我们中心负责的基本能力中心（Basic Competency Center），以及由协会的 75 个区域办公室负责的区域能力中心（Regional Competence Centers）。

我具体介绍一下基本能力中心和区域能力中心的情况。2018 年 8 月中旬，得益于 IITE 提供的支持，中心启动了基本能力中心建设，基本能力中心的架构包括专业固定工作场所、便携式触觉盲文显示器、盲文打印机、便携式阅读设备；组件成本约为 20 万元。它的任务是：改进并开发有关教育信息化（包括金融知识、法律知识、心理素养和就业准备等特殊课程）的创新项目、教育方法和材料；为专家提供视障人士教育中所使用的 ICT 的内部培训；建立一个由来自各地区的俄罗斯专家、视障人士培训师和专业康复人员组成的专业社区网络；举办国际活动，讨论相关主题，积极与来自上海合作组织（Shanghai Cooperation Organization）成员国的专家就视障人士的康复进行经验交流。

到 2018 年年底，将分别在格连吉克和符拉迪沃斯托克开设两个区域能力中心，并于 2019 年分别在圣彼得堡、格罗兹尼、喀山和伊尔库茨克增设 4 个区域能力中心。区域能力中心的任务是：组织基本能力中心和其他区域能力中心之间的互动；建立 ICT 领域技能培训和升级的专家数据库；帮助视障人士和盲人在公司当地组织进行注册；传播有关 ICT 创新的信息；研究并总结国内外康复技术领域的最新经验。

三、通过 ICT 的应用，创新合作形式与方法

请您为我们介绍一下贵中心组织或参与的国内及国际项目。

谢尔盖·潘金：2018 年，我们在协会的框架内举办了两场大型活动。一场是 2018 年 5 月在格连吉克举行的全俄罗斯康复教育会议"格连吉克 2018"（Gelendzhik 2018）。来自 UNESCO IITE 的纳塔莉亚·阿米莉娜（Natalia Amelina）女士出席会议并向与会者介绍了 UNESCO IITE 的活动。另一场为 2018 年 8 月在比科沃举行的第一届国际康复教育论坛"整合 2018"（Integration 2018）。由 UNESCO IITE 主任展涛先生和俄罗斯印第安人协会主席桑扎特·库马尔·贾哈（Sandzhit Kumar Jha）先生致欢迎词。俄罗斯、中国和印度代表讨论了三国视障人士创造性合作的问题战略。

2019 年，我们计划举办两场大型国际活动。一是俄罗斯和土耳其代表共同举办国际康复教育会议"莫斯科 2019"（Moscow 2019）。2018 年，

土耳其总统特汉·利奇（Turhan Ichli）带领土耳其盲人联合会代表团抵达莫斯科。在工作会议期间，俄罗斯盲人协会纽迈瓦金主席和利奇先生就盲人活动的组织、问题、成功经验等方面交换了意见。正如各方在会议结束时指出的那样，俄罗斯和土耳其的残障人士组织可以相互学习。在此基础上，我们在 2018 年 9 月与土耳其的同事举行会谈，该会议的目标是利用最先进的 ICT 积极寻找新的康复工作形式和方法。二是在 2019 年，我们将组织国际康复教育论坛"符拉迪沃斯托克 2019"（Vladivostok 2019），该论坛将在洛斯基岛上的远东联邦大学的校园举行。我们真诚地希望与来自上海合作组织成员国的盲人协会代表能够进行一次创造性的合作，共同制定规划战略和五年路线图。

奋力谱写构建国际一流经济院校的新篇章

——访白俄罗斯国立经济大学校长维亚切斯拉夫·尤里耶维奇

　　白俄罗斯国立经济大学始建于 1933 年，具有悠久的办学历史，是苏联时期独联体国家经济类顶尖高校之一。学校前身是白俄罗斯国立国民经济学院，苏联解体后改名为白俄罗斯国立经济大学，是目前白俄罗斯唯一的、大型的、配套设施齐全的高等经济学府。白俄罗斯国立经济大学非常重视与世界著名学院相互间的学术交流与联系，特别是同英国谢菲尔德大学、牛津大学、奥地利经济大学之间建立起了紧密的合作关系。双方定期互换学生，交流科学思想与学术动态。大学也经常派遣教师到美国、德国及其他国家参加进修。建校以来，白俄罗斯国立经济大学共培养了 16.5 万名专业人才，任职于国民经济的各个部门，从普通的经济师、银行的管理人员、大型商业结构的经理到该领域的专家与领导。白俄罗斯国立经济大学不仅为白俄罗斯共和国培养人才，同时也为其他东欧国家及亚洲、非洲、拉丁美洲国家培养了许多经济专业人才。为全面了解白俄罗斯国立经济大学的发展状况，我们对该校校长维亚切斯拉夫·尤里耶维奇（Shutilin Vyacheslav Yuryevich）教授进行了专访。

一、白俄罗斯国立经济大学的基本概况

尊敬的维亚切斯拉夫·尤里耶维奇博士，您好！很高兴您能接受我刊的专访。首先，请您介绍一下学校的基本情况。

维亚切斯拉夫·尤里耶维奇： 2018 年 5 月是个值得我们纪念的日子——白俄罗斯国立经济大学喜庆成立 85 周年。对于高等教育的发展岁月长河来说，85 岁是一个相当年轻的年龄。但鉴于白俄罗斯的年轻历史，我们的大学又是白俄罗斯共和国最古老的大学之一——从一个小型研究所发展成为白俄罗斯经济人才培养的主要中心。1992 年，白俄罗斯国立经济大学获得"大学"称谓，并于 1997 年正式成为白俄罗斯培养经济人才的领先教育机构。自 2012 年以来，我校已发展成为经济领域的先进科学机构。2015—2016 年，位于首都及其他地区的三所附属学院合并于白俄罗斯国立经济大学。

一直以来，我校不断地更新教育课程的结构和内容，以确保毕业生的知识符合有前景的劳动力市场的需求。随着新技术的发展，教育形式也在变革，如我校开设了远程教育专家培训课程。我校的学习课程不仅仅以国语教授，还有英语授课，如此外国公民便可以在我校学习。为了促进科学家、教师和学生的科学活动，发表研究成果，我校出版了三种科学期刊以及国外著名科学著作合集。而且，白俄罗斯国立经济大学拥有包括游泳池、健身房和运动场等完善的基础体育设施，所有这些都是为了促使学生进行积极和有益的学习外活动。

二、白俄罗斯国立经济大学教育国际化发展

教育国际化已经成为发展趋势，贵校的高等教育国际化取得了哪些成就？

维亚切斯拉夫·尤里耶维奇： 目前，来自中国、俄罗斯、土库曼斯

坦、阿塞拜疆、黎巴嫩、土耳其等国的约 700 名外国公民正在白俄罗斯国立经济大学接受各种形式和不同学段的学习。

近年来，我们采取了很多措施以提高教育质量，使教育服务的出口更加多样化。值得一提的是，在 2012 年我校开设了国际经济与贸易政策硕士课程的英语教学；随后又开设了其他英语硕士课程，如市场营销、工商管理（2014 年）、国际会计（2015 年）、国际经济和商业外交（2017 年）。

2017 年，外国公民能够通过英文进行研究生的学习。现在有 28 名外国学生正在研究生院学习，其中 15 人是通过英语进行学习。如果成功通过论文答辩，外国研究生将获得博士文凭。为了成功地准备一篇论文，研究生有机会在我们的期刊上发表他们的研究成果——不仅可以用俄语，还能用英语。研究生还可以在科学会议、论坛和其他类似活动中用英语进行演讲。

白俄罗斯国立经济大学实施的是双重文凭课程。例如，来自葡萄牙的合作伙伴——布拉干萨理工学院的代表在近期访问了我校。我们已经成功地合作了多年，学生可以分别在我校和葡萄牙合作院校进行学习，然后可获得白俄罗斯和葡萄牙两个文凭。

三、白俄罗斯国立经济大学人才培养的经验

贵校在培养经济领域人才方面有什么宝贵经验？

维亚切斯拉夫·尤里耶维奇：我们的经验不仅仅局限于白俄罗斯国立经济大学，还涉及白俄罗斯共和国的整个高等教育体系。原因在于，为了全面发展、实现和保持天才青年的智力和创造性潜力，为其卓有成效的活动创造条件，创建了天才青年的国家级数据库。对于那些虽然尚是学龄儿童，但在学校里表现优秀，表现出对科学工作和创业的偏好，其信息会被录入天赋青少年数据库。未来，在这些人进入大学后，我们继续认真对待这一类学生，吸引他们参加研究、会议、初创性活动、比赛和竞赛。那些

在大学学习期间学习成绩优异，且在科学活动中成功成为国家和国际奥林匹克竞赛和比赛的赢家或获奖者，将受到白俄罗斯共和国总统特别基金的鼓励，以获得资优学生的社会支持，直至 31 岁。

跻身于"天赋青少年数据库"中的儿童有权在学习期间获得专门的住所，大学毕业后优先分配；并且还会为这些人指派经验丰富的专家、教师、科学家，以吸引年轻人参加教学和研究活动。"天赋青少年数据库"中的许多年轻人都会选择继续攻读研究生课程，继而通过研究生论文答辩，成为科学候选人。

我校每年都会为青年学者组织专门的活动：在 4 月举办"传统大学生科学十日行"活动，在此框架内组织学生进行实验室研究竞赛；"思想市场"竞赛，学生们提供他们的创新想法和项目，在院系举行主题会议（校际学生科学会议"世界经济和国际商业"）；学校相关教师参与的圆桌会议和大师班，主题展览和演讲比赛；举办"白俄罗斯共和国国民经济：发展的问题和前景"国际科学实践会议。此外，我校还设有青年科学家委员会，其中一项重要活动是组织一年一度（通常在 9 月）的国际论坛，其他大学的年轻人也可参加，主要内容包括和外国年轻人进行沟通并建立联系，这有助于青年人的创造性和科学活动的发展。

体现我校地位的重要指标就是学生和毕业生。每年都有白俄罗斯国立经济大学的学生成为国家和国际比赛的获奖者和获胜者——不论是在科学还是创造性方面。白俄罗斯国立经济大学的毕业生几乎涉足各种经济部门的工作，如在国际组织工作或创建自己的公司等。多年来，我校培养了 16.5 万名专家，其中包括 50 名部长，3 名院士，以及著名商人和政治家。例如，白俄罗斯驻中国的特命全权大使鲁迪·基里尔·瓦伦蒂诺维奇（Rudy Kirill Valentinovich）就是我校的毕业生。

四、白俄罗斯国立经济大学在国家经济政策中的重要作用

贵校在影响白俄罗斯国家政策和经济政策领域关键决策的采用方面发挥了什么作用?

维亚切斯拉夫·尤里耶维奇: 首先,我校是国家经济领域规模最大的科学组织,具有雄厚的科学潜力:我校有大约 500 名科学候选人,还有 80 多位通过经济科学领域的候选人和博士学位论文答辩的科学博士。我校工作人员以讨论专家的身份参与制定影响国家经济政策的立法和其他监管文件。例如,税务和税收部门负责人叶莲娜·费德罗夫娜·吉列耶娃(Elena Fedorovna Kireeva)(同时她也是税务和税收政策专题工业实验室的主管)参与了所有税收立法问题的讨论。

我校每年都参与编写和讨论我国社会经济发展的预测、货币政策的主要方向、税收和预算政策。我们的一位老师瓦列里·阿纳托利耶维奇·博罗德尼亚(Valery Anatolyevich Borodenya)曾是白俄罗斯共和国国民议会众议院劳工委员会代表,他也是预算和财政委员会的成员,参与立法活动。我们的许多毕业生都是经济领域高级别的领导者,例如:税收和税务部长谢尔盖·埃杜阿尔多维奇·纳里万卡(Sergey Eduardovich Nalyvayko)、反垄断监管和贸易部长乌拉基米尔·瓦西里耶维奇·卡尔多维奇(Vladimir V. Koltovich)。

五、新一轮工业革命下的大学应对之道

新一轮的工业革命已经打响,您认为贵校会采取哪些措施应对这样的变化?您有哪些看法?

维亚切斯拉夫·尤里耶维奇: 在媒体和科学出版物中有大量关于与"工业 4.0"和物联网等技术的出现有关第四轮工业革命的素材,这意味着数字技术渗透到现实世界,创建不需要人类参与的生产系统,发展人工智

能，甚至其他现代经济和社会部门也受到了影响，特别是医药、政府部门和运输行业。若是谈及整个白俄罗斯的话，我国已经足够深度地融入到了现代化数字经济之中。自2005年以来，高科技园区在白俄罗斯开园，其主要任务之一是出口软件，即为世界市场、欧洲和美国的信息技术公司服务。统计数据如下：在这个行业中，2009年的出口额达1.5亿美元，而2018年的出口额已达18.5亿美元并且还在继续增长。2018年，签署了《关于数字经济发展的总统令》。该项法令通过后，高科技园区的侨民人数和园区内公司的收入急剧增加。高科技园区不仅为园内企业提供特惠政策，也为其他企业提供新技术领域方面的广泛支持。若是谈及生物技术、新材料、"工业4.0"等方面，我校是与高科技园区合作的。我们有几个与信息技术相关的专业，例如经济信息学、经济控制论，以及国际商务传播学院，学生们大学毕业后会在园区信息技术领域的公司工作。例如，国际商务传播学院的毕业生从事翻译、内容分析、以不同语言与不同国家进行交流。经济信息学和经济控制论专业的毕业生将会成为专业测试人员、商业分析师和程序员。由于高科技园区的工资比经济平均水平高得多，大学生对这类工作的需求很大，我们的学生也很需要。而且白俄罗斯经济中的信息技术服务型企业经济比例占有率正在飞速增长（截至2017年约占整个服务部门的10%，预计未来还会持续增长）。白俄罗斯国立经济大学致力于数字经济和IT行业的发展。例如，我们计划建立一个数字经济学体系，负责处理计量经济学、应用数学、商业分析、金融科技、数据分析、编程、软件测试等领域。我们长期参与信息技术行业的建设，并将加深此类合作。

六、"一带一路"倡议下的中白高教合作

目前在"一带一路"框架下贵校与中国有哪些合作机遇？

维亚切斯拉夫·尤里耶维奇："一带一路"项目在白俄罗斯广为人知。

许多科学文章和研究材料对此进行了大量报道，白俄罗斯人民非常了解该项目的实施情况。当然，白俄罗斯也位列于该项目中。特别是中白"巨石"工业园区正是因此而建立的。现在园区内的企业数量在不断增长，其中不仅是中国和白俄罗斯的公司，而且还有来自其他国家的企业，因为园区对驻地企业设有刺激性的税收措施和海关制度，所以吸引了大量外国公司，包括来自美国和欧洲的公司。高科技生产开始发挥作用，这对我国非常重要。首先，这些公司需要他们所在领域的技术专家，同时还需要具备中文知识的专家，所以我们的一些毕业生去了"巨石"工业园区工作。此外，由于中国对白俄罗斯的直接投资不断增加，在中国资本和公司的参与下正在实施许多其他项目，我们的毕业生就可以在那里工作。为了推广"一带一路"项目，我们在各种科学活动中始终兼顾这个问题，正在开展的白俄罗斯—中国联合项目，可在该项目中发表与中国经济和人道主义合作主题的专著和科学文章。此外，双向贸易不是单向的，如目前白俄罗斯食品工业在中国市场有了一定的"突破"。近期有人访问中国时，在柜台上发现了白俄罗斯牛奶、酸奶油和其他产品。因此，我们所有的企业不仅需要了解中国的经济，还需要了解中国的文化、地理、语言，以此来发展和扩大与中国的合作。

您认为目前是否存在阻碍或遏制与中国大学合作的因素？如果存在，应该如何消除这些因素或障碍？

维亚切斯拉夫·尤里耶维奇：我校与中国的一些顶尖大学建立了合作。举几个例子：2018年冬天，来自甘肃省的代表团访问了我校，其中包括众多省份大学的代表。我们计划在开设白俄罗斯研究中心的框架内进行回访，并会在兰州财经大学就网络合作事宜进行磋商，与甘肃省河西大学建立发展关系，该校的学生大三时会来我校学习一年，然后第四年回河西大学完成学业。

2019年3月，我校副校长亚历山大·塔拉塞诺克（Alexander Taracainok）访问了位于武汉的湖北大学、华中师范大学和中南财经政法大学，我们将与这些大学签订合同。近年来，我校的中国学生人数也在不断地增加。根据规则，他们接受高等教育第一阶段的学习，但也有硕士研究生和博士。几名中国硕士研究生已经成功通过论文答辩并获得了进修博士学位的机会。大多数中国学生是通过俄语来学习，但有些人用英语学习课程。与中国同事的沟通和联合访问表明，英语教育需求将会增加。我们已做好准备：在本科学院开设英语课程，在研究生院以英语进行授课。

为了提高学习中国语言和文化的教育服务质量，我们开设了孔子研究室。我认为，文化和人道主义领域的合作只会变得更加积极。我们正考虑在我校建立孔子学院，这可以在未来几年内开放。此外，我们还派遣教师去中国实习，以及各种交流项目的交换生。我们具有的一个极大优势在于：中国政府已经为白俄罗斯居民建立了免签证制度，这使得前往中国更加容易。

我认为双方合作之间存在的障碍有两点：距离和语言。中国和白俄罗斯之间的航班时间相当漫长并且价格昂贵，否则我们将更加集中地前往中国，中国的老师、学生、专家学者将更容易访问白俄罗斯。汉语对于我们来讲简直太难了，不是每个人都可以学会的。孔子研究室有助于增长对中国文化和语言的兴趣，并鼓励白俄罗斯人学习汉语。在我们大学，白俄罗斯学生学习汉语的人数也在不断增加。

除了这些障碍之外，我还需提醒大家关注白俄罗斯的高度安全水平、良好的环境状况、社会基础设施的高水平发展以及我们国家之间的经济关系的加强等方面的优势，这为我校的中国毕业生提供新的就业机会。

您对于在贵校学习的中国学生有什么建议可让他们取得成功？

维亚切斯拉夫·尤里耶维奇：我想指出的是大多数中国学生都非常勤奋努力。当然，对他们来说，一个障碍可能是语言知识不足：俄语对于中国学生来说也不容易。遗憾的是，当一个学生已经开始在大学学习时，他就无法有足够的时间学习俄语。因此，我们设有一个预科班，那些希望进一步接受白俄罗斯国立经济大学的高等教育的外国公民可以在这里学习，不仅可学习俄语，还可以学习未来学科的基础知识。当学生在预科班的学习越勤奋，他就越有机会进行更高层次的学习；谈及中国学生英语学习状况，那么大多数人都具有优异的成绩，在这一点上没有任何问题。

另外，我想谈谈我们的研究生教育。与高等教育相比，研究生需要准备论文并以俄语或英语发表一定数量的科学文章。论文应致力于解决科学问题或研究选定的科学问题。要在研究生院学习，需要的完全是另一个级别的学习水平，你需要具有相当学识并完全掌握你所在领域的术语，在这一点上仅有勤奋是不够的，你还需要对教学语言有很好的了解和掌握。从中国研究生成功通过论文答辩这个事实来看，很多人在这方面做得很好。没有人会干扰数学方法的知识，因为没有数学工具，数字经济是不可能的，因此，如果本科生和研究生知道计量经济学、数据分析方法、经济学建模，他们就会更容易写出科学论文。如果在进入研究生学习之前能够掌握这些知识，那是再好不过的了，但是学习对于每个人来讲任何时候都不晚，然而，这也是比较困难的。全日制硕士研究生院的学习时间很短——只有三年，在此期间你需要发表科学论文，通过特殊学科的考试，进行所有必要的研究并完成论文，因此外国研究生往往没有足够的时间在学期内完成论文答辩。因此，我校提供了相当长的答辩程序，其中包括几个阶段，最后阶段是进行白俄罗斯共和国高级认证委员会的论文答辩。需要明确的是，如果一个中国毕业生想做研究，准备论文并进行答辩，他就需要尽快完成所有事情。至于研究生学习，其学习期限也很短，因此研究生不必推迟硕士论文的编写，并从学习的第一天开始逐字地收集材料。也就是说，对于硕士研究生而言，他们需要具备完全独立学习的能力，因为他们需要时刻激励自己。

为弱势群体打破识字和职业技能发展的障碍

——访印度马拉普兰人民教育机构主席阿卜杜勒·维蒂尔

2016 年 9 月 27 日，2016 年"联合国教科文组织孔子扫盲奖"在孔子故里曲阜揭晓。印度非政府组织马拉普兰人民教育机构 Jan Shikshan Sansthan 凭借"开发职业技能为可持续发展服务"项目、塞内加尔扫盲和民族语言理事会凭借"通过信息通信技术为青年和成年扫盲的国家教育项目"、南非基础教育部凭借"让我们学习"大众扫盲活动获得 2016 年"联合国教科文组织孔子扫盲奖"。我们对印度马拉普兰人民教育机构主席阿卜杜勒·维蒂尔（Abdul Vahab Pulickal Vettam Veetil）进行了专访。

一、印度喀拉拉邦扫盲教育形式多样、认可度高

请您为我们简要介绍印度以及马拉普兰地区扫盲教育的发展情况。

阿卜杜勒·维蒂尔：印度是一个发展中国家。尽管在实现独立 60 年之后，印度在成人扫盲教育和继续教育领域取得了不俗成就，但公民识字问题对印度来说依然是一个挑战。在萨克沙·巴哈拉特项目（The Saakshar Bharat Programme）的实施中，印度关注的焦点就是全民识字。在喀拉拉邦，90% 以上的公民识字，在教育和健康领域一直是其他邦的范本。喀拉拉邦专注于成人终身学习，并在所有的文盲、新近识字者（Neo-Literates）和辍学者中推行 4 年级、7 年级、10 年级和 12 年级的同等学力教育。

喀拉拉邦的马拉普兰地区是该邦人口最密集的地区之一，有 450 万

居民。该地区有很多经济和社会发展方面比较落后的社区，如原始部落、渔民社区等。我们的组织 Jan Shikshan Sansthan（以下简称"JSS"）致力于为当地居民提供多种多样的扫盲教育、职业技能学习和终身学习项目。我们着力帮助被边缘化的、面临巨大挑战的社区，帮助那里的人们接受职业技能培训，提高他们的生活质量。我们的机构以其社会贡献获得了广泛的尊敬和认可。

二、JSS 通过职业技能培训促进居民可持续发展

JSS 的特殊之处在于，它不仅提供技能发展培训，还通过扫盲教育开发当地居民的职业技能，并为人们提供"生活充实教育"（Life Enrichment Education，以下简称"LEE"）。请您详细介绍一下 JSS 及其开展的活动。

阿卜杜勒·维蒂尔：JSS 是一家为社区提供技能发展和职业培训以促使其进步的机构。我们相信，扫盲教育不仅能使人们会读会写，还与人们生活的每一天息息相关，是一个可持续的过程。JSS 专注于提升社会最底层人们的技能，为实现这一目标，我们采取了广泛参与的发展路径。机构通过"Grama Sabhas"（很多村庄集合在一起讨论各村庄的规划和发展事宜）识别潜在的需要帮助的人群，包括文盲、新近识字者和成人学习者，并帮助他们通过该项目提供的扫盲教育和同等学力教育获得必要的知识和技能。

JSS 根据当地市场和原材料的可获得性为各个小组选取适当的培训。主要培训类别包括艺制品、旅游接待、传统理疗、家庭手工业、书本装订、蜡烛制作、香枝制作、铝加工、汽车工程、管道修理、卫生清洁等。在完成培训项目之后，JSS 会与金融机构进行联系与合作，为受助者提供贷款渠道。很多受助人成立了自己的小型生产公司，还有不少受助人在小型工厂找到了工作。以前，在马拉普兰地区，妇女通常是不工作的，但通过我们的培训项目，很多妇女通过参加工作获得了自信。这将会给她们的

家庭生活和个人社会地位带来良性影响。

我们还通过培训项目帮助受助人学习软技能、基本的计算机技能，并培养其创业精神。我们使用当地研发的教科书，内容包括成人母语学习，以及通识科学、社会科学和英语学习。生活充实教育是课程中最重要的部分，即为学习者提供健康教育、法律入门教育、沟通技巧、谈判技巧等培训。生活充实教育提高了女性学习者的生活力量，保证了学习的持续性。机构工作人员也会为学习者的学习和生活提供持续指导。

JSS 为特殊群体的自我提升提供特定帮助，包括孀妇、离异者、视听障碍人群等。在扫盲教育中，创新性地运用现代科技是 JSS 发展的又一个里程碑，包括特殊设计的点读笔和有声教材。学习者还成立了自助组织和小额贷款申请，这些都对项目持续开展起到积极作用。

在您看来，JSS 项目能够获得成功的关键因素有哪些？

阿卜杜勒·维蒂尔：社会底层人群的参与渠道、社区所有制、简便的方法、实际而有针对性的训练、以职业为导向的扫盲项目、与金融机构的联系与合作、自助组织和小额贷款的应用、大规模的妇女参与、创新、ICT 的运用等都是 JSS 项目成功的关键。

三、JSS 未来工作重点是推动教育 2030 目标的实现

在联合国教科文组织《教育 2030 行动框架》中，教育的使命被扩大至全纳、公平和全民终身学习，给每个人公平的机会。在教育 2030 目标的新背景下，JSS 未来的工作重点是什么？

阿卜杜勒·维蒂尔：为了实现《教育 2030 行动框架》，JSS 计划联合所有的社区和社会部门完成教育目标。全纳、公平、高质量的教育和职业发展培训是 JSS 未来工作计划的重点。为了确保终身学习的开展，JSS 将建立以技术为基础的农村信息中心、农业知识中心和小额贷款系统等。原始部落和渔民社区的可持续发展将是 JSS 的主要任务。为了确保这一目标

的顺利实现，我们正在建设充分考虑当地社区的利益，以及符合传统习俗的、更具包容性的项目。

四、弘扬孔子精神，中国为全球扫盲教育发展作出巨大贡献

您如何评价孔子扫盲奖？在您看来，中国对促进全球扫盲还能开展哪些行动？

阿卜杜勒·维蒂尔：我认为，联合国教科文组织孔子扫盲奖是对于全球发展中国家开展扫盲教育的重要激励。这一奖项以"孔子"命名，是中国作出的明智而合适的选择。获得这一奖项将激励我们帮助更多的人。

在获得奖项之后，我们决定成立一个专门的部门来帮助受助者接触、学习、研究孔子的思想。中国政府可以将孔子的思想传遍全球。

我认为，中国可以通过提供人人都负担得起的创新技术来帮助全球扫盲教育的开展。例如，中国可以提供质优价低的点读笔、平板电脑、计算机等。中国是一个公认的大国，中国将为全球扫盲教育的开展作出更大贡献。

拓陇原外事工作新格局　促"一带一路"建设共发展

——访甘肃省人民政府外事办公室副主任、甘肃省民间组织国际交流促进会会长朱继君

　　近两年，甘肃省人民政府外事办公室以习近平外交思想为根本遵循和行动指南，全面贯彻落实党的十九大和中央外事工作会议精神，紧紧围绕国家总体外交、全省经济社会发展、全面推进"一带一路"建设和推动构建人类命运共同体的总目标，抢抓"一带一路"建设机遇，通过成功举办敦煌国际文化博览会、兰洽会、丝绸之路国际旅游节、亚洲合作对话—丝绸之路务实合作论坛、中国—中亚合作对话会等节会，着力强化外事统筹策划，不断加强各领域对外交流合作，展现了新气象，体现了新作为，取得了新成果。2020年，为更加全面地了解甘肃省在促进教育外事工作和"一带一路"民心相通方面的新思路与新举措，我们专访了甘肃省人民政府外事办公室副主任、甘肃省民间组织国际交流促进会会长朱继君先生。

一、着力提升对外交往层次，深度参与"一带一路"建设，切实推进国际友城工作

　　尊敬的朱继君会长，您好！很高兴您能接受我们专访。首先，请您谈谈近年来甘肃省外事工作取得的成绩和亮点。

　　朱继君：地方外事是党和国家对外工作的重要组成部分。近年来，甘

311

肃省人民政府外事办公室以习近平外交思想为指导，充分发挥外事部门的渠道资源优势和职能作用，努力为我省对外开放贡献外办智慧和力量。成绩亮点可归纳为以下五个方面。

一是着力提升对外交往层次。发挥我省"丝绸之路黄金段"的区位优势，争取承办高规格国际会议，每年邀请、接待 20 多个外国高层次代表团访问甘肃。仅 2016 年首届丝绸之路（敦煌）国际文化博览会，就邀请到 85 个国家、5 个国际和地区组织的 95 个代表团、1500 多位中外嘉宾参会，50 多位部长级官员和 6 位外国政要出席，有力配合了国家外交大局，有效提升了甘肃的国际影响力。

二是深度参与"一带一路"建设。紧紧围绕抢占"一带一路"建设"五个制高点"规划布局，借助外交部与地方外办"一带一路"工作联席会议机制，争取利用丰富的外事资源，积极服务和支持我省与沿线国家广泛开展经贸、文化、教育等领域的合作。近年来，我省成功举办"亚洲合作对话—丝绸之路务实合作论坛""中国—中亚合作对话会""'一带一路'国际智库论坛"等活动；促成我省在"一带一路"沿线国家设立 12 个商务代表处，推动我省在海外建立 6 所孔子学院、8 所岐黄中医学院、6 个岐黄中医中心；倡议建立"一带一路"高校战略联盟，支持甘肃省社会科学院与中亚国家编撰《友好交往史》，对外交流合作渠道不断拓宽。连续举办的丝绸之路（敦煌）国际文化博览会（以下简称"文博会"）、中国兰州投资贸易洽谈会（以下简称"兰洽会"）、丝绸之路国际旅游节（以下简称"国际旅游节"）、中国中医药博览会（以下简称"药博会"）已成为甘肃"走出去、请进来"的品牌节会。

三是切实推进国际友城工作。研究制定新时代《甘肃省国际友好城市工作发展规划》，全力推动友城工作提质增效。同时，不断完善友城结构和布局，有针对性地加大友城缔结力度，全省已建立 63 对友城，其中省级 26 对、市县级 37 对。甘肃省国际交流员研习班已举办 14 期，截至 2020 年年初，共有来自五大洲 66 个国家的 335 名学员参加研习。

四是全力服务对外开放平台。利用外事资源和渠道着力提升兰州新区的开放水平，全力服务"陆海新通道"和我省三大国际空港、三大国际陆港及开发区建设。

五是不断提高外事服务能力。科学统筹因公临时出国工作，重点支持大型骨干企业"走出去"，优先保障推进"一带一路"建设、开展国际产能合作和推动友城务实合作的团组。加强与境外高校、智库和商业协会的沟通联系，积极为我省企业牵线搭桥、捕捉商机，并强化全省涉外人才培训力度，探索建立外事人脉资源信息库，增强地方外事服务"一带一路"、国家总体外交和本省经济社会建设的针对性和实效性。

二、"一带一路"倡议作为全球治理的中国方案意义重大，政府部门和社会组织在其中应各司其职

自第二届"一带一路"国际合作高峰论坛成功举办以来，"一带一路"倡议进一步深入人心。作为一名资深外事工作者，您对此有何感触？

朱继君：习近平主席提出的"一带一路"倡议已经得到世界各国的积极响应和广泛支持。作为从事外事工作28年的"老外事"，我有幸出访俄罗斯、白俄罗斯、乌兹别克斯坦、格鲁吉亚、哈萨克斯坦、吉尔吉斯斯坦等国，深切感受到"一带一路"沿线国家的政府和人民对"一带一路"倡议的真诚态度和热切期望。"一带一路"倡议作为全球治理的中国方案有以下重大意义。

第一，它体现了大国的责任担当。在世界局势多变、全球化面临新挑战的大背景下，中国作为世界第二大经济体，对全球经济的贡献率已经达到30%。国际社会对中国的期待越来越高，希望中国承担起更多更大的国际责任。"一带一路"倡议就是中国对国际社会期待的积极回应，体现了中国积极参与全球经济治理的大国责任担当。

第二，它体现了中国改革开放的决心。在"一带一路"建设中，中国采取一系列重大举措，加强制度性、结构性安排，使中国对外开放之门

越开越大，拓宽了中国扩大对外开放的新天地，增添了新动力。

第三，它体现了世界各国互利共赢的愿望。共商共建共享的原则，聚焦互联互通，深化务实合作，着眼于基础设施建设和实体经济，支持各国共同发展，推进经济大融合、发展大联动、成果大共享，从而达到消除贫困、增加就业、改善民生等目的，这正是世界各国人民的强烈愿望。

在构建人类命运共同体、促进"一带一路"民心相通的伟大历史进程中，您认为政府部门和社会组织分别应该扮演什么样的角色，发挥怎样的作用？

朱继君：国之交在于民相亲，民相亲在于心相通。民心相通是"一带一路"的坚实根基和强劲动力。政府部门应该主要在统筹协调、政策沟通、法律保障、渠道拓展、牵线搭桥等方面扮演管理和服务的角色。社会组织则是民心相通的主力军和先锋队，发展与"一带一路"沿线各国人民的友谊，增进民间理解互信，促进社会发展、人文交流。比如，同样是国际性的灾难捐款、救助，一个社会组织通过自身力量参与救援发挥的社会影响及效果可能比政府要大得多，其亲和力、感染力和后发优势会超过金钱的数目。社会组织通过一系列实实在在的交流合作，特别是民生项目的实施，增强了沿线国家人民的参与感、获得感、幸福感，为"一带一路"建设打下坚实的民意基础，从而达到"以民促官"的目的。同时社会组织还在重大问题上发出"民间声音"，助力提升我国国际话语权。总之，在民心相通这个大舞台上，社会组织应该永远是"主角"。

三、甘肃省民间组织国际交流促进会为甘肃民间外交添活力

我们了解到，甘肃省民间组织国际交流促进会在近年来的民间国际交往中，积极主动参与活动、承担工作，请介绍一下协会的活动情况。对于这方面的工作，您有何经验可以分享？

朱继君：甘肃省民间组织国际交流促进会（以下简称"甘促会"）成

立于 2014 年 1 月,是西北地区第一家民间组织国际交流促进机构,是具有独立法人资格的甘肃省级非营利的社会团体,现有 78 家会员单位。成立以来,甘促会先后与捷克、匈牙利、波兰、罗马尼亚、俄罗斯、科威特、印尼、柬埔寨、澳大利亚、尼泊尔、哈萨克斯坦、白俄罗斯、乌兹别克斯坦等国的 20 多个社会组织建立了友好合作关系,签署了交流协议,加强日常联络,加深互相了解,不断扩大交流合作的范围。目前,甘促会的工作逐渐由一般性的友好交往向研究国情省情、实施重点项目、加强人文合作等方面走实走深,"民间外交"有了新发展。

一是积极参加中国民间组织国际交流促进会组织的"第二届丝绸之路沿线民间组织合作网络论坛"和在印尼、马来西亚、罗马尼亚等国举办的"丝路一家亲"系列活动,加强了与有关国家的民间交往。

二是为"走出去"搭建平台。与甘肃省联合国教科文组织协会等会员单位联合举办俄罗斯"涅瓦文化节"、吉尔吉斯斯坦"一带一路:21 世纪教育与科技融合国际教育论坛""'一带一路'青年成长与发展"等系列活动,充分调动了甘肃省社会组织参与国际交流的积极性。

三是对重点国家的民间交往有突破。2019 年 5 月,甘促会在与尼泊尔 3 家社会组织建立密切联系的基础上,发动各会员单位为尼泊尔第五省塞纳迈娜市贫困学生捐赠 6000 余件学习用品、体育用品、生活用品,同时促成甘南州与塞纳迈娜市签署友好城市协议。2019 年 7 月 20 日,甘促会在兰州举办了甘肃与白俄罗斯智库及主流媒体"一带一路"专题研讨会,中白双方的专家学者就两国人文合作踊跃建言献策,引起中外媒体的高度关注。甘促会还与白俄罗斯国家科学院白中"一带一路"研究中心签署合作备忘录,开启了甘肃与白俄罗斯智库及媒体对话合作机制。同时,甘促会还多次邀请俄罗斯列宾美术学院、莫斯科国立师范大学等 6 所知名高校和中学校长来甘肃访问,积极促进"百校结好"活动。

四是发挥优势,凝聚合力。社会组织国际交流不能"一花独放",要充分发挥所有会员单位的积极性和行业优势,使有限的渠道、信息资源得到充分利用。这几年的许多国际交流活动都是在会员单位的密切配合下开展的，甘肃省联合国教科文组织协会等会员单位发挥了很大的作用，协助甘促会顺利完成了对尼泊尔贫困学生的捐助活动、编辑出版《与智者对话——"一带一路"国际教育合作访谈》。

总之，通过这几年的工作实践，我充分认识到，社会组织参与国际交流已经成为甘肃对外交往的亮点之一。今后社会组织"走出去"要克服项目平台较少、人才不足、经费欠缺等困难，在加强政策指导、工作引领、平台建设、人才培养等方面做出更大的努力，不断促进社会组织国际交流健康发展。

四、过硬的政治素质和业务素质是外事工作者的必备条件

您认为外事工作者需要具备哪些素质？应该怎样培养这些素质？

朱继君：两年前，我曾聆听过李肇星同志的一次演讲，有人问他，怎样才能做一名合格的外交官？他的回答是：去读一读天安门城楼上的两条标语就知道了，一条是中华人民共和国万岁，一条是世界人民大团结万岁，就是要胸怀祖国，放眼世界，做到这两点你就是一名合格的外交官。我听后，感触很深。我觉得一名外事工作者首先要具备热爱党、热爱祖国和人民，把国家和民族利益放在至高无上地位的政治素质。在"外事无小事"的原则下，把践行独立自主、天下为公、公平正义、互利共赢、服务发展、外交为民的总要求落实到具体工作中，否则会在复杂多变的对外交往环境中碌碌无为，甚至迷失方向。其次要具备过硬的业务素质。要深入研究世情、国情和省情，学习和吸收所从事业务的先进经验，不断突出重点、克服难点、创新亮点、找准突破点，甘于平凡，孜孜以求，才能有收获感和成就感。要说怎样培养，我只有一句话：学习学习再学习，实践实践再实践。

五、甘肃外事在推进教育、文化、科技领域对外开放事业上成果丰硕，大有可为

您认为外事部门应该怎样为教育、文化、科技领域的对外开放提供服务？甘肃作为"一带一路"沿线的重点省份，在上述方面有哪些举措？未来有哪些规划和构想？

朱继君：第一，怎样服务？我认为应该主要在以下几个方面：一是充分利用国家和地方在教育、文化、科技领域的重大政策特别是对外开放方面的举措，统筹协调，用足用好政策红利。二是发挥外事部门职能作用，利用外事资源优势，全力服务保障教育、文化、科技领域对外开放。三是借助国际友好城市渠道和重大节会平台，通过举办各种论坛以及对外推介等，积极推进相关领域务实交流合作。四是深化外事领域"放管服"改革，简化、优化因公临时出国审批、留学生管理等工作程序。

第二，有哪些措施？甘肃既是"一带一路"上的重点省份，又是文化教育资源大省，为促进相关领域的对外合作，甘肃省人民政府外事办公室主要采取以下几个方面的措施。

首先是注重规划设计，推动对外开放。我们注重充分发挥外事部门的职能作用，2019 年年初召开外事工作会议研究部署，将教育、文化、科技领域的对外交往工作纳入年度工作重点，统筹规划、统筹推进、统筹落实。同时，结合我省建设打造文化、枢纽、技术、信息、生态"五个制高点"规划方案，会同各职能部门研究对外开放工作抓什么、怎么抓，形成推动对外交流合作的务实举措。

其次是注重统筹外事资源，推动务实合作。一是利用国家重大外交活动资源积极推动国际交流与务实合作。例如，2018 年挪威国王哈拉尔五世访华时，甘肃省人民政府外事办公室精心组织，向国王一行展示了我省在文化交流、教育合作、历史遗产保护等领域取得的成就，得到我国外交部和挪方的高度评价。国王对甘肃深厚的文化底蕴赞不绝口。近三年

来，甘肃省人民政府外事办公室积极推动敦煌研究院在国外开展上百次学术交流、文物展览活动，敦煌文化"走出去"取得预期效果。二是利用国际友好城市资源积极推动国际交流与务实合作。甘肃省 63 对友城在开展高层访问、经贸往来、人文交流、互参展会、教育科技合作等方面发挥了重要作用。比如，借助与日本秋田县的友好城市关系，在文化、教育、环保、医疗卫生、人员培训、绿化造林等领域开展了广泛而富有成效的合作，其中日方培养我省医学临床专业人才就达数百人。三是利用国际人脉资源项目积极推动国际交流与务实合作。通过连续实施甘肃省国际交流员研习班、"百校结好"等项目，为我省长期开展教育、文化、科技领域对外交流合作积累了丰富的人脉资源。

再次是注重节会平台，扩大对外合作。通过举办文博会、兰洽会、国际旅游节、药博会 4 个国际性节会，甘肃与"一带一路"沿线国家在教育、文化、科技等方面的合作项目逐年递增，对外交流的范围不断扩大，效果和影响力不断提升。同时，重视推动国际科技合作，目前甘肃省国家级国际科技合作基地达 18 家、省级 35 家，位列西北地区前列。

最后是注重深化"放管服"改革，促进对外交流。制定并下发《甘肃省加强和改进教学科研人员因公临时出国管理工作的实施意见》，实施区别管理、优化审批程序，明确规定教学科研人员因公临时出国批次、团组人数、在外天数须根据实际需要安排，积极为教育、文化、科技领域对外开放提供便捷服务。在严格落实因公临时出国（境）管理的基础上，甘肃省人民政府外事办公室坚持"一窗办、一网办、简化办、马上办"，改造建成政务大厅，实行因公出国（境）审批材料五表合一，出国（境）审批材料和时限大幅压减；实施"同步办照""照随人走"，提高了办事效率。

第三，今后怎么做？总体思路是：积极抢抓"一带一路"建设重大机遇，按照"聚人脉、拓渠道、建平台、促发展"的工作思路，围绕推进"一带一路"文化、枢纽、技术、信息、生态"五个制高点"建设和十大生态产业发展，积极汇聚各方力量，努力挖掘优势潜力，服务推动教育、文化、科技领域对外开放。具体要在打好"五张牌"上下功夫。

一是坚持打好"规划牌"。在细化抢占"五个制高点"规划方案上下功夫，把涉及教育、文化、科技领域的项目措施拉出清单，纳入对外交流合作议程，做好外事对接。

二是坚持打好"平台牌"。把平台打造作为教育、文化、科技领域对外开放的重要抓手和载体，把教育、文化、科技要素纳入国际友好城市的渠道平台、兰州新区的经济平台、国际科技合作基地的科技平台、文博会的文化平台、兰洽会的经贸平台，一体规划、一体建设、一体推进。

三是坚持打好"项目牌"。全力实施甘肃省国际交流员研习班、"百校结好"等品牌项目，发挥甘肃省人民对外友好协会、甘促会、甘肃省联合国教科文组织协会等社会组织和我省驻外商务代表处、孔子学院、中医中心及海外企业的桥梁纽带作用，用好用活我省国际科技合作基地，促进合作成果落地开花。

四是坚持打好"交流牌"。发挥我省历史文化优势，依托"一带一路"高校战略联盟和省内研究机构、大专院校等，加强与丝路沿线国家在敦煌学、丝路文化、中医药等方面的学术交流与合作，建设中西亚国家研究中心，继续推动编撰我国与中亚各国友好史，带动教育、文化、科技领域交流合作。

五是坚持打好"服务牌"。持续推进外事领域"放管服"改革，优先保证有实质出访内容的教育、文化、科技领域团组出访，全力服务对外开放，为"甘肃走向世界、世界了解甘肃"作出更大的贡献。

附　录

面向教育 2030 的教育信息化发展

——访联合国教科文组织第 38 届大会主席斯坦利·穆通巴·希玛塔

　　随着互联网技术的迅猛发展，教育信息化正在推动全球范围内教育理念、教育方法、学习环境和学习模式的深刻变革。2016 年 6 月 22 日，以"互联网时代的教育变革与教育 2030 年议程"为主题的国际教育信息化大会在山东青岛开幕，联合国教科文组织第 38 届大会主席斯坦利·穆通巴·希玛塔（Stanley Mutumba Simataa）出席。会后，我们就《教育 2030 行动框架》出台背景及其影响、推进教育 2030 议程所面临的挑战，以及信息通信技术（ICT）在教育领域的应用等问题对斯坦利·穆通巴·希玛塔进行了专访。

一、国家是促进教育 2030 目标实现的主体

　　在联合国教科文组织第 38 届大会上，《教育 2030 行动框架》发布。请问，该框架主要是基于何种背景出台的？对于各国教育的发展将会产生怎样的影响？

　　斯坦利·穆通巴·希玛塔：在我担任主席期间，联合国教科文组织第 38 届大会发布了《教育 2030 行动框架》。在该框架公布之前，联合国教科文组织大会召集各方代表，回顾"全民教育"实施过程中所取得的进步。因此，该框架是基于回顾这些进程，明确联合国教科文组织在一些重要会议中为推进新的教育议程所实施的一系列举措。这些重要会议包括 2014

年 5 月在马斯喀特召开的国际会议，以及 2015 年在仁川召开的世界教育论坛。通过这些会议，联合国教科文组织与各会员国聚在一起并反思。任何一项新议程都不是凭空而来的，因此我们必须关注已经做了什么事情、还没有做什么事情，才能决定接下来该做什么。新的教育议程在巴黎经会员国同意而采用，旨在确保所有人能够获得无性别歧视且公平的优质教育，推动全人类的终身学习，促进可持续发展目标 4（SDG4）的实现。联合国教科文组织在清晰阐释 SDG4 方面发挥着主导作用。

可持续发展目标是由国家驱动的，联合国教科文组织在传达必要的政策、策略方面能对各个国家提供帮助。但是，在目标实施方面，即为实现该目标而处理许多其他必要问题时，国家才是真正的领导者。每个国家会首先看看本国在教育方面制定了什么政策，再决定需要做什么。例如，对纳米比亚来说，中国在 ICT 领域发展很好，对于是否要向中国学习，决定权在纳米比亚。联合国教科文组织会在其相关领域，尤其是政策方面，给予支持，起到协调者的作用。

二、教育 2030 议程推进面临的主要挑战

《教育 2030 行动框架》呈现了联合国教科文组织对于未来 15 年教育发展的目标、策略和指标，对于各国政府（尤其是中国）为实现此目标将采取的行动，您有何建议？或者说在促进该目标实现过程中应注意哪些问题？

斯坦利·穆通巴·希玛塔：目前，中国在积极参与该项计划。中国是亚洲的代表国家之一，在推进教育 2030 议程中扮演着重要角色。在国家层面，中国致力于其教育发展，制定并实施国家层面的"教育 2030"行动规划。在推进教育 2030 议程的过程中，各国面临的挑战还有很多，经费投入问题就是其中之一，也是首要问题。中国可能没有这方面的挑战，但对于其他国家来说，还有很长的路要走。如果经费跟不上的话，教育

2030 议程的实施将会变得十分困难。此外，还有促进城乡教育公平的问题。在包括纳米比亚在内的很多国家，特别是非洲国家及其他很多发展中国家，在城乡区域教育投入上存在较大差距。同样，还有优质教育方面的问题，即虽然很多国家在促进教育普及方面取得了进步，但在优质教育的供给方面，还存在较大差距。因此，我们急需强调优质教育，这也是 ICT 应用之所以重要的原因之一。如果我们以正确的方式积极使用 ICT，并且培训教师、关注教师专业发展——因为教师是确保优质教育的重要因素——就可以有效提高教育质量。此外，还有残障人士的问题。他们在教育进程中参与到什么程度？我们能为他们创造怎样的条件？这些都与优质、公平问题有关。

三、中国积极促进 ICT 在全球教育领域的应用

当前，发达国家和发展中国家的教育水平存在较大差距。您认为，ICT 对于缩小这一差距将发挥怎样的作用？对于中国推进 ICT 在教育领域的应用，您有何建议？

斯坦利·穆通巴·希玛塔：ICT 能够帮助人们最大化地传递信息，是确保为社会中的每个人提供教育的最有效的方式之一。ICT 是实现学习和教学的重要平台。无论在什么地方，只要有接口和相关设备，人们就可以通过 ICT 进行学习。中国在许多领域的发展都遥遥领先，包括 ICT 领域的发展，如基础设施建设、技术应用、产品服务等。我认为，国家应积极推动 ICT 在教育领域的应用和发展。2015 年，国际教育信息化大会通过了《青岛宣言》，可以说中国在这方面已经领先了。非洲国家、联合国教科文组织，应充分利用中国提供的机遇，协调和链接所拥有的技术、应用和服务，使世界上的每个人都能获益。我们要知道机会在哪里，才能利用机会。ICT 应用应不再局限于某一领域，而是要应用于多领域，包括教育、健康、商业、农业等。未来，中国将为推动其中某些领域的发展作出贡

献。目前，中国不仅致力于推动女童和妇女教育，并且在扫盲领域获得了"孔子扫盲奖"（The UNESCO Confucius Prize for Literacy）。在高等教育领域，中国也为联合国教科文组织的规范性工作提供了支持。

作为纳米比亚信息通信技术部副部长，您能否介绍一下 ICT 在纳米比亚教育领域的应用情况？

斯坦利·穆通巴·希玛塔：ICT 在很多领域都有应用，前面我也提到了一些。目前，纳米比亚积极推动 ICT 在一些领域的应用，其中之一就是教育领域，不管是早期儿童发展、小学教育、初中教育、职业教育，还是高等教育。今天，很多应用软件都很先进，如旅游、商业、金融、银行等方面的。确实有很多应用程序被用在纳米比亚很多领域，但当前所面临的挑战是我们整个民族在推进这些程序的应用方面太慢了，这很有可能导致我们错失一些机会。目前，我国人民仍主要依靠传统方式做生意，而没采用现代方式。我希望每个纳米比亚人都能抓住机遇，使用 ICT 和现有的应用程序，这样不仅能使个人获得提升，而且能使整个民族、区域，甚至整个非洲受益。

四、愿更多中国青年人参与 UNESCO 工作，持续推进中国参与全球教育治理

对于中国加强与联合国教科文组织的合作，您有何建议？

斯坦利·穆通巴·希玛塔：正如我所提到的，中国与联合国教科文组织合作参与了很多领域，如扫盲、女童和妇女教育，还有此次在青岛召开的会议。我们鼓励中国继续发挥领导作用。2015 年，国际教育信息化大会在这里召开；2016 年，国际教育信息化大会同样在这里召开，进一步推进了 2015 年所提出的议程。我们希望中国继续参与。目前，中国在教育领域很积极地支持非洲，帮助了非洲许多国家，纳米比亚就是其中之一。最重要的是，我们希望中国积极增强在联合国教科文组织的人力资源，继

续在多个领域提供支持。如果有新的合作机会，我们希望中国继续同联合国教科文组织合作，推进新的议程。

中国政府鼓励青年人参与国际组织事务。您认为，在国际组织工作需要具备哪些素质？请对想要去国际组织工作的年轻人提一些建议。

斯坦利·穆通巴·希玛塔：这个问题很重要。联合国教科文组织鼓励世界公民的参与。世界不再是人们孤立生活的世界了，而是正在变成地球村。因此，联合国教科文组织致力于确保教育系统能培养世界公民，使其能在全世界不同环境中工作，并作出贡献。对于年轻人，首先要了解自己需要的知识、能力与技能。想要成功地在联合国教科文组织或联合国其他机构工作，你要知道他们需要的关键技能是什么。语言就是其中之一。联合国组织是多语言组织，因此掌握语言很重要。如果语言方面不过关，在这些机构工作会很困难。还有就是跨文化意识，想在任何联合国机构自如地工作，你需要理解不同文化。因为联合国教科文组织里面有来自不同国家和地区的人，你必须适应在多元文化中工作。在这个过程中，你要学会接受、理解、欣赏不同的文化和不同的文化环境。因此，我们鼓励年轻人为此做好充分准备。这种经历不仅对个人有益，也对其所在的国家有益。我们十分鼓励年轻人在联合国机构中寻求工作机会。联合国教科文组织希望看到不同文化的人能够共处，并尊重彼此的价值观，合作共存，而不希望看到"唯我独尊"的现象。

教育信息化助力和平与可持续发展教育

——访联合国教科文组织甘地和平与可持续发展教育研究所所长阿南沙·库马尔·杜莱亚帕

甘地和平与可持续发展教育研究所（The Mahatma Gandhi Institute of Education for Peace and Sustainable Development，MGIEP） 是 联 合 国教科文组织在亚太地区建立的第一个，也是唯一一个一类教育研究机构。该研究所的核心任务是使教育成为和平与可持续发展社会的基石。 该研究所认为，要将和平与可持续发展能力的培养融入数学、科学、人文学科等常规学科中；技术不只是一种工具，它还是一种新型的教学法。在 2017 年 5 月 11—12 日于韩国首尔召开"2017 年教育信息化亚太地区部长论坛"期间，MGIEP 的所长阿南沙·库马尔·杜莱亚帕（Anantha Kumar Duraiappah）接受了我们采访。杜莱亚帕所长是一名发展环境学家，在可持续发展经济学研究领域发表诸多论文并出版多本著作。他是人类发展与能力协会（Human Development and Capability Association）的创始成员之一，是世界艺术与科学学会（World Academy of Arts and Sciences） 成 员，是 在 2012 年"里约 + 20"峰会上发布的《包容性财富报告》（Inclusive Wealth Report）的报告主管（Report Director）。在采访中，杜莱亚帕所长介绍了信息与通信技术（Information and Communication Technology，ICT） 对未来教育的影响、研究所所获成就和未来计划。他表示，ICT 将在促进和平与可持续发展教育方面发挥非常重要的作用，但与此同时，它也面临着挑战。此外，杜莱亚帕所长还表达了希望与中国伙伴合作开展联合国教科文组织和平与可持续发展项目的强烈意愿，并欢迎来自中国的有潜力的志同道合的组织发来相关合作邀请。

一、教育技术：从工具转化为教学法

由 MGIEP 主办的 2017 年人类教育改革大会将于 2017 年 12 月 16—18 日在印度的维沙卡帕特南举行，请您分享一下举办此次会议的初衷和期望。

阿南沙·库马尔·杜莱亚帕：如今，许多教育信息化会议将销售产品作为其主要目的，而我们想做的就是把教育信息化的概念从一种传播知识的工具转化成一种实际教学法。事实上，一些关于神经科学的研究表明，ICT 的使用会在人的大脑中创造一种新的神经网络。以数字游戏为例，当你在游戏中表现良好时，身体内部的多巴胺就会被释放出来。这种释放是巨大的，它能让人兴奋，使人受到鼓舞继续向前。这就是我们专注于数字教学法，并在地区层面甚至全球层面上提供相关平台的原因。在这个平台上，企业可以从事与数字教学法相关的工作，政策制定者、教师、学生可以进行交流、相互学习。

在您的论坛上，除了教育工作者、信息技术行业人员，还有哪些人会参会？

阿南沙·库马尔·杜莱亚帕：我们邀请了未来学家参会。我们都认为自己是未来主义者，我们已经在思考辅助教师教学的人工智能（Artificial Intelligence，以下简称"AI"）技术，我们也已经在想象虚拟现实（Virtual Reality，以下简称"VR"）或增强现实（Augmented Reality，以下简称"AR"）的教学。当我们探索 ICT 时，我们实际上正在寻找如何使未来教育得到真正发展的一种方法，如大脑通过完全不同的方式学习、以学习者为中心的学习、学习者驱动的学习、学习者自适应的学习等。事实上，现在有些人甚至已经不使用"pedagogy"一词来表示教学法的概念，他们使用"heutagogy"一词来表示一种学习者驱动的学习。在这种情况下，我认为ICT的出现和应用有助于相关概念的准确表达。

您认为技术该如何为教育服务？

阿南沙·库马尔·杜莱亚帕：我们的重点关注领域之一是如何开发一种新的教学法，以促使人们进行正念（Mindfulness）、同理心、同情心的练习，并且这些练习应当被作为课程的一部分，以有效地培养人们的社会能力。人们需要在学习的过程中进行不断的互动，因此不可能仅仅依靠被动地阅读书本知识来开展教育活动。随着ICT、机器学习时代的来临以及分析学和人工智能技术的出现，我们可以让学习者进行互动并体验沉浸式的学习场景。一方面，ICT的应用可以提供一个无压力的学习环境。在这种学习环境下，与学生时常因犯错而倍感压力的传统课堂不同的是，我们不强调绝对正确，我们允许人们犯错，我们致力于打造一个自由开放、相互理解、相互成长的学习空间。但另一方面，ICT在教育领域中的应用也可能带来一定的风险，如沉迷网络游戏等。

因此，我们需要对此高度注意，并且确保教育心理学家、神经科学家、教育工作者共同参与到创建这种数字教学法的相关工作中来。例如，在视频游戏的开发过程中，我们应当与教育心理学家、教育工作者、课程设计者进行沟通，以确保学习效果。评估显示，游戏是有趣并且不会产生压力的，因此教师不要以预想中的固定模式来提问题，而是应允许学生参与游戏，引导他们在游戏中作出反应、发现、学习、分析，教师则可以根据学生的具体表现来衡量其学习效果。同时，我们还可以通过教育技术来观察学生的观点和行为的变化。例如，当学生关注目前在许多国家都具有的充满争议且敏感的移民问题时：首先，我们可以使用一个基于评估的游戏方法，对学生就特定话题所掌握的知识和看法进行评估；然后，我们进行干预，干预的方式可以是借助视频建立数字对话，并把讲述故事作为体验的一部分；最后，我们通过让他们玩另外一个基于评估的游戏来衡量其学习效果。

二、教师角色：从传统走向未来

与传统教师的能力相比，您如何界定未来教师的能力？ 在这种情况下，我们如何帮助教师获得所需的能力？

阿南沙·库马尔·杜莱亚帕：为顺应时代的发展，教师必须做出改变。他们不再是传统意义上的教师，不再只是知识的守护者。他们应该更多地被认为是一个教学的协调者、支持者、指导者，他们应该是一个用科学有效的教学方法使年轻人将知识转化为智慧的人。在过去获取信息非常困难，但现在，我们每一天都面对着海量的信息资源，而且它每一天都在不断增长。在如此庞大的信息库面前，我们所面临的一个新兴挑战是如何对信息进行有效的筛选，如何确保信息的真实性，如何以最有效的方式使用信息。因此，教师应该具备帮助学生在信息时代下更好地进行思考、学习、成长的教学能力。

我认为教师和学生之间的关系会变得更为平等。例如，在过去，当学生去上课时，教师已经提前设计好了所教的课程，预估了学习成果，并制定了相关的评估方法。教师在课堂上按部就班地传授知识并期望学生能够掌握它。而在新的教学方式中，课程是由教师和学生共同"创造"的：他们一起探索他们所需要掌握的知识，他们在学习过程中共同确定学习目标。因此，可能会出现这种情况：当一个学期结束时，课程大纲才真正形成。

我们需要重新设计教师培训和教师教育机构。教学不应该被视为一个"沉重"的职业。在这里，我不使用"卓越"这个词来形容教师——因为我认为我们每一个人都是卓越的——我想用"鼓舞人心"一词。这就是教师的新未来，或者说是指导者的未来。

三、工作方向：巩固成果，不忘初衷

研究所自成立以来已经有 5 个年头，在您看来，研究所在过去 5 年里都取得了哪些成就？

阿南沙·库马尔·杜莱亚帕：我们的研究所于 2012 年成立，但我们真正开展相关的活动是在 2014 年。我认为研究所最大的成就主要有以下三点。

第一，动员年轻人的力量。我们有一个名为"可持续发展与和平网络青年教育"（Youth for Education in Sustainability & Peace Network，YES Peace）的项目。在该项目的良好实施下，我们已经能够凝聚大多数年轻人的力量，了解他们对"教育转型""使教育可视化"等话题的看法。当前的印度政府正在推行教育改革，因此，我们首先对年轻人进行了一项以在线和面对面小组讨论为形式的大型调查。相当数量的年轻人参与其中，并表达了各自的关注点和想法。随后，在这份调查的基础上，我们提出了一些建议，并撰写了一份白皮书，并提交给相关部门，支持政府的教育改革。

第二，组织专家与青年参与教育对话。该活动被称作"TAGe"。在对话中，我们让年轻人和高级政策制定者、学者、专家等打破阶层，围绕预先选定的主题进行非正式的讨论。在讨论过程中，所有参与者都是平等的。因此这一讨论环境也是十分开放、包容、透明的。

第三，开发视频游戏。让我感到非常自豪的是，我们已经开发了一个名为"世界救援"（World Rescue）的视频游戏，以促进了解可持续发展目标（Sustainable Development Goals，以下简称"SDGs"）。在该视频游戏发行的第一周，它在苹果商店和谷歌商店的下载量就达到 1 万次。这一游戏非常有趣，孩子们都很乐意参与其中。现在有学校提出，要在课程当中应用这一视频游戏。

未来 5 年，您有何计划或策略来促进研究所的发展？

阿南沙·库马尔·杜莱亚帕：未来 5 年，我们将专注于产品的开发，并分阶段推出产品。首先，在初期的 2—3 年中，我们将在一些特定的学校和国家进行数字教学干预措施的试点工作。我们产品的使用者为从小学到高等教育阶段的所有学生，甚至会涉及平均年龄在 35—40 岁的后高等教育群体。

其次，在进行试点之后的第二阶段，我们将对那些获得成功的产品进行推广。

最后，我们希望通过政策决议将这些成功的产品纳入主流，并建立可行的价值链，以促进我们研究所的不断发展和教育事业的不断进步。这就是我们在未来 5 年内将要做的事情。

您如何评价和平与可持续发展教育？

阿南沙·库马尔·杜莱亚帕：我们采取非常不同的方法，而且 MGIEP 在这方面也是非常独特的。我们决定不去致力于研究和平与可持续发展，即简单地告诉人们可持续发展是什么，他们为什么要这样做，以及他们应该如何做。我们重点关注四个领域——批判性探究能力、正念、同理心和同情心。

培养批判性探究能力意味着教一个年轻人如何提问。例如，如果有人使用"可持续发展"这个词，那么这个年轻人就会开始提问这个词的意思，然后我们就可以解释"可持续发展"一词的意思是在满足当代人的需要，又不对后代人满足其需要的能力构成危害的发展。随后，年轻人可能会开始质疑这个定义，他会先把它分解开来，然后用更独特的方式来重建它。如果他们对此感到满意，那么他们就会进行下一步的活动。

我们有一个关于正念、同理心和同情心的独特的组合课程。正念课程旨在培养年轻人了解自身情绪的能力。当你生气时，你可以尝试着去了解你为什么生气，然后意识到你的情绪。你可以生气，但是你需要了解并意识到它。同样地，如果你感到伤心或快乐时，你也需要审视自己的情绪。同理心课程旨在了解他人的痛苦。同理心与同情心不同——同理心是将自己放在他人的角度，试图了解他人为什么感到生气或者悲伤；但同情心是来自于你对自我的了解、对他人的了解以及我们如何共同合作，这会促使我们采取行动。需要注意的是，单单了解自身没有意义，而了解"其他"但什么都不做也是没有意义的。因此，同情心就是基于这些情绪采取行动。以上这些就是我们所重点关注和学习的四个领域，它们涉及我们所有的项目。

四、未来发展：多方合作，共同进步

您认为国际组织应如何与私营部门合作？

阿南沙·库马尔·杜莱亚帕：在教育方面，我们与谷歌、微软等知名企业合作。例如，微软在印度建立了1万多所学校，谷歌也有类似的项目。我们需要与他们合作，一方面是因为他们能为我们提供优质的教育资源；另一方面，我认为现在的企业也在寻求社会成果，并且它们自身也十分愿意为我们提供支持。事实上，许多企业正在创造一种价值链，以更有意义的方式提供学习，因此我们要与他们进行合作。话虽如此，像联合国教科文组织这样的组织必须大量地参与其中以确保所开展的合作不被滥用——我们要确保这种合作是为了整个社会的利益而非一己私利；我们也应当铭记，我们所强调的最重要的事情一直都是为了孩子的利益，孩子才是我们最重要的服务对象。

您是否有与中国合作的计划？

阿南沙·马库尔·杜莱亚帕：多年前，我曾以客座教授的身份在北京师范大学进行访学。但截至2017年，我们还没有真正与中国合作过。我们有一名中国成员为未来的合作计划提供了一些建议，但我们并没有真正实施，不过我们希望在未来能够这样做。中国是联合国教科文组织计划和活动的坚定支持者，我们一定会共同努力，找到好的合作伙伴。

迈向教育 2030：全球合作与中国参与

——访联合国教科文组织全民教育指导委员会主席丹克特·维德勒

2015 年 12 月 18 日，2030 年教育发展议程国际研讨会于北京召开。联合国教科文组织全民教育指导委员会主席、《教育 2030 行动框架》起草委员会联合主席丹克特·维德勒（Dankert Vedeler）先生在会上作了主旨报告。会后，我们就《教育 2030 行动框架》的制定过程、"教育 2030"愿景、中国在全球治理中的角色等问题对维德勒先生进行了专访。维德勒先生表示，行动框架的起草经过充分协商，并将各利益相关方的意见纳入考虑；"教育 2030"议程是涉及所有国家的、包含了所有教育层次的全球议程；发达国家和发展中国家要用不同的方式应对相似的挑战。此外，维德勒先生希望中国持续参与国际事务并发挥更大作用；他还对有志向参与国际事务的中国年轻人提出了建议。

一、行动框架的起草制定是一个漫长且经过充分协商的过程

请您为我们简要介绍一下《教育 2030 行动框架》的制定过程。

丹克特·维德勒：《教育 2030 行动框架》的起草与制定过程十分漫长，大约用了三年。首先，我们进行了一场广泛的讨论，讨论的内容是在《2030 年可持续发展议程》中，教育是否应该作为一个单独的目标。我们认为，教育目标对于教育事业以及"教育 2030"议程来说都是至关重要的。最终这一议题得以通过，可持续发展目标开放工作组认可了推动教育发展是独立目标，在这之后我们开始进行具体规划。

我们最先于 2014 年 5 月提出了这项教育议程，当时包含 7 个目标，虽然大致和现在一样，但还有一些差别。随后，在联合国大会纽约总部，我们提出了 10 项目标，包括 7 项目标以及 3 项执行目标，总共 10 项。然后，我们进行了内部整合。直至 2015 年的三四月份，我们在全民教育理念的指导下提出了《仁川宣言》初稿，向所有的联合国会员国而不仅是合作伙伴征询意见，并制定了行动框架的草案。

在与所有会员国进行协商的基础上，我们在仁川决定将全民教育指导委员会改组为《教育 2030 行动框架》起草委员会。起草委员会针对《仁川宣言》进行了最终商讨。全民教育指导委员会和起草委员会的区别是，起草小组新增了国家代表（6 位），因此，在起草小组中，会员国国家代表占多数。在仁川，会员国代表针对《仁川宣言》进行了一次长时间的讨论，并在最后一次全体会议上，提出了《仁川宣言》。2015 年 5 月 19—21 日，《仁川宣言》在世界教育论坛上正式通过。因为《2030 年可持续发展议程》在 2015 年 9 月之后才会获得通过，所以在确切知道可持续发展议程之前，我们没有办法完成行动框架的草拟工作。因此，我们决定在巴黎召开一次单独的会议，与联合国教科文组织大会同时进行，会上采纳了该行动框架。

仁川会议后，起草委员会成员见了两次面。在这期间，我们向所有会员国分发了不同版本的草拟文件，以便他们提出自己的意见。

2015 年 11 月 4 日，在联合国教科文组织第 38 届大会期间举行的高级别会议上，《教育 2030 行动框架》得以正式通过审议。

综上所述，《教育 2030 行动框架》的起草与最终通过是一个长达三年的过程，而且具有协商性。所有的会员国和参与伙伴的努力才让我们有可能提出《仁川宣言》和包含这些目标的行动框架。

《教育 2030 行动框架》起草委员会有哪些成员，如何保证各国的声音都能在这个平台上表达？

丹克特·维德勒：如前所述，全民教育指导委员会和起草委员会有不同之处，但是大体上是一样的。我在全民教育指导委员会担任主席，也与联合国教科文组织教育助理总干事唐虔先生共同担任起草委员会主席。起草委员会是一个由很多机构代表组成的委员会，包括会员国代表，教师工会代表，以及民间团体、联合国、经合组织、私立机构代表等。所以，就像我前面讲到的，起草委员会几乎已经包括了所有相关的机构和群体，这保证了所有利益相关方的声音都能在这个平台上得到表达。

在《仁川宣言》正式发布前，我们发放了许多不同版本的草稿进行咨询，而且收到了许多会员国的回应。我认为，大家对《教育 2030 行动框架》满意，也是因为他们都参与其中。

二、"教育 2030"议程更有雄心，更加全面

全民教育目标未能在全世界范围内全部实现，《教育 2030 行动框架》能在何种程度上促进《达喀尔行动纲领》教育目标的实现？在您看来，与《达喀尔行动纲领》相比，《教育 2030 行动框架》的最大特点是什么？

丹克特·维德勒：这是一个很宽泛的问题，并且很难简略地回答。显而易见，要想使每个国家都实现全民教育这一目标，是十分困难的。很多国家，尤其是非洲国家表示仍需继续为实现全民教育目标而努力。因此，我们达成共识，《教育 2030 行动框架》建立在全民教育目标的基础之上——我们要走得更远，并且拥有更雄心勃勃的目标。很重要的一点是，"教育 2030"议程并不仅是对已有教育议程的延续，而是一项针对所有国家的全球性议程，包括发达国家和发展中国家。为了将教育议程普及所有地区，我们需要更有雄心。也正是由于这个原因，该议程不仅是涉及所有国家的全球性议程，而且包含了所有层次的教育——从学前教育到高等教育，从普通教育到职业教育，从正式教育到非正式教育——这些都被囊括到议程中，这就是我们所说的全面性。

在这其中，我们注意到，目标的制定既要兼顾全局，也要考虑到一

些重要的具体问题。这关乎教育质量、教育成果（属于教育质量的一部分），同时关乎终身学习的平等性。因此，这也是我们一直在《教育2030行动框架》中强调的内容。

如果我们想要实现这些目标，就要看是否能够得到政府的支持。比如中国政府就十分重视这个问题。如果得到所有政府部门的重视，并且政府愿意提供实现目标所需要的资金，那么我们有可能在2030年之前实现这些目标。对于一些国家来说，距离这些目标的实现确实还存在一定差距。但所有国家都有可能面临一些问题，相对于我们已经做到的，我们未来需要做的更多。例如，在一些发展相对落后的国家，有大量的高中辍学者，而我们的目标之一就是让所有人都完成高中学业，因此对于一些国家来说，这个目标将会是一项挑战。

三、发达国家和发展中国家需要通过不同方式应对相似的挑战

在起草《教育2030行动框架》时，如何平衡发达国家和发展中国家教育发展的不同情况？

丹克特·维德勒：我认为，无论是发达国家还是发展中国家，都面临一些类似的挑战。例如，如何提高教师素质就是两者都需要解决的问题。具体而言，提高教师素质，确保他们在教学中能够向学生传授其所需要的教育内容，这对于所有国家来说都是一项挑战。这一问题普遍存在，然而解决的方法是不同的。我们正在使用不同的方法应对挑战，解决问题。我认为，不需要强调发达国家和发展中国家教育发展面临问题的不同，其面临的挑战是相似的，只是解决方法不同。

那么，您认为，中国教育面临的最大挑战是什么？

丹克特·维德勒：我认为，对于中国政府来说，有两个很大的挑战。第一个挑战是如何更好地关注，如残障人士、偏远地区人群以及流动人口子女教育问题。解决问题的关键不仅在于建立足够多的学校，更在于提升

家长送子女入学的意识——这是一个比建立学校更困难，也更漫长的过程。第二个挑战是如何通过提升教师的能力，进一步提高教育质量。众所周知，教育质量是许多评估体系中的一个重要因素。提升教育成果的质量是所有教师的职责，因此，我们要提高教师的能力。行动框架的实施重点不仅在于教学过程，还在于如何使优秀教师在最困难的地区发挥作用，因为那些地区恰恰是最需要优秀教师的地方。这是一项挑战，因为对于任何一个国家的政府来说，教师在课堂上的行为都是很难被掌控的。他们与学生互动，就是传授知识的过程。遇到问题时，我们要讨论、商榷、应对，这一过程会相当漫长，远不是说一句"你要成为优秀的教师"这样简单。

四、中国要持续、深入参与国际事务，在全球治理中发挥更大作用

在您看来，在《教育 2030 行动框架》的制定过程中，中国扮演了怎样的角色？您对于中国参与教育全球治理，有何建议？

丹克特·维德勒：当得知中国加入起草小组时，我十分开心。中国不是全民教育指导委员会的成员，但是加入了起草小组。我认为，至少有两个原因促成中国的加入：一是中国是一个很大的国家，拥有世界上 20% 的人口，中国的发展是一件很重要的事，因此中国的加入对于行动框架的制定是一件好事；二是在过去 20 年，中国在教育界取得了巨大的、非凡的成就，而且相对于欧洲国家和经合组织成员国来说，我认为中国获得的一些经验对发展中国家更有借鉴价值。作为世界的组成部分之一，中国与所有国家共享经验，是非常重要的。但是，其他国家不要照搬，而是要从中学习。我认为中国应该加入下一届全民教育指导委员会，持续参与国际事务对中国来说很重要。因为从我的经验来看，现在我看到联合国有许多专业组织拥有众多的中国专家，他们有能力参与专业讨论与对话。我认为这一点很重要，而且我很欣赏这样的发展。作为一个不断成熟的发展中国家和世界第三大经济实体，中国所扮演的角色愈加重要。同时，我认为整个"教育

2030"议程的制定和实施是基于相互合作的关系，而不是捐赠者和受助者的关系。对所有国家来说，它都是一项普遍适用的议程。

那么，对于有志参与国际组织工作的中国年轻人，您有什么建议？

丹克特·维德勒: 无论是对中国人，还是对其他国家致力于参与国际组织工作的年轻人来说，很重要的一点是他们一定要有可以作出贡献的能力。具体来说，我认为有三点非常重要。第一，你必须要有自己独立思考的视角。第二，你一定要有经验，要学习最前沿的知识，会使用网络。第三，至少掌握一门外语。如果你不掌握英语或法语，想要进入国际组织工作是十分困难的。我认为，较强的语言表达和沟通能力是被录用的前提条件。

此外，有一些年轻人会在国际组织无偿实习，他们需要自理开销。据我所知，有些国家会为优秀青年人才提供津贴，还有些国家会为派到联合国工作的年轻专家提供薪酬。在挪威，我们已经有了很多次类似的尝试，实习回国的年轻人会为挪威带回工作经验，这一点很重要。联合国每年都会有这样的计划，希望看到更多的中国年轻人参加。

教师专业发展是保障优质教育的关键

——访联合国教科文组织教育信息技术研究所教师专业发展和教师网络部门主任纳塔莉亚·阿米莉娜

　　1997 年，联合国教科文组织（UNESCO）教育信息技术研究所（IITE）在莫斯科成立，其主要职责是在会员国内传播全球教育信息和通信技术的经验，并提供技术支持。教师专业发展和教师网络部门（Section of Teacher Professional Development and Networking）是 IITE 的一个组成部分，该部门有 3 个分别致力于提升教师、学校、残障人士的信息通信技术（ICT）专业能力发展的项目规划。教师专业发展和教师网络部门主任纳塔莉亚·阿米莉娜（Natalia Amelina）来北京访问联合国教科文组织国际农村教育研究与培训中心（IN-RULED）期间接受了我们的专访。在采访中，纳塔莉亚·阿米莉娜主任表示：随着科技的进步，ICT 越来越多地被应用于各个领域。对教师而言，掌握并利用好这一技术是一项巨大的挑战。为此，IITE 积极参与教师专责小组工作，与各国政府、高等教育机构等建立合作关系，推动教师 ICT 专业能力发展。最后，她就教师应具备的 ICT 专业能力以及学生参与并融入 ICT 课堂教学的重要性表达了自己的观点。

一、三大项目规划，致力于提升教师、学校、残障人士的信息通信技术能力发展

首先，感谢您接受我们的专访。请您先简要介绍一下教师专业发展和教师网络部门的主要工作或正在进行的项目。

纳塔莉亚·阿米莉娜：UNESCO IITE 于 1997 年在莫斯科成立，至今已有 20 余年。IITE 的主要目标是向 UNESCO 会员国提供 ICT 方面的援助和技术支持。教师专业发展和教师网络部门隶属于 IITE，致力于建立教师 ICT 能力标准，促进教师专业发展，助益教育 2030 发展目标的实现。一方面，我们倡导在教育领域实施更好、更新的 ICT 政策，促进教师提升 ICT 的应用能力，通过 ICT 融入教育促进有效学习；另一方面，我们部门设置了不同的教育项目，不仅设有涵盖学前教育到高等教育阶段的多层次、多形式的教育项目，还有针对某类人群开设的专门项目，如针对残障人士开设的教育项目等。

下一个战略规划阶段，我们有三个主要的项目规划。

第一个项目将致力于运用 ICT 创新教学法（ICT Empowered Innovative Pedagogy）促进教师发展。该项目的主要目标是通过 ICT 促进创新教学法和教师专业发展，其受益者有教育政策和决策制定者、教育机构负责人、专家、教师、广泛的教育者群体等。我们将以 UNESCO 教师信息通信技术能力框架（ICT Competency Framework for Teachers，以下简称"ICT CFT"）为基础，开展以下活动：首先，开发不同的资源，为会员国提供能力建设支持；其次，建立在线教师培训平台，在不同的学科领域和教育水平上探索并开设不同的培训模式和培训课程，逐渐引入多语言的教学方式，吸引来自世界各地的教师共同学习，最终建立教育者培训和信息材料库；最后，组织线上线下论坛活动，促进教师和教育专家参与讨论，为教师学习先进的 ICT 提供建议，同时吸引专家参与讨论与建设。

第二个项目将致力于学校的 ICT 能力发展。过去几年，我们开展

了一个"为未来学习"（Learning for the Future）项目，它将重点放在与UNESCO 建立联系的学校上。我们希望通过学校的 ICT 能力发展项目继续推进这一项目的发展。数字时代下，我们需要改变教育理念，建立新的教育环境，寻求新的教学方法，探索未来的学校发展。因此，第二个项目的目标是确定试点学校，并将 ICT 应用于这些学校中，通过实践和研究来考察新的教育环境，确定支持 21 世纪学校发展的新能力。在项目实施过程中，我们计划收集世界各地最好的国际经验和先进实践，了解该领域已有的实践，分析经验，帮助学校领导和教师做好准备。在项目实施的最后阶段，我们计划总结试点学校的有效经验，推广实用的解决方案，建立示范学校并为其配备现代化的教育设施，并在 UNESCO 会员国之间推广有效成果。

第三个项目将致力于完善 ICT 在残障人士教育方面的政策和实践，为残障人士建立专门的信息技术资源中心，为其配备现代化的教育设施。这些方案可以为不同的残障人士提供不同的教育资源，提供获得平等受教育的机会，使用辅助技术为其提供在线培训，使他们有机会与外界进行交流。例如，视障人士需要专门的键盘、语音文本、屏幕阅读器。当他们不能接收视觉信息时，需要使用其他传感器，通过听觉和触觉感知信息。

请您简要介绍一下与国际教师培训工作组的合作目标、内容、行动等方面的情况。

纳塔莉亚·阿米莉娜：教师专责小组（Teacher Task Force）是 UNESCO 为 2018—2021 年工作建立的一个组织，其愿景如下：教师是一个有价值的职业，每个学习者都由积极主动、有资质、有能力的教师带领，在良好的资源和高效、正式管理的系统内进行学习，以实现包容和公平的全民教育。这是符合 UNESCO 教育 2030 目标的战略重点，其使命如下：通过倡导知识创造与分享和国家支持，动员政府和其他利益相关者推动教师和优质教学的进步，使之成为促进全球努力的催化剂。

我们曾被邀请参与到国际教师专责小组的工作中，参加在多哥（位于西非地区）举办的国际政策论坛。论坛期间，与会者讨论了教师专责小组框架内不同主题的合作问题。IITE 负责协调 ICT 与远程教育专题组的工作，我们将共同为通过 ICT 和远程教育促进教师专业发展做出努力。除此之外，我们参与了金砖国家的会议，该会议由巴西、俄罗斯、印度、南非、中国 5 个国家共同举办，我们还被提名为这些金砖国家专题小组的秘书（Secretary），并与举办国一起工作。我们正在考虑未来我们将要做什么以及我们可以做些什么，来支持 UNESCO 的教育计划。

二、与各国政府、大学、机构建立合作关系推动教师 ICT 专业发展

在教师专业发展领域，IITE 与哪些国际或国内的合作伙伴建立了合作关系？

纳塔莉亚·阿米莉娜：IITE 在全球有很多合作伙伴，涵盖不同国家的官方政府机构、高等教育机构、公司企业、私营部门等。在官方政府机构方面，与我们合作关系较为密切的是包括俄罗斯在内的独联体国家、金砖国家等。例如，我们与一家为俄罗斯中学印刷书籍的服务机构开展合作，并计划与他们共同为师生提供线上学习资源。在高等教育机构方面，我们聘请了许多来自世界各地不同大学和机构的专家作为研究活动的成员、培训师等，积极与大学开展合作。在公司企业方面，我们与俄罗斯的许多家大企业达成相关协议。在私营部门方面，我们曾与微软等公司达成合作协议。

此次来京，您访问 INRULED（联合国教科文组织国际农村教育研究与培训中心），讨论了哪些方面的问题？

纳塔莉亚·阿米莉娜：INRULED 是我们一直以来的友好合作伙伴。早在 2013 年，双方就签署了谅解备忘录，但直到 2017 年我们都没有机会开展真正的合作项目。未来我们将在不同的领域合作开展一些活动，包

括如下两个方面：一方面，合作建立和发布教师在线学习平台。这一措施与教师专责小组的目标一致，我们会先为金砖国家和其他 UNESCO 会员国提供这项服务，包含培训材料、培训模式、培训课程，这其中将包含 IITE 和 INRULED 编制的研究和分析成果，包括来自伙伴国家的一些国家层面的报告。我们计划将这些在线资源用于论坛服务，帮助教育工作者和教育专家建立联系，为其提供一些交流互动的机会，促进教师专业发展。也就是说，这是一个关于建立一个在线培训平台、一个资源库和论坛的想法。另一方面，我们将共同研究 ICT 在教育领域的实际应用情况。INRULED 致力于为一线教师提供教育支持，而我们把重点放在 ICT 在各地教育的应用上。因此，我们决定共同研究和分析 ICT 在教育领域中的实际应用情况，并根据研究成果，与专家开展合作，共同制定将 ICT 有效融入教育过程的准则。

三、发展教师 ICT 专业能力，确保学生参与融入 ICT 的课堂教学

您曾多次访问中国，请问您对中国教育信息技术发展的印象如何？

纳塔莉亚·阿米莉娜：这是我第三次访问中国，但遗憾的是我还没有机会实地走访中国学校。仅从与中国专家的讨论来看，可以说中国已经成为世界上在 ICT 融合领域遥遥领先的国家之一。中国的基础设施发展水平很高，新技术的传播和使用范围很广。

但与此同时，我认为中国在下述方面依然存在一些挑战。第一，教师的 ICT 专业能力（Professional Competences）水平不一。这个问题其实在每个国家都存在。即便一个国家内部有足够的 ICT 设备，但并非所有的教师都具备足够的专业知识和能力将这些技术安全有效地整合到课堂当中；且教师自身知道如何使用和知道如何与学生一起应用都很重要。第二，ICT 技术在使用过程中的影响。一方面，在使用技术本身的同时，信息的安全性会在一定程度上受到影响；另一方面，在使用技术的过程中，

使用者的身体和思想均会受到一定程度的影响，如长时间使用会让眼睛疲惫。第三，区域发展不平衡。在中国，像北京、上海等大城市中，技术的发展和传播水平都很高，但在相对较小的城市或农村地区，并非所有的教师都具备足够的 ICT 专业能力。我认为，未来教育技术的发展和教育质量的提升在一定程度上取决于良好实践的传播和教师 ICT 专业能力的发展。

从您的角度来看，教师应该具备什么样的 ICT 专业能力？

纳塔莉亚·阿米莉娜：数字技能应当成为现在全人类或大部分人需要掌握的技能之一。教师 ICT 专业能力即教师将数字技能有效运用于教学中的能力，这就意味着教师需要在数字能力基础上发展一些专业能力。UNESCO 中的 ICT CFT 是一个为教师提供 ICT 领域的框架，大约在八九年前由 UNESCO 总部开发，现在已被翻译成多种语言。IITE 已经为其本土化制定了一个指导方针，即如何使用 ICT CFT 满足不同国家教育标准的要求。我们希望我们与中国伙伴的合作能助力国家培养教师 ICT 专业能力，并在一定程度上影响整个教育系统。

什么样的技术可以支持教师的 ICT 专业能力发展？

纳塔莉亚·阿米莉娜：任何技术都可以支持教学过程，但主要问题是我们需要了解，技术只是一个工具，我们不能仅仅通过把 ICT 引入教育、在教室里放置一块智能黑板来提供和保证教育质量。俄罗斯在一个关于信息化成果监测的报告中指出：信息化意味着首先要让 ICT 走进课堂，这是一个政府层面的问题；其次要让 ICT 有效地为课堂服务，这是一个能力和效率的问题。

有一所学校曾邀请一位专家前来考察，该校此前做了充足的准备——良好的网络连接，完善的基础设施，所有教师充分准备课堂演示文稿。然而，当专家走入课堂，询问学生："你对这个正在实施的 ICT 课堂整体感觉怎么样？你认为在课堂应用 ICT 的效果如何？"学生回答说："ICT？哦，是的，我们有一台投影仪。"专家追问："你知道能用这个投影仪做什么吗？你知道智能黑板的作用是什么吗？"学生说："什么也做不了。"专家继续追问："为什么？你的老师正在准备这个演讲。"学生告诉他："我并没有参与其中。我只是看，我根本没有和这个活动联系在一起。"

由此可见，即便教师做好了充足的准备，并不意味着学生也参与了整个教育过程。因此，教师需要提升自身的 ICT 专业技能。在课堂教学中，教师不能只是单纯地使用 ICT 技术，如仅展示 PPT；教师需要和学生进行互动，并促进学生与 ICT 进行互动。ICT 不仅是一种设备，还是一种方式，要使其高效地服务于课堂教学。

后 记

2016 年 7 月，教育部印发《推进共建"一带一路"教育行动》，作为教育领域贯彻落实《关于做好新时期教育对外开放工作的若干意见》和《推动共建丝绸之路经济带和 21 世纪海上丝绸之路的愿景与行动》的顶层设计，已经并将持续为中国教育的对外开放带来改变和亮点。

以此为契机，《世界教育信息》杂志联合甘肃省联合国教科文组织协会，通过在沿线国家开展民间交往和民生领域国际合作的机会，有针对性地对近年来沿线国家在教育领域响应我国"一带一路"倡议的各界声音，做了采访交流。《世界教育信息》杂志专门开设了《中国—东盟教育交流专栏》《"一带一路"教育共同体建设专栏》等栏目，刊发访谈和署名文章，至 2020 年年初已累计完成对 20 多个沿线国家相关领域重要人物的专访，积累了一大批时效性与实用性俱强的前沿文章与资讯。

有鉴于此，甘肃省人民政府外事办公室、甘肃省民间组织国际交流促进会在落实推进"一带一路"民心相通相关工作时，肯定了《世界教育信息》杂志与甘肃省联合国教科文组织协会所做的基础性工作，并倡议将其中涉及教育合作的部分篇目结集出版，供有关单位在策划开展面向"一带一路"沿线国家和地区的项目合作时参阅，至此才有了《"一带一路"国际教育合作访谈录》这本书的正式问世。

《"一带一路"国际教育合作访谈录》是社会组织和民间力量参与和响应《推进共建"一带一路"教育行动》的有效方式，在一定程度上展现了社会力量顺势而行，为形成更大范围、更深层次、更高水平的"一带一路"教育合作交流而贡献智慧、力量、方案与行动的责任与担当。展望未来，我们希望能将直面采访的对象，逐渐延伸到文化领域、科技领域和医疗健康领域，尽可能多地汇集有效信息，助力"一带一路"建设行远致深。

《"一带一路"国际教育合作访谈录》的付梓出版，首先要诚挚感谢教育部教育信息管理中心和甘肃省人民政府外事办公室的大力指导与支持，为本书的问世提供了专业的指导意见和经费支持。

还要感谢甘肃省人民政府外事办公室主任张宝军先生，在百忙之中为《"一带一路"国际教育合作访谈录》作序。

感谢甘肃省联合国教科文组织协会终身荣誉会长马培芳先生、协会项目专家栗兆荣先生及教育部教育管理信息中心周一先生，为本书在篇目选定、内容修改、释疑解难、提出质疑、拟定书名及至全书校对等方面给予的指导和帮助。

由于时间的发展和国际形势的风云变幻，《"一带一路"国际教育合作访谈录》肯定还存在一些不足之处，敬请读者批评指正。

张力玮　杜永军

2020 年 3 月 8 日

采访整理人员

（按姓氏笔画排序）

马丁·雅谷比　马子悦　古普托尔　叶莲娜·马尔楚耶维奇

吕伊雯　朱婷婷　任强　刘来兵　刘卓君　刘明珍　安东

许心　许方舟　孙良红　杜永军　李鹏　李广平　肖伟芹

吴婷　何钰滢　沈鑫　宋引君　张琳　张力玮　张若涵

张景涛　张静慈　邵海昆　林晓青　郑少丹　郑旭杰　孟庆涛

胡兴华　徐玲玲　郭伟　黄廷灏　菲茹扎　葛颂　程鑫

普隆金娜·奥莉娅　潘雅　潘金晶　潘腾飞　魏葳

责任编辑：王彦波

封面设计：汪　阳

图书在版编目（CIP）数据

"一带一路"国际教育合作访谈录／朱继君，张力玮 主编．—北京：
人民出版社，2020.11

ISBN 978－7－01－020841－1

I.①一…　II.①朱…②张…　III.①国际教育－访问记　IV.① G51

中国版本图书馆 CIP 数据核字（2020）第 190454 号

"一带一路"国际教育合作访谈录
YIDAIYILU GUOJI JIAOYU HEZUO FANGTAN LU

朱继君　张力玮　主编

杜永军　郭　伟　孙鸿安　副主编

人民出版社 出版发行
（100706　北京市东城区隆福寺街 99 号）

中煤（北京）印务有限公司印刷　新华书店经销

2020 年 11 月第 1 版　2020 年 11 月北京第 1 次印刷
开本：710 毫米 ×1000 毫米 1/16　印张：22.75
字数：292 千字

ISBN 978－7－01－020841－1　定价：79.00 元

邮购地址 100706　北京市东城区隆福寺街 99 号
人民东方图书销售中心　电话（010）65250042　65289539